互联网金融系列教材
HULIANWANG JINRONG XILIE JIAOCAI

网络借贷与股权众筹

WANGLUO JIEDAI YU GUQUAN ZHONGCHOU

主编◎邱勋 周雷 高泽金
副主编◎申睿 刘雅丽 阮吟晖

第二版

中国金融出版社

责任编辑：王效端　张菊香
责任校对：李俊英
责任印制：陈晓川

图书在版编目（CIP）数据

网络借贷与股权众筹/邱勋，周雷，高泽金主编．—2版．—北京：中国金融出版社，2020.9
互联网金融系列教材
ISBN 978-7-5220-0613-0

Ⅰ.①网…　Ⅱ.①邱…②周…③高…　Ⅲ.①互联网络—应用—借贷—研究—中国②企业融资—研究—中国　Ⅳ.①F832.4-39②F279.23

中国版本图书馆CIP数据核字（2020）第086936号

网络借贷与股权众筹（第二版）
WANGLUO JIEDAI YU GUQUAN ZHONGCHOU（DI-ER BAN）
出版
发行　中国金融出版社
社址　北京市丰台区益泽路2号
市场开发部　(010)66024766，63805472，63439533（传真）
网上书店　www.cfph.cn
(010)66024766，63372837（传真）
读者服务部　(010)66070833，62568380
邮编　100071
经销　新华书店
印刷　北京九州迅驰传媒文化有限公司
尺寸　185毫米×260毫米
印张　11
字数　236千
版次　2016年10月第1版　2020年9月第2版
印次　2024年7月第3次印刷
定价　33.00元
ISBN 978-7-5220-0613-0
如出现印装错误本社负责调换　联系电话（010）63263947

前言

2013 年 6 月 13 日，电商巨头阿里与天弘基金推出国内首只互联网基金“余额宝”，此次互联网与金融深度融合的惊艳表演，极大程度颠覆了社会公众对金融产品和服务在形态、流程和模式等方面的认知，互联网金融开始受到人们的强烈关注。我国政府认为互联网金融在促进数字普惠金融和实体经济发展方面具有积极作用，所以无论是互联网企业，还是传统金融机构都开始不遗余力地布局和开展互联网金融业务，互联网金融因此成为近几年创新创业炙手可热的选择。互联网金融的强势崛起导致互联网金融人才需求量开始井喷，而作为一种新金融模式，互联网金融人才非常稀缺，这对互联网金融的教育、科研和人才培养提出了相应的要求。网络借贷和股权众筹是互联网金融的两个核心创新业态，2016 年我们编写了《P2P 与股权众筹》教材，有力地推动了这两个领域的人才培养工作。转眼四年已逝，为使教材紧跟行业发展，我们对教材进行了修订。但是近年来，由于互联网金融风险的暴露，监管机构对互联网金融开展了风险专项整治工作，网络借贷与股权众筹行业是风险整治的重点。因此这两个行业的发展发生了显著的变化，而且行业监管政策仍处于不断完善阶段，这是我们修订教材面临的最大挑战。为此，本书编写团队秉持既要突出行业实务又要兼顾理论基础，既要便于教学使用又要具有参考价值，既要抓住行业本质又要把握行业发展趋势，既要具备时代内涵又能经得起时间检验的高质量标准，对教材内容进行了全面的修订和完善。

本书主要分成互联网金融概述、P2P 网络借贷、股权众筹三大部分，共十章进行阐述。

第 1 章　互联网金融概述。本章详细讨论了多种视角下互联网金融的概念，介绍了互联网金融的主要业态，分析了互联网金融的崛起逻辑，阐述了互联网金融的特征，最后展望了互联网金融未来的发展。

第 2 章　P2P 网络借贷基础。本章介绍了网络借贷的分类和 P2P 网络借贷的定义，详细讨论了 P2P 网络借贷的风控模式和特点，分析了 P2P 网络借贷的五个主体和业务流程，最后从三个不同角度讲解 P2P 网络借贷的模式分类。

第 3 章　我国 P2P 网络借贷的发展。本章首先介绍我国 P2P 网络借贷行业发展历史。然后，从正常运营平台数量、成交量、借款余额、借贷期限和利率、问题平台等方面用数据描述了我国 P2P 网络借贷的现状。最后，剖析了 2018 年我国 P2P 网络借贷“大雷潮”爆发的主要原因。

第 4 章　P2P 网络借贷风险管理及监管。本章首先从征信的概念、人民银行个人征信、大数据征信和公开信用数据获取方式等方面介绍了征信的基础知识。然后，阐述了 P2P 网络借贷征信管理的发展阶段，归纳了 P2P 网络借贷常用的五种风险控制模式，并分析了 P2P 网络借贷机构的五种主要风险及规避对策。接下来，总结了我国 P2P 网络借贷监管演进的四个阶段，剖析了美国和英国的 P2P 网络借贷监管体系，并对中、美、英三国的监管模式进行对比。最后，对我国 P2P 网络借贷发展前景进行展望，指出 P2P 网络借贷未来短期内成为持牌机构是必然选择。

第 5 章　众筹概述。本章讨论了众筹的定义，分析了众筹的主体及其架构，介绍了众筹的五种类型，总结了众筹的五个特征，最后从众筹平台的数量、上线时间分布和众筹平台监管主体等七个方面讲述了众筹在我国的发展现状。

第 6 章　股权融资基础。本章介绍了股权的定义和两项权利，讲解了股权融资的合伙企业、有限责任公司、股份有限公司三种企业形式以及这三种企业主体的持股比例与控制权，讨论了初创企业股权分配的四个原则，分析了股权投融资视角下，企业生命周期的融资方式，阐述了股权融资的主要交易流程，最后以一个创业企业从种子期到 IPO 的股权融资成长案例说明股权投资的价值。

第 7 章　股权众筹基础。本章介绍了股权众筹的定义，分析了股权众筹发展的四个背景，讨论了股权众筹的三个重要价值，总结了股权众筹的四种类型，探讨了股权众筹架构并拆解了股权众筹的交易流程，最后，阐述了我国股权众筹的发展现状。

第 8 章　股权众筹成功的核心因素。本章分别从股权众筹平台、项目融资人、项目投资人三个不同的视角详细讨论了股权众筹成功的核心因素。

第 9 章　股权众筹的风险监管。本章首先介绍了国际股权众筹监管的现状和股权众筹平台的法律定性，然后讨论了国外股权众筹平台的具体监管政策细则，最后解析了我国股权众筹的监管演变及其主要监管政策。

第 10 章　我国股权众筹的未来发展。本章首先分析了我国股权众筹发展缓慢的主要原因，接着探讨了我国股权众筹的发展定位，提出了推动股权众筹合规健康发展的“54321”方案，最后展望了我国股权众筹的未来发展趋势。

互联网金融本身是科技创新不断驱动的领域，技术新、知识广、争鸣多、变化快，网络借贷和股权众筹是互联网金融的核心业态，部分监管规定与细则还在酝酿之中，行业正在期盼尽快出台明确稳定的政策，同时金融科技的发展也在驱动行业加速转型。编者在编写过程中对 P2P 网络借贷和股权众筹的知识、技能和素质要求力求准确、全面和合时。在全书的编写过程中，编者参考和借鉴了许多前人的研究成果，包括专著、教材、论文和网络文献。由于编写时间紧加之部分网络作者来源不详，导致未能全部列出这些成果出处，在此向各类文献的作者表示真挚的敬意、歉意和由衷的感谢。

在具体编写分工方面，教材第 1、第 2、第 6、第 7、第 8、第 9 章由浙江金融职业学院邱勋副教授编写，第 3、第 4、第 5 章由苏州市职业大学周雷副研究员编写，武汉软件工程职业学院高泽金教授、浙江金融职业学院申睿老师、北京经济管理职业学院刘雅丽副教授、台州科技职业学院阮吟晖副教授和苏州科技大学金融专业研究生赵春雅在本书统稿过程中做了大量的资料收集、整理和文稿校对等具体工作，同时，某金融科技平台企业培训总监胡亦瑜、超星公司运营中心主任梅庆、华林证券股份有限公司刘康宁先生也参与了本教材相关的实训案例编写和教学资源开发工作，在此一并表示由衷的感谢！本教材是第二批苏州高等职业教育教改研究重点课题“面向国家互联网金融资源库的《网贷与众筹》教材建设和资源开发研究”（课题编号：SGJGA0205）的成果之一。

本书可供教师、学生、网络借贷和股权众筹行业从业人员及相关学者使用。在我国，网络借贷和股权众筹属于新金融业态，行业发展仍处于摸索和完善阶段，这两个领域的未来发展还有许多值得深入研究的问题，同时未来监管政策的落地将对这两个行业的前景起着决定性作用。由于编者能力与水平有限，教材还有很多不足之处，我们诚恳地希望读者批评指正，以便不断修改、完善和提高。

编　者

2020 年 8 月

目录

第1章

互联网金融概述

知识要点

✓ 互联网金融的概念
✓ 互联网金融的主要业态
✓ 互联网金融的崛起逻辑
✓ 互联网金融的文明
✓ 互联网金融的未来发展

案例导读

余额宝的问世

2013 年6 月13 日，电商巨头阿里巴巴集团与天弘基金推出国内首只互联网基金，以嵌入支付宝中的余额宝进行直销。余额宝只用了九个月的时间，规模就增长到5412亿元，与经营了十年的浙商银行总资产相当。名不见经传的天弘基金惊世一跃成为我国规模最大的基金公司，余额宝净资产规模名列全球货币基金第三名。2018 年3 月，天弘余额宝的基金份额最高达到近1.69 万亿元，超过同期交通银行和招商银行两家银行合计的个人活期存款规模。

余额宝的一大新亮点就是将基金融合成为客户电子商务整体解决方案的重要一环。通过支付宝平台，余额宝给客户提供了集现金管理、理财增值、购物交费、提现转账等功能于一身的电子商务流动资金管理需求一揽子解决方案。

余额宝是一次互联网与金融深度融合的惊艳表演，它极大地颠覆了公众对传统金融的价值观、服务模式和产品形态的认知，让公众开始高度关注互联网金融，后者也成为近几年创新创业和学术研究炙手可热的方向。

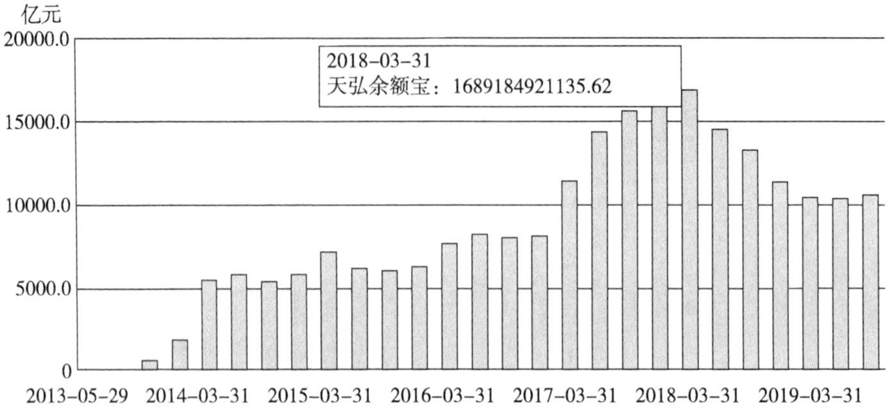

图 1－1　天弘余额宝的基金份额

1.1　互联网金融的定义

2013 年，被称为互联网金融“元年”。互联网金融本着“开放、平等、协作、分享”的互联网精神，打破金融行业的高门槛限制，以灵活、快捷、低成本的方式，为传统金融的“长尾市场”——中小客户群体和小微企业资金需求服务，彰显出强烈的普惠金融价值，在我国开始受到政府和全社会的高度关注。

互联网金融（Internet Finance）的概念最早是谢平教授于 2012 年在其发表的论文《互联网金融模式研究》中正式提出的。谢平教授认为互联网金融是既不同于商业银行间接融资，也不同于资本市场直接融资的第三种金融融资模式，这主要是从融资方式的角度对互联网金融进行定义，我们可以将其称为“学术说”。电子商务界传奇人物马云则认为传统金融利用互联网开展金融业务是金融互联网，而互联网企业做金融业务是互联网金融，这是从行业人员划分的角度对互联网金融进行定义，我们可以将其称为“马云说”。百度百科认为互联网金融是指依托大数据、云计算、社交网络以及搜索引擎等互联网工具，实现资金融通、支付和信息中介等业务的一种新兴金融，显然这是从技术的角度对互联网金融进行定义，我们可以将其称为“媒体说”。2015 年 7 月 18 日，经国务院批准，人民银行会同银监会、证监会、保监会、公安部、工业和信息化部、财政部、国家工商总局、国家互联网信息办公室和国务院法制办对外发布了《关于促进互联网金融健康发展的指导意见》。该意见将互联网金融定义为传统金融机构与互联网企业利用互联网技术和信息通信技术实现资金融通、支付、投资和信息中介服务的新型金融业务模式，这是从本质的角度对互联网金融进行定义，我们可以将其称为“权威说”。

2014 年，互联网金融被正式写入政府工作报告，并且随后连续四年的政府工作报告均提及互联网金融。相关年份与相应的描述如表 1－1 所示。从政府工作报告对互联网金融的描述可以看出，互联网金融经过几年的发展，由于监管的缺失互联网金融积累了一定的风险，健全和完善互联网金融监管的政策和措施也在陆续出台。

表1-1　政府工作报告中关于互联网金融的描述

年份	关于互联网金融的描述
2014	促进互联网金融健康发展
2015	推动互联网金融健康发展
2016	规范发展互联网金融
2017	警惕互联网金融积累风险
2018	健全互联网金融监管

也许你会问“难道欧美没有互联网金融？它们的互联网金融比我们晚？”其实我国互联网金融的主要业态都是来源于欧美，比如1999年第三方支付机构PayPal就成立了PayPal货币市场基金。2005年英国成立世界第一家P2P网络借贷机构Zopa。2010年，在美国硅谷诞生了世界上第一家股权众筹平台Angellist等。但是欧美把这些新金融模式称为“网络金融”“新金融”或“金融科技”（FinTech），这些新金融模式都立足于服务实体经济——缩短了交易链，降低了交易成本，提高了交易效率，弥补了传统金融机构的服务短板或空白，有效地支持了创新小微企业的发展，进一步消除了金融排斥。当然，随着科学技术的不断进步，将不断有新的金融模式涌现，开展新金融模式服务的有可能是互联网企业，也有可能是传统机构。所以，我们认为互联网金融是一个非常广泛的概念，简单地说，它是利用互联网信息科技立足服务实体经济、缩短交易链条、降低成本、提高效率的新金融业务模式。

金融科技（FinTech）在2017年出现在媒体和政策上的频率不断提高。2019年，人民银行印发了《金融科技（FinTech）发展规划（2019—2021年）》，其中提出金融科技是技术驱动的金融创新①，旨在运用现代科技成果改造或创新金融产品、经营模式、业务流程等，推动金融发展提质增效。按照以上概念，从20世纪50年代左右的卡片金融，到20世纪70年代左右的电子金融，再到20世纪90年代左右的网络金融，继续到2000年左右的数据金融，直至2010年左右的智能金融都属于金融科技的范畴，如图1-2所示。在我国2013年兴起的互联网金融的业态则涉及了网络金融、数据金融和智能金融等新兴金融业态，因此互联网金融应属于金融科技的一个子集，如图1-3所示。

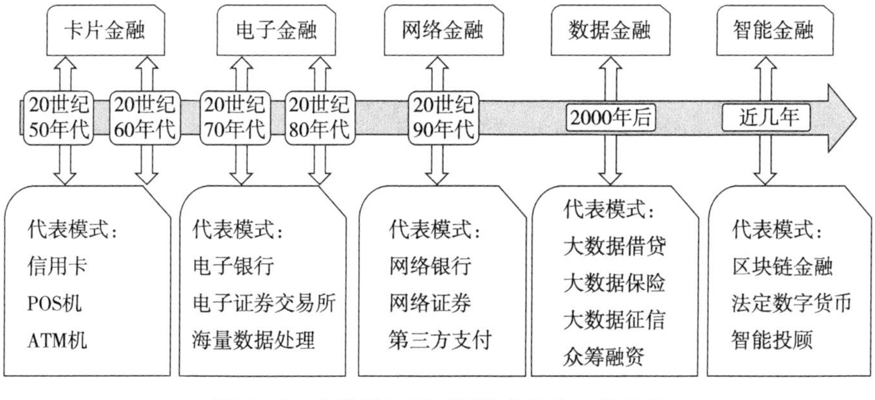

图1-2　金融科技驱动下的金融业态的升级

① 该定义由金融稳定理事会（Financial Stability Board，FSB）于2016年提出，目前已成为全球共识。

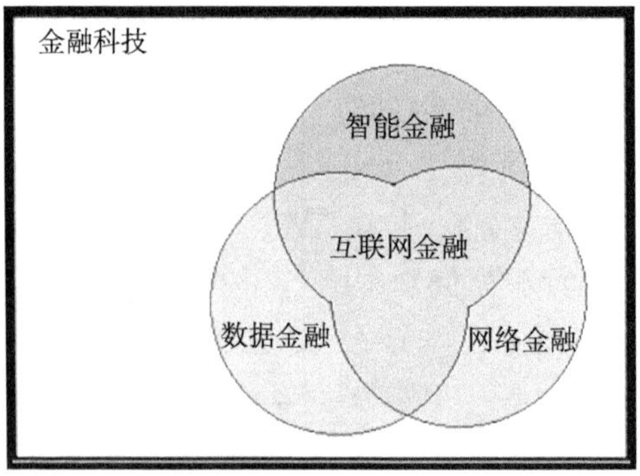

图1－3　互联网金融与金融科技的关系

1.2　互联网金融的主要业态

从广义和发展的视角，互联网金融的业态既包括《关于促进互联网金融健康发展的指导意见》对互联网金融的分类中所罗列的互联网支付、网络借贷、股权众筹融资、互联网基金销售、互联网保险、互联网信托和互联网消费金融等，还包括数字货币、互联网银行、智能投顾、区块链金融等正在走向应用的新兴金融产品和服务。

1.2.1　互联网支付

互联网支付是指通过计算机、手机等设备，依托互联网发起支付指令转移货币资金的服务，如大家非常熟悉的支付宝、财付通等就属于互联网支付，准确地说是属于互联网支付分类中的非银行网络支付。互联网支付由中国人民银行负责监管。

1.2.2　网络借贷

网络借贷包括P2P网络借贷和网络小额贷款。P2P网络借贷是指个体和个体之间通过互联网平台实现的直接借贷，如宜人贷、微贷网就属于P2P网络借贷机构。网络小额贷款是指互联网企业通过其控制的小额贷款公司，利用互联网向客户提供的小额贷款，如支付宝中的借呗、微信中的微粒贷就属于网络小额贷款。网络借贷也是本书后面要重点讨论的内容。网络借贷由中国银行保险监督管理委员会负责监管。

1.2.3　股权众筹融资

股权众筹融资主要是指通过互联网形式进行公开小额股权融资的活动，如京东东家、蚂蚁达客就属于股权众筹平台。股权众筹也是本书后面要重点讨论的内容。股权众筹由中国证券监督管理委员会负责监管。

1.2.4　互联网基金销售

互联网基金销售是指通过互联网销售或与其他机构通过互联网合作销售基金等理

财产品的模式，如“理财神器”余额宝和微信平台上的零钱通都属于互联网基金产品。互联网基金销售由中国证券监督管理委员会负责监管。

1.2.5　互联网保险

互联网保险是指保险机构依托互联网和移动通信等技术，通过自营网络平台、第三方网络平台等订立保险合同、提供保险服务的业务，如世界上第一家纯互联网保险公司众安保险。互联网保险由中国银行保险监督管理委员会负责监管。

1.2.6　互联网信托

互联网信托是指信托公司通过互联网进行产品销售及开展其他信托业务的模式。2013 年开始流行的基于信托等金融产品的受益权通过互联网进行转让的业务就是互联网信托的业务模式之一。比如，51 信托、中融金服网站平台都曾推出过通过受益权转让的互联网信托产品服务，不过由于存在监管套利的嫌疑已被监管层叫停。互联网信托由中国银行保险监督管理委员会负责监管。

1.2.7　互联网消费金融

互联网消费金融是指资金供给方通过互联网及移动互联网的技术手段，将资金提供给消费者购买、使用商品或服务，如蚂蚁花呗和京东白条就属于互联网消费金融。互联网消费金融由中国银行保险监督管理委员会负责监管。

1.2.8　数字货币

数字货币是电子货币形式的替代货币。数字货币是一个广义的概念，通常情况下通过互联网以数字形式发行，但不仅仅局限于网络虚拟交易，而是能为线上线下商品和服务交易进行支付和结算的货币，比特币、莱特币和 Q 币。目前，所有的数字货币都不是法定货币。2016 年 1 月，中国人民银行公开宣布尽快推出数字货币 DCEP (Digital Currency Electronic Payment)。在庆祝中华人民共和国成立 70 周年活动的首场新闻发布会上，中国人民银行行长易纲表示“央行的数字货币将替代部分现金”。未来，人民银行发行的法定数字货币非常值得期待，这将进一步提高支付结算效率，降低支付成本。

1.3　互联网金融的崛起逻辑

互联网金融在我国的爆发，貌似偶然，其实必然，背后有着深刻的原因。在这些原因中，有些是全球性的，有些则为我国所特有的。

1.3.1　全球互联网金融的兴起

互联网金融已在全球范围内得到快速的发展和应用。英国是互联网金融最发达的国家，2005 年 3 月全球第一个 P2P 网络借贷机构 Zopa 就诞生在英国，英国也是最早允许股权众筹的国家，英国金融行为监管局（Financial Conduct Authority，FCA）制定了大量互联网金融监管规则。在美国，互联网金融可追溯到 1994 年的全球第一家网络银行 SFNB（安全第一网络银行），后来陆续成长出全球著名的第三方支付公司 PayPal、P2P 公司 LendingClub、商品众筹平台 Kickstarter 和股权众筹平台 AngelList。肯尼亚的 M-PESA、南非的 Wizzit 及马来西亚的 G-cash 手机银行堪称利用互联网金融推进普惠金融服务的典范。毋庸置疑，国外互联网金融的快速发展对我国互联网金融的发展产生了强烈的示范效应并提供了宝贵的经验。

1.3.2 国家政策积极引导

在我国，金融行业是一个受政府高度管制的行业。互联网金融的本质还是金融，互联网金融火爆的背后离不开国家政策的支持和宽松的监管环境。2013 年 3 月 13 日，时任中国人民银行行长周小川在出席十二届全国人大一次会议时表示，将对以阿里巴巴集团为代表的互联网企业开创的新型金融模式给予支持；2013 年 8 月 12 日，国务院办公厅发布了《关于金融支持小微企业发展的实施意见》，提出“充分利用互联网等新技术、新工具，不断创新网络金融服务模式”；2013 年 11 月 12 日，党的第十八届三中全会通过了《中共中央关于全面深化改革若干重大问题的决定》，正式提出“发展普惠金融，鼓励金融创新，丰富金融市场层次和产品”；2014 年 3 月 5 日，李克强总理在第十二届全国人大会议中指出“促进互联网金融健康发展，完善金融监管协调机制”，这是“互联网金融”首次被写入政府工作报告；2014 年 5 月，人民银行发布《中国金融稳定报告（2014）》，以“互联网金融的发展与监管”为题进行了专题阐述；同月，国务院发布了《进一步促进资本市场健康发展的若干意见》，其中明确指出“要促进互联网金融健康发展，支持有条件的互联网企业参与资本市场”；2014 年 8 月 14 日，国务院办公厅发布了《关于多措并举着力缓解企业融资成本高问题的指导意见》，意见提到“尽快出台规范发展互联网金融的相关指导意见和配套管理办法，促进公平竞争”。

此外，中央电视台也先后多次正面报道了互联网金融的动态。央视新闻联播以“小微金融：网络新生态，融资新模式”为专题，报道了 P2P 网络借贷公司翼龙贷；以“经济新动力”为题报道了理财产品搜索平台 91 金融超市；以“改革发展新景象”为题报道了国内股权众筹平台天使汇。政府层面对互联网金融的认可和支持，无疑为互联网金融创造了极好的发展氛围。2015 年 7 月 18 日，人民银行等十部委对外发布《关于促进互联网金融健康发展的指导意见》，该指导意见被人们称为互联网金融的“基本法”，互联网金融正式进入规则监管理性发展的新时代。

1.3.3 互联网企业的技术创新

我国的互联网企业，特别是以百度公司、阿里巴巴集团和腾讯公司为代表的电子商务企业，其业务与其他行业之间的界限日渐模糊，进而形成共享经济、社群经济和网络经济。网络经济与互联网金融两者有天然的紧密联系。网络经济为互联网金融提供了应用场景，也为互联网金融打下了数据和客户基础，而互联网金融又进一步加快了网络经济的发展，在这两种模式良性螺旋上升发展的过程中，互联网企业积累了海量的用户活动数据。一方面，互联网企业利用云计算和大数据等新一代信息技术，对其积累的海量活动数据进行深度的数据挖掘与分析，用于对客户快速准确的信用评估、风险定价和风险控制。另一方面，互联网企业初期都投入了大量的沉没成本，通过互联网理论上可以无限地吸纳用户，而新增用户过程中边际成本几乎为零，这样就使得互联网企业能够以低成本快捷地为传统金融机构无法覆盖的个人客户和小微企业提供服务。随着我国金融的逐步开放，互联网巨头纷纷抢食金融市场的大蛋糕，表1-2是互联网巨头金融牌照情况。

表1-2　　互联网巨头金融牌照情况

牌照	蚂蚁金融	腾讯金融	百度金融	京东金融
第三方支付牌照	有	有	有	有
小额信贷牌照	有	有	有	有
基金销售支付牌照	有	有	有	有
个人征信牌照	有	有	正在申请	正在申请
民营银行牌照	有	有	中信合作	正在申请
保险牌照	有	有	有	正在申请
证券牌照	有	无	无	无
保理牌照	无	无	无	有

1.3.4 传统金融机构的服务结构失衡

一方面，我国正规金融企业得益于政策红利，长期以来一直享受高额垄断收益，在资源配置和风险偏好的选择下服务中小微客户的动力不足。因此，个人、小微企业和“三农”的金融需求被强烈抑制，以银行为核心的正规金融机构根本无法有效支持经济结构调整产生的大量信贷需求。另一方面，众所周知，金融业利润高，比如2011年至2018年的连续八年，在沪深两市上市银行的净利润与沪深两市所有上市公司总净利润之比均超过50%，所以各类资本都有进入银行业的积极性。在这样的背景下，互联网金融可以突破金融行业“二八”服务理论的限制，服务于个人和小微企业的融资需求、创意性项目的股权融资需求和老百姓的各类投资理财需求。因此，作为传统金融机构产品和服务的补充，互联网金融具有广阔的市场空间。

1.4 互联网金融的特征

1.4.1 服务小微

互联网改变了人类的连接和交流方式，每一个用户都可以通过终端随时随地地连接到互联网。技术的变革自然会产生商业模式的变革，互联网技术催生出网络经济。网络经济在前期投入沉没成本后可以很低的成本或零成本为现有的客户和新增客户服务，呈现出边际成本递减，而边际收益递增的特点。互联网金融与传统金融服务模式最大的区别就是利用互联网技术和信息通信技术以很低的成本为低资产净值个人或小微企业服务，这也是互联网金融在解决小微企业融资难和融资贵问题上被社会寄予厚望的根本原因。

正如《关于促进互联网金融健康发展的指导意见》指出的，“互联网金融对促进小微企业发展和扩大就业发挥了现有金融机构难以替代的积极作用，为大众创业、万众创新打开了大门”。在互联网出现之前，金融产品和服务由于受到成本的限制（特别是非标准化的产品），传统金融机构必须实行“精英金融”，即服务好高净值的大客户。互联网出现后，金融产品和服务通过网络可以推送到每个用户面前，特别是能够轻而易举地覆盖“长尾市场”，虽然绝大多数客户的交易金额不高，但是由于有庞大的客户规模，产品和服务的规模发展非常迅速，可以获得良好的收益。因此互联网金融产品（特别是标准化的产品）并不需要依赖传统金融服务中的“二八”模式覆盖的少数高净值客户，从而实现人人平等的普惠金融。

具体而言，互联网支付极大地降低了小额支付的成本，提高了支付效率，承担着社会90%以上的小微支付服务，是电子商务发展的核心支柱。互联网基金、互联网保险和互联网信托将产品直接送到海量的互联网客户群体面前，用户参与的资金交易门槛很低。通过互联网便捷流畅的操作，即可完成买卖交易，有效缓解了金融排斥，提高了社会金融福利水平。P2B（Person to Business Lending）是个体网络借贷分类中个人给企业的借款模式，通过互联网实现个人对中小微企业（非金融机构）的借贷，采取类似信托项目风控的方式，投资者在风险可控的条件下获得最大化收益，同时中小微企业又能以低于民间借贷的利率获得企业发展需要的中短期资金，有力地支持了实体经济的发展。股权众筹融资完全打破了传统证券融资的体系和流程，普通民众可以通过众筹平台直接参与初创企业的股权投资，与企业共担风险、共享收益。同样，初创企业通过互联网借助众筹平台直接融资，其融资渠道被有效拓宽，融资成功率明显提高。股权众筹融资有效促进了金融公平，推动了普惠金融的发展，增进了社会公平感。

1.4.2 用户导向

互联网技术引发商业模式变革，商业模式变革引发商业文明变革。在传统的工业时代，工业是通过“价值链”的方式连接起来的。而在网络经济时代，网络让“价值链”成为了“价值网”，它不再是“单点”或“单线”连接，而是变成“多点交叉”的网状连接方式，其连接网络的结点越多，网络就越有价值。著名的梅特卡夫定律指出，“网络的有用性（价值）随着用户数量的平方数增加而增加”。

互联网金融是以用户为中心的新一代金融商业文明，这是与传统金融在文化方面的重大区别。传统金融机构往往以利润为导向，通常每年制订一份战略计划，设置好利润和增长目标，采用B2C（Bussiness to Customer）产品设计思维，先做一个产品，再看其销售情况和获利情况。互联网金融则以用户为导向，设计金融产品首先考虑现有用户或潜在增加用户规模，产品能不能解决现有用户的痛点，能不能服务好用户，而不是以利润为导向。互联网金融服务好了用户，用户的黏性就增加了，并会不断吸引新的用户，用户增加了，价值网就会越大，价值的增量也越大，商业机会就越多。互联网金融的本质还是金融，其目的也不是改变金融属性，而是通过用户导向来做大价值网，让金融与更多样的场景、更丰富的生态、更多层次的身份结合而产生产品创新，这是互联网金融的核心文明之一。

用户导向、生态融合的文明在互联网金融业态中都得到了充分呈现：部分互联网支付企业拥有的海量用户（如支付宝、招财宝），让这些互联网企业非常容易通过场景扩展、生态融合来开展金融产品创新，用户通过第三方支付可以实现消费、转账、理财、手机充值、消费借贷、信用评级、生活缴费、海关退税等，形成“用户增加→生态融合→场景扩展→产品创新→用户增加”的良性循环。股权众筹融资则将全社会的创客（包括产业）、风投专家和投资人整合在一个平台。有些金融创新还重新定义了用户的身份。比如，在影视股权众筹中，影片制片组通过众筹融资可以摆脱制片过程受到大投资人的控制和干扰，而用户只需花很少钱就可以购买电影的制作和股权份额。电影上演后，用户不但可以获得理财收益，而且还可以获得和电影相关的娱乐权益，用户已经不再是单纯的消费者，而是消费者（Consumer）和投资者（Investor）结合的投消者（Invesumer）。互联网保险则是保险企业竞相追逐的领域，庞大的用户群体、海量的数据、行业之间不断融合和产业边界日渐模糊，为保险企业发展和产品创新提供了绝佳的条件。比如，退运险、淘保包、海淘转运险、支付账户险、P2P 贷款保险等。

1.4.3　分布式配置

在传统的金融活动中，资源提供方通常需要交给中介机构（商业银行、证券公司、私募机构）集中，资源需求方向中介机构申请借贷融资，中介机构出于对资源安全的考虑，将根据自己的审核标准对申请方进行严格审核，然后决定是否向需求方提供资源。中介模式的金融活动不但审核的周期比较长，而且中介机构都要收取一定的费用，呈现出交易链较长、交易效率偏低、交易成本较高的特点。而互联网金融以互联网为服务渠道，其组织结构具有去生态开放、结构扁平、用户导向的特征，通过搭建一个泛交易平台，让资源需求方和供给方在平台上根据自己的交易标准自动搜寻与匹配交易方。这种通过分布式“点对点”去中介化的交易，显然节约了交易成本，优化了资源配置，而且还提高了成功率。比如，互联网支付平台上用户之间进行资金支付，交易的资金在支付平台上进行即时的转移结算，而不需要经过银行网关，从而能以很低的成本和极高的效率提供支付服务。网络借贷、互联网基金、互联网保险和互联网信托的产品和服务多数具有标准性，产品及服务的利润和规模成正比。股权众筹融资给创业者提供了一个向社会公众展示其创业项目的机会，可以快速激活认可创业项目的“长尾市场”投资者，提高创业者找到志同道合的投资者的概率，有力地支持了大众创业、万众创新。

1.4.4 极致体验

互联网行业流行一句经典的行话，即“唯快不破”，字面意思就是速度是克敌制胜的重要因素之一。这句话其实道出了互联网的哲学本质——变，即唯一不变的就是变。“唯快不破”对互联网行业的解释就是互联网企业要在瞬息万变的互联网领域求生存，仅靠一款出色的产品是不够的，高效敏捷的研发能力才是公司生存与发展的关键。换言之，互联网企业要快速地迭代创新，不断给用户以极致体验。互联网金融虽然本质上是金融，只要产品能沿着安全维度创新，其互联网属性的强弱就决定了其与对手竞争时的成败，就如普通火车和动车都是车，只要动车能保证安全，其速度优势就会让普通火车的市场空间越来越小。

互联网金融必须不断进行迭代创新有以下三个重要原因：一是迭代创新过程是与监管不断博弈的过程。互联网金融作为一种新金融，为用户提供了新的金融产品和服务，新的金融产品绕过诸多监管限制，打破了旧的金融秩序和格局，带来了不确定因素，给现有的金融秩序及金融规范带来了挑战。金融监管层主要从安全、效率和公平的角度对金融创新进行评估，如果认可金融创新则要建立新的监管规则对其加以规范和约束，以避免市场失灵。我国的互联网金融经历了野蛮发展期、战略框架期，目前正处于规则出台期，一切超出监管能力的创新、套利伪创新、过度创新、不合规创新将被监管层逐出市场，同时规则划定的新的创新空间已为互联网金融企业提供了新的创新空间，所以互联网金融企业必须通过迭代创新来达到与监管平衡。二是迭代创新过程是参与市场竞争的过程。随着我国金融改革的开放和深化，金融行业已经正式向社会民间资本开放，金融行业高额的利润必将吸引众多资本的强势注入，互联网金融作为金融业未来的战略性发展方向，在我国又处于发展初期，传统大型金融机构和互联网巨头都纷纷在互联网金融领域进行重兵布局，互联网金融的竞争必将极其激烈。不管是传统金融机构还是互联网企业，要在残酷的竞争中生存和强大起来，必须以用户为导向，不断发现用户的需求痛点，通过迭代创新来解决用户的痛点，不断提升企业与用户的价值，才是生存强大的“王道”。三是迭代创新过程是追求极致用户体验的过程。用户在使用互联网金融产品和服务时与传统金融机构的体验是截然不同的，互联网金融追求给用户以极致的交互体验。首先产品本身就是针对用户的痛点需求，产品说明简洁明了。其次在交互界面与传统金融的严肃刻板不同，采用动漫卡通娱乐化的形式，让用户回味童年天真烂漫和无忧生活，虽然用户肯定不是儿童，但每个人内心都向往那种幸福状态。在界面上操作也非常简单，用户只需点击一个或几个按钮就可以完成交易。用户可以通过微博、微信和论坛反馈意见，互联网金融企业则会根据用户的意见，以很快的速度对产品进行迭代修改，从而保持用户极致的体验。

1.5 传统金融机构的互联网金融布局

综观国内外，传统金融机构都在不遗余力地利用新技术、新媒体和新渠道开展金融服务。但是，由于中国金融行业管制度高、垄断性强、政策红利多，传统金融机构近几年的互联网业务变革基本是业务的互联网化。随着我国金融改革的全面深化及市场的逐步开放，以百度公司、阿里巴巴集团、腾讯公司和京东公司为代表的互联网企业依托其海量的用户和数据逐步向金融业渗透。2013 年，余额宝横空出世，以不可思议的井喷式发展拉开了互联网金融在中国的“普及”大幕。互联网金融作为一种新金融，也在中国快速“野蛮”生长。由于互联网金融确实对促进小微企业发展和扩大就业发挥了现有金融机构难以替代的积极作用，中国政府也对互联网金融的发展给予极大的包容和空间。以第三方支付、网络借贷、股权众筹融资等为代表的互联网金融业态不断蚕食传统金融机构的业务，传统金融机构开始意识到金融市场开放后“互联网 +”新金融时代的巨大挑战，从而开始布局互联网金融业务。

1.5.1　银行业的互联网金融布局

传统商业银行互联网金融业务的发展可划分为余额宝前时代和余额宝后时代。在余额宝前时代多数传统商业银行的互联网金融业务布局重点在网络银行，即银行业务的网络化。通过不断丰富和优化网络银行的功能来提高对银行员工的替代率，实现传统业务的互联网化。金融业务网络化一是降低成本，扩大业务量，提高中间收入。二是升级业务服务，提升客户体验，加强客户黏性，增强同业竞争力，比如商业银行陆续推出电话银行、网上银行、WAP 移动银行和 APP 移动银行。目前，中国农业银行、中国建设银行等少数商业银行还推出 APP 移动银行“音频盾”硬件密钥服务，让金融服务与客户金融需求无缝对接。

在余额宝后时代，伴随着我国金融业改革深化的推进，互联网金融的诸多商业模式被监管层认可，部分商业银行陆续开始布局创新性的互联网金融业务。业务布局可分为四类：一是网络银行创新与升级，推出“微信银行”和“直销银行”。2013 年，招商银行、中国工商银行、中国建设银行等相继推出“微信银行”，将银行的产品和服务嵌入客户的移动社交平台——微信 APP 之中，在提升服务的同时开始注重客户的参与感。2014 年，民生银行、兴业银行、平安银行、华夏银行、包商银行、上海银行、江苏银行和重庆银行纷纷推出“直销银行”，“直销银行”最大的特点是无须注册，也不用登录，支持多家银行卡直接购买同一家银行的标准化产品，呈现出互联网开放、共享和生态的特性。二是 P2P 业务。2014 年，部分商业银行和政策银行开始布局 P2P 业务，如招商银行的小企业 E 家、国家开发银行参与投资设立的开鑫贷和金开贷、民生银行的民生易贷、包商银行的小马 bank、兰州银行的 e 融 e 贷以及平安集团的陆金所等。银行系 P2P 业务在一定程度上将银行的服务链有效下沉。三是股权众筹。股权众筹规则和流程相对复杂且收益具有很大的不确定性，布局的银行相对较少，主要原因还是有较大的法律风险和业务风险。目前只有浦发银行筹建“小浦娱乐”众筹平台，集中在电影、电视剧、话剧、演唱会等娱乐项目领域。四是网络微贷。商业银行依托大数据分析技术，通过分析客户的交易信息，结合客户征信信息，对客户信用进行评价并据此发放贷款。但是受到数据和技术的限制，成功的网络微贷产品并不多。目前，中信银行与银联商务合作推出的“POS商户网络贷款”微贷产品比较成功，客户只要有足够的POS流水信息就可以享受无担保、无抵押、全线上、审批快、随借随还的贷款服务。工商银行推出的契合小微企业“短频急”融资需求的互联网络借贷产品“网络借贷通”也是成功的网络微贷产品。

1.5.2 证券业的互联网证券布局

证券业近几年改革的力度很大，“远程开户”和“一码通”等政策的出台加速了证券业拥抱和融合互联网的步伐，各大证券机构也加快了对互联网证券的布局。证券业的互联网证券布局分为三个层次：第一个层次是零售业网上网下双轮驱动。互联网最强大的优势是去中介化，因此，证券业同质化、低利润率、低技术含量的零售业务被率先互联网化。券商主要通过与互联网平台进行战略合作，利用其大容量、低成本客户和渠道资源，将客户导流到证券平台，然后通过价格策略与多样化的产品和服务将导入的客户尽可能转化为自己的客户，从而实现流量变现。比如，国金证券与腾讯战略合作的“佣金宝”，推出证券行业首个“1+1+1”互联网证券服务产品；广发证券与新浪网合作打造的一体化理财平台。第二个层次是业务入口的平台化集成。券商将证券交易、融资融券、投资理财、融资服务和投资资讯等所有业务集中整合到一个平台，客户只需要一个客户端就能完成所需的证券交易、理财和融资服务等一站式、多元化的金融服务。比如，浙商证券的“汇金谷”证券移动平台。第三个层次是全场景的金融账户服务。全场景的金融账户服务可实现客户名下资产全景展示、多账户交易、全产品在线购买、转账支付、生活服务等综合化服务需求，这也是互联网证券的方向和趋势。比如，国泰君安推出的“君弘一户通账户”是全场景的金融账户的雏形，可以统一管理客户在国泰君安旗下的证券账户、资管账户、期货账户、信用账户、场外市场账户等各类实体账户。

1.5.3 保险业的互联网保险布局

保险业是一个比较特殊的金融行业，本质是通过群体中事件发生的概率来精确定价，保险产品具有典型的标准化特点。所以，保险产品非常适合互联网营销，20世纪90年代就有一些保险机构通过互联网进行产品营销，互联网也成为保险机构的必争之地。保险机构对互联网的布局可以分为以下几个阶段：第一阶段是互联网单向媒体化。保险机构通过互联网进行品牌宣传、产品营销、业务咨询等。第二阶段是互联网业务渠道化。1997年中国保险信息网建成，同年新华人寿第一张互联网保单开启了我国的互联网保险时代。之后保险机构纷纷利用网上销售以及网上服务，提供保单的查询、销售、保全、理赔等一系列的业务活动，服务可以通过电子化完成，保险产品主要集中在车险、万能险和短期意外险等标准化产品。比如，大多数保险企业的官网都具有标准化险种产品电子化流程服务。中国人寿还专门成立专业电子商务子公司进行保险产品的互联网服务。第三阶段是互联网智慧生态化。在“互联网+”的战略背景下，互联网保险更成为保险机构竞相追逐的领域。保险业具有数据生产的天然优势，面对大数据和云计算时代的到来，可谓如虎添翼。保险业在与大数据的深度结合上不断创新出微价格、碎片化、高频度的互联网保险产品，这些新产品还具有按需定制、结构定价、精确营销等新特点。比如，货款保证金保险、网络退货运费险、第三方支付账户资金安全险、P2P 网络借贷险等。

1.6　互联网金融的未来发展

1.6.1　互联网金融新的模式将层出不穷

互联网金融是一个弹性很大、极富想象空间的概念，是一片新兴的蓝海，其发展远未成型，新的模式将层出不穷。本书认为主要有三个原因：一是信息科学技术，特别是人工智能技术将不断得到突破，并不断推动金融创新。比如，计算机人脸识别技术在 2014 年就获得重大突破，其人脸识别能力已超过人类肉眼，这有可能解决互联网金融中身份认证难题；智能穿戴的发展进一步推动了互联网金融业务的即时化，以支付手环为例，未来用户“挥挥手”就能完成支付。二是互联网金融服务细分市场将不断挖掘。互联网金融在我国大爆发后，传统金融机构和互联网企业都在积极布局互联网金融市场，并利用自身优势开始深耕细分市场，形成差异化竞争。比如，民生电商推出的“票据贷”P2P 模式，阿里小微金融推出的“招财宝”平台金融模式，支付宝上可以购买华安财产保险股份的“扶老人险”。三是互联网金融将不断挖掘并满足个人和中小微企业个性化和快速多变的金融服务需求。由于我国金融体系的结构性问题，传统银行无法覆盖众多个人和中小微企业个性化和快速多变的金融服务需求，而互联网金融则能通过快速的迭代创新来满足这些客户的金融需求，也将不断产生出新的互联网金融模式。

1.6.2　互联网金融数据共享势在必行

互联网金融的本质是金融，信用是金融的根基和生命。互联网金融的主要优势在于利用云计算、大数据技术对用户活动数据进行挖掘和分析，进行快速准确的信用评估及风险定价。但是，我国征信体系还不完善，人民银行征信系统也还没有向互联网金融企业开放，同时，互联网金融企业之间交易数据也没有实现共享。由于缺乏足够的可靠数据，大多互联网金融企业只能开展线下征信，从而导致运营成本极大提高，并没有发挥互联网金融的技术优势。所以，互联网金融企业在主观上有强烈的数据共享的愿望，以尽可能地消除投融双方的信息不对称，有效降低投融双方的风险，但是因为缺乏公平有效的数据共享机制和平台，互联网金融企业数据共享暂时陷入了“囚徒困境”。另外，监管层也意识到“征信难”成为互联网金融发展的核心障碍，也在积极准备将互联网金融的交易信息逐步接入人民银行征信系统，推动互联网金融企业之间数据共享，引导互联网金融企业将竞争着力于产品、风控和用户体验上，而非隐藏信息重新构建信息不对称而获得竞争优势，这既能促进互联网金融的透明化、阳光化，又能健全和完善社会信用数据。

1.6.3 互联网金融监管方式将与时俱进

由于监管缺失，互联网金融的市场准入与市场监管成本极低，极利于互联网金融企业利用“用户体验”至上的原则和理念，不断突破传统金融业诸多“审慎稳健”为基准的业务规则框架，从而进行监管套利。“无规矩不成方圆”，互联网金融过于强调互联网精神，急剧增加了互联网金融的风险，特别是P2P网络借贷和股权众筹业务，比如e租宝P2P集资诈骗事件。我国政府非常关注互联网金融发展初期暴露的问题，陆续出台了规范发展互联网金融的相关指导意见和配套管理办法，以促进公平竞争，保持投资利益。因此，可以预见互联网金融即将受到明确的法律规范和监管，监管套利空间会被极大压缩，线上线下将公平竞争。在监管方式和手段上，监管层面对互联网金融企业数量迅猛攀升、业务发展快速多变和风险传播迅速的现实情况，唯有及时乃至实时掌握互联网金融的交易和行为信息，并采用差异化、算法化、自动化的监管方式才能对互联网金融进行有效监管，所以基于大数据的科技化监管是互联网金融监管方式和手段的重要发展方向。

1.6.4 互联网金融将金融业态逐步重新构建

互联网金融企业对传统金融业挤压造成的经济损失是浅层面的，最大的损失在精神层面。广大群众开始意识到传统金融不但没有小客户价值意识，而且对其极度缺乏人文关怀，所以传统金融业在一片危机和批评声中开始改变，并深刻反思“跑马圈地”的发展模式和“二八”客户服务理念，纷纷将互联网金融作为重要的发展战略，加快开发民主化、网络化和人文化的金融服务和产品，同时与互联网企业进行积极融合，参与和分享互联网共享经济。可以预见，互联网金融将在近几年内重构金融业形态，包括管理理念、发展战略、产品设计、服务流程和业务模式，让整个金融业得到重生。以谢平为代表的学者认为商业银行等传统金融中介机构最终将消失，所有账户只需要中央银行开设和管理。但本书认为这不可能，因为：其一，信息不对称问题无论技术如何发展都会存在，既然存在，就需要中介，只不过成本和形式不同而已；其二，金融中介本身也在不断地变革和创新以适应时代的要求和发展，加之其强大的风控、资源和信誉优势，不可能完全被技术取代。所以，我们认为未来的以商业银行为核心的金融中介一定存在，但给客户的认识将逐步演变为一种“云”服务形式，而不是一幢大楼或诸多实体网点。

回顾小结

本章详细讨论了多种视角下互联网金融的概念，介绍了互联网金融的八种业态，分析了互联网金融的崛起逻辑，阐述了互联网金融的特征，最后展望了互联网金融的未来发展。

动动脑、动动手

1. 《关于促进互联网金融健康发展的指导意见》中是如何定义互联网金融的?
2. 互联网金融有哪些主要业态? 你认为哪些业态更为核心?
3. 互联网金融的特征是什么?
4. 你认为互联网金融未来将如何发展?
5. 互联网金融与金融科技的关系是什么?

第2章

P2P网络借贷基础

知识要点

✓ 网络借贷的分类
✓ P2P 网络借贷的定义
✓ P2P 网络借贷的风控原理
✓ P2P 网络借贷的主体及业务流程
✓ P2P 网络借贷的分类

案例导读

世界上第一家 P2P 网络借贷机构：Zopa

于2005年3月在英国伦敦成立的P2P网络借贷机构Zopa是世界上第一家P2P借贷平台，也是英国三大借贷平台之一，占有英国约25%的P2P市场份额。自成立至2019年12月，Zopa向近50万借款人提供了超过40亿英镑的贷款，为投资者带来了2.5亿英镑的利息。Zopa还通过其建立在诚实、透明和信任基础上的业务帮助数十万客户减轻了管理资金的压力。Zopa的业务开展得非常好，而且一直致力于让其客户能够使用公司更伟大的产品和工具来帮助他们管理资金。2018年12月，Zopa成功获得了银行牌照，推出了一家以客户需求为导向的互联网银行。在拥有银行牌照后，Zopa的目标是给更多的人更好的理财体验，但是P2P借贷模式仍然是其业务的核心。Zopa客户借款产品共有四种：汽车贷款（Car Loans）、债务合并贷款（Debt Consolidation Loans）、房屋装修贷款（Home Improvement Loans）和婚庆贷款（Wedding Loans）。

Zopa是Zone of Possible Agreement的缩写，意思为一个人的最低限（借款人获得的最低贷款利率）与另一个人的最高限（投资人获得的最高回报率）的重叠区域。Zopa将其自身定位为一种连接贷款人（投资人）与借款人的网络平台：借款人登录Zopa网站上传借款申请，经过Zopa的匹配，投资人借钱给他们，并获得一笔不小的贷款利息

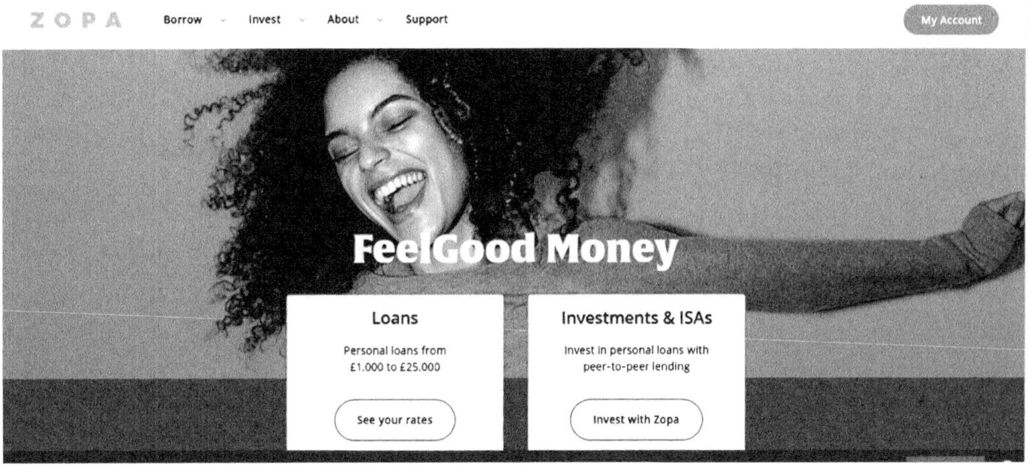

图 2-1 Zopa 平台的官网

（数据来源：Zopa 官网，http：//www. zopa. com）

作为回报。而 Zopa 收取投资人总资金 1% 的手续费，收取借款人 30 ~610 英镑不等的手续费。Zopa 官网数据显示，2019 年借款人的借款利率为 2.9% ~34.9% 不等，借款额度一般不超过 2.5 万英镑，最高不超过 10 万英镑，高信用借款者平均借款利率为 5.6%。投资人如果投资平台信用等级为 A、B、C 的三类借款人的借款，获得的预期目标回报率是 4.5%；如果投资平台所有信用等级借款人的借款，获得的预期目标回报率是 5.2%。

Zopa 采用创新性的互联网点对点借贷的方式绕过传统金融中介机构，实现了投资人与借款人的直接投融资交易。借款人可以省去在银行借款的繁冗手续，简单快捷地获得借款；投资人通过平台的分散投资让投资变得简单且风险可控，回报率较为可观。Zopa 开创的 P2P 借贷面世后就备受瞩目，成为互联网新星也不足为奇了。

2.1 网络借贷概述

2.1.1 网络借贷的发展背景

现代信息与互联网技术的进步，特别是云计算、移动互联网、大数据分析、搜索引擎和社交网络的发展，深刻地改变甚至颠覆了许多传统行业，金融业也不例外。近年来，金融业成为继商业分销、传媒之后受互联网影响最为深远的领域，许多基于互联网的金融服务模式应运而生，网络借贷就是新金融模式的核心模式之一。

2.1.2 网络借贷的定义

网络借贷是指借助互联网平台实现借贷双方的信息对接并完成金融活动的借贷模式。从定义可以看到以下三个关键点：第一是网络借贷是以互联网渠道和平台为交易载体；第二是借贷双方的信息匹配通过互联网完成；第三是交易双方完成投融资活动，明确资金配置的跨期及对价。P2P 网络借贷模式如图 2－2 所示。

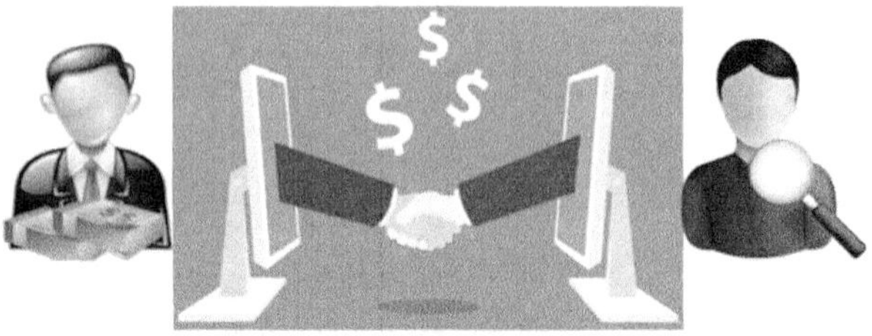

图 2－2　P2P 网络借贷模式

2.1.3 网络借贷的分类

2015 年 7 月 18 日，中国人民银行、工业和信息化部、公安部、财政部、国家工商总局、国务院法制办、中国银行业监督管理委员会、中国证券监督管理委员会、中国保险监督管理委员会、国家互联网信息办公室联合印发了《关于促进互联网金融健康发展的指导意见》。其中第二章第八条指出，“网络借贷包括 P2P 网络借贷和网络小额贷款”。

（1）P2P 网络借贷。P2P 网络借贷（Peer-to-Peer Lending，P2P）是指个体和个体之间通过互联网平台实现的直接借贷。

（2）网络小额贷款。网络小额贷款是指互联网企业通过其控制的小额贷款公司，利用互联网向客户提供的小额贷款。

2.1.4 网络借贷的特点

网络借贷相对于传统的线下借贷，呈现出如下特点：

（1）立足小额，服务小微。网络贷款一般为小额借贷，借贷额度通常小于 100 万元，覆盖的借款人群一般是银行业传统机构体系覆盖不足的小微企业主、个体工商户和中低收入人群，因此是银行体系的必要和有效的补充。

（2）信息透明，成本较低。网络借贷中借贷双方的多数信息公开透明，同时借助大数据、云计算、移动技术和数据挖掘等新兴科学技术对借款人进行多维度的数据化征信，从而精准对其进行风险分析、风险评估和风险定价，从而实现借款人从申请融资到信用评级全部在线完成，如图 2－3 所示。因此，网络借贷借助互联网技术进行征信与风险控制可以有效缩短借贷双方的交易链条，降低借贷双方的交易成本，提高借贷双方的交易效率。

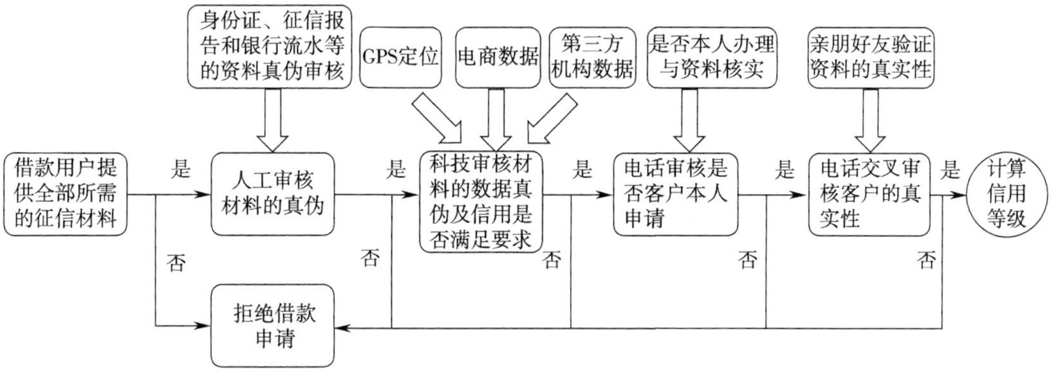

图2-3　网络借贷借款人从申请融资至信用定级的流程

（3）时空无限，快速便捷。网络借贷不受时空限制，借款人可以通过移动终端在任何时间、任何地点向网络借贷平台提出借款申请，有些基于大数据放贷的网络借贷平台可以为借款人实时放款。投资人也可以使用移动终端随时随地出借或利用借贷平台自动投标功能实现资金自动投资。

（4）促进民主，践行普惠。众多无法从银行业金融机构获得金融服务的小微企业主、个体工商户和中低收入人群可以通过网络借贷获得借款，而且有些网络借贷平台甚至可以提供无抵押、纯信用借款，所以网络借贷能极大地消除金融排斥，促进金融民主，具有很强的金融普惠意义。

2.2　P2P网络借贷概述

P2P网络借贷概念中的"个体"包括自然人、法人和组织，在P2P网络借贷机构发生的直接借贷行为属于民间借贷范畴。P2P网络借贷机构为投资方和融资方提供信息交互、撮合、资信评估等中介服务。

2.2.1　P2P网络借贷的起源与发展

（1）P2P金融的起源。P2P金融的起源可以追溯到1976年，孟加拉国经济学家穆罕默德·尤努斯在一次乡村调查中，他把27美元借给了42位贫困的村民，以支付他们用以制作竹凳的微薄成本，免受高利贷的盘剥，从而开创了小额融资的一种现代模式。图2-4为尤努斯与获得贷款帮助的孟加拉国妇女。后来，他一手创办格莱珉银行（Grameen Bank，意为"乡村银行"）专门为穷人提供小额贷款，并因"从社会底层推动经济与社会发展"的努力而获得2006年度诺贝尔和平奖。

（2）P2P网络借贷的起源。P2P网络借贷的起源可以追溯到2005年3月的英国P2P网络借贷机构Zopa，它是世界上第一个P2P网络借贷机构。Zopa创新型互联网P2P借贷在全球迅速兴起，不论是发达国家还是发展中国家都产生了不少代表性的P2P网

图 2－4　尤努斯与获得贷款帮助的孟加拉国妇女

络借贷机构，如图 2－4所示。比如，美国有 LendingClub、Prosper；英国有 RateSetter、FundCircle 和 Zopa；德国有 Smava；澳大利亚有 SocietyOne、DirectMoney；日本有 AQUSH；中国有宜人贷、微贷网和点融网等。

国际证监会组织（IOSCO）在 2014 年发布的报告《众筹：快速成长中的新生行业》（*Crowd－funding：An Infant Industry Growing Fast*）中指出，美国、中国、英国为全球三大网络借贷市场，占据了总市场份额的 96%，如图 2－5 所示。2014 年中国 P2P 网络借贷成交量是英国的 16.5 倍，是美国的 6.9 倍，可见中国的 P2P 网贷市场非常庞大。LendingClub、RateSetter 和红岭创投分别是美国、英国和中国成交量最大的 P2P 网络借贷机构，如图 2－6 所示。

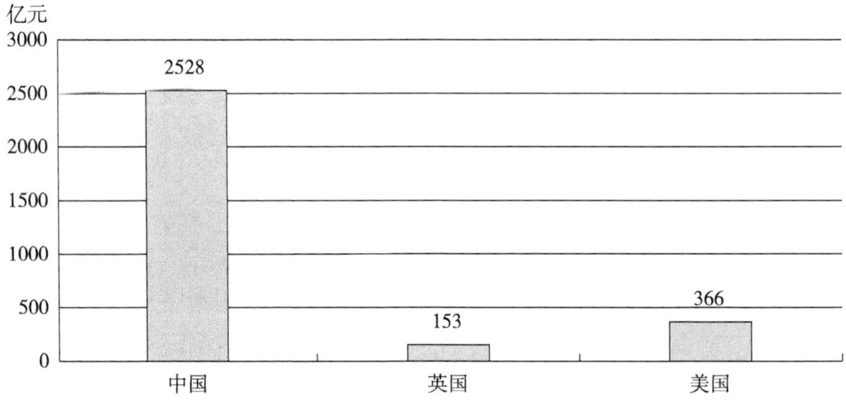

图 2－5　2014 年中国、英国和美国 P2P 行业交易量

（注：①中国行业交易量数据来源于网络借贷之家；②英国行业数据来源于英国 P2P 金融协会（P2PFA）；③英国数据仅包括 LendingClub 和 Prosper，数据分别来源于 http：//www.nickelsteamroller.com/及 LendingClub2014 年第四季度财报；④汇率转换根据人民银行公布的 2014 年 12 月 31 日银行间外汇市场人民币汇率中间价，即 1 美元兑人民币 6.1190 元，1 英镑兑人民币 9.5437 元。）

2.2.2　P2P 网络借贷风控原理

P2P 网络借贷起源于欧美，投资者在平台投资出现的本息损失一般由投资者自己承担。那么欧美 P2P 网络借贷机构为什么能使投资者的平均收益高于银行的同期存款？主要有以下五个原因：

（1）监管及时且严格。P2P 在美国也是 2005 年开始发展，但是在 2008 年美国证券交易委员会（Securities and Exchange Commission，SEC）就认定 P2P 网络借贷属于证券业务并将其纳入监管。SEC 要求 P2P 网络借贷机构透明化地披露手续（P2P 网络借贷机构每天需向 SEC 至少提交一次报告）、缴纳高额的保障金、承担巨额的注册成本（约 400 万美元）、接受多个金融监管部门和多部法律的联合监管，这导致美国 P2P 网络借贷行业进入标准很高。英国的 P2P 网络借贷机构受到英国金融行为监管局（FCA）的严格监管，而且 FCA 在 2014 年 4 月发布了《关于网络众筹和其他方式发行不易变现证券的监管规则》对网络借贷进行更为明确和细化的监管。比如，英国对 P2P 网络借贷机构资产规模与资本金比例有具体的要求，如表 2－1 所示。

表 2－1　　英国 P2P 网络借贷机构资产规模与资本金比例要求

平台资产规模	资本金比例
0～5000 万英镑	0.2%
5000 万～2.5 亿英镑	0.15%
2.5 亿～5 亿英镑	0.5%
5 亿英镑以上	0.05%

（2）以完善的征信体系为基础。欧美的个人征信体系比较完善，有多家商业征信公司拥有绝大多数的信用数据。P2P 网络借贷平台对借款人的信用评分有较高要求，能够把信用较差的人挡在平台门外。美国有三大个人征信商业公司，且都有标准的 FICO输出，美国 LendingClub 要求借款人的 FICO 分是 660 分以上。英国有相当完善的个人信用评分制度，主流的信用评分机构有三家：Callcredit、Equifax、Experian。这三家机构拥有大多数英国公民的信用报告（creditreport）。按照 Equifax 的统计来看，英国公民的信用分数为 200～500 分不等，平均信用分数为 430 分。

（3）以小额化的投资为主导。欧美的法律法规对个人投资者在 P2P 网络借贷平台的年度投资有总额限制，同时，P2P 网络借贷机构对个人投资者还设有单笔投资额度的限制，以降低投资者的损失程度。

（4）以分散化的投标为手段。欧美的 P2P 网络借贷平台一般会建议或强制投资者将投资资金分成 N 份，出借给 N 个借款人，以分散投资风险。平台都是采用分散化投标作为风控最核心的手段之一。比如，Zopa 在默认模式下会自动将 2000 英镑以下出借人的资金分成 N 组 10 英镑借给借款者，如果出借人金额超过 2000 英镑，则资金至少会借给 200 人。LendingClub 在默认模式下会自动将投资者资金分成 25 美元或 25 美元整数倍投资。

（5）以银行级的资金存管为保障。欧美的 P2P 网络借贷平台都是将借贷双方的资金存在银行业金融机构，确保自身运营资金与平台资金实行分账管理。比如，Zopa 网络借贷平台与 Zopa 平台自身的运营资金分开，借贷双方的资金存放在苏格兰皇家银行（Royal Bank of Scotland，RBS）单独的账户里，即使 Zopa 倒闭，投资者也可以安全收回本金。Prosper 和 LendingClub 两家平台在借款人发布借款单以后，由出借人进行投标认购。标的就是一个借款人在 P2P 网络借贷机构的借款项目。在满标之前，出借人的投资资金全部存放在富国银行的一个集合托管账户里。

2.2.3 P2P 网络借贷的优点

（1）点对点直接高效融资服务。P2P 网络借贷机构有高速的寻找机制，投资人能够在很短的时间内找到与自己风险收益偏好相匹配的借款人，投融双方在平台通过简便的操作就能达成交易。

（2）投融资边际成本显著降低。P2P 网络借贷虽然本质还是金融活动，但因为与互联网深度融合后，其边际成本将逐步递减，甚至可能趋向于零，因此理论上 P2P 网络借贷可以突破交易成本的约束。

（3）金融民主普惠特征明显。以银行业为核心的传统金融机构基于投入产出比的考虑，热衷于服务 20% 的规模客户，因此大量的小微企业、个体工商户和中低收入自然人难以获得金融服务。而 P2P 网络借贷的主要服务对象正是银行不愿顾及的 80% 的庞大客户市场，体现了金融的民主化和普惠化，对社会福利有帕累托改进效应。

（4）风险控制信息化趋势明显。随着社会各种数据的开放和共享以及 P2P 网络借贷平台之间数据的共享，P2P 网络借贷机构普遍都开始采用移动技术、大数据、云计算和数据挖掘等对借款人进行风险分析、风险评估和风险定价，将风险控制能力提高到一个新水平。

2.2.4 P2P 网络借贷的主体构成

我国 P2P 网络借贷的主体一般由五部分组成。第一是网络借贷信息中介机构（即 P2P 网络借贷机构），是指依法设立，专门从事网络借贷信息中介业务活动的金融信息中介公司。该类机构以互联网为主要渠道，为借款人与出借人（即贷款人）实现直接借贷提供信息搜集、信息公布、资信评估、信息交互、借贷撮合等服务。根据《关于促进互联网金融健康发展的指导意见》和《网络借贷信息中介机构业务活动管理暂行办法》相关政策和规定，网络借贷信息中介机构是采用备案管理的信息中介机构，不得提供增信服务，不得直接或间接归集资金，不得非法集资，不得损害国家利益和社会公共利益。第二是借款人。借款人即融资人，借款人可以是自然人、法人和组织，但是借款人必须达到 P2P 网络借贷机构的借款资质和信用要求。在我国借款人基本是自然人，借款人的年龄通常要求小于 55 岁，一些抵（质）押借贷平台对年龄要求则相对宽松。第三是出借人即投资人。出借人也可以是自然人、法人和组织。无论是我国还是欧美的P2P网络借贷平台，出借人被分为两类，一类是个人，另一类是机构。目前，在我国P2P借贷业务中机构投资规模在行业总投资中的比例不断提高。第四是存管人，指的是在P2P借贷业务中提供资金存管服务的商业银行。P2P网络借贷机构作为委托人，委托在存管人处开立存管专用账户，为出借人、借款人及担保人等在专用账户下开立的子账户，以保管借款人、出借人和担保人等进行投融资活动形成的专项借贷资金及相关资金。欧美的P2P网络借贷平台都将借贷双方资金存管在商业银行，而我国在2016年之前平台将借贷双方资金存管于第三方支付机构，甚至是平台自有资金与借贷双方资金混合在一个账户，但在2017年不断的风险整治之后，我国正常运营的P2P网络借贷平台都进行了资金存管。第五是担保增信合作机构。信用是金融活动的基础和生命线，我国多数P2P网络借贷平台会与其他担保机构进行合作对出借人的本息加强保障，同时也对平台自身有增信效果，最终增强出借人的投资信心 。在2017年之前，我国的一些P2P网络借贷平台与保险公司、小贷公司、担保公司或其他资产管理公司进行担保合作。但目前，监管层叫停了传统金融机构与P2P网络借贷平台的担保增信合作，只允许P2P网络借贷平台与其不存在关联关系的担保机构进行合作。

2.2.5　P2P网络借贷的业务流程

P2P网络借贷的业务流程如下：

（1）借款人向P2P网络借贷平台提出融资申请。

（2）P2P网络借贷平台对借款人进行信用调整和审核。主要对借款人提供信息的真实性、完整性和准确性进行核查，并确定借款人的信用等级。

（3）P2P网络借贷平台发布借款人的融资项目标。当借款人的融资申请通过审核后，P2P网络借贷平台发布融资项目标。

（4）出借人投标。出借人选择手动或自动模式与融资项目进行风险投资偏好的匹配，匹配成功后，出借人充值的投资资金将会被转入P2P网络借贷平台在商业银行处开立的存管专用账户，然后通过投标进行投资。

（5）资金划拨。融资标未满标之前，出借人投资资金的在途资金被冻结在P2P网络借贷平台在商业银行处开立的存管专用账户，融资标满标之后，根据借款人与P2P网络借贷平台的合同约定扣除付给平台相关服务费之后，剩余资金将划拨到借款人的存管专用账户中。

（6）借款人按合同约定还款。借款人按照借贷合同按时将应还本息存入借款人的存管专用账户，P2P网络借贷平台发出资金划拨指令后，存管人将借款人存管专用账户中的资金划拨至投资人的存管专用账户。

（7）平台的担保增信措施。在借款人出现逾期或无法偿还本息时，融资担保机构通常会承接借款人的债权，并对出借人的本息进行全额赔付。

P2P网络借贷的主体与业务流程如图2－6所示。

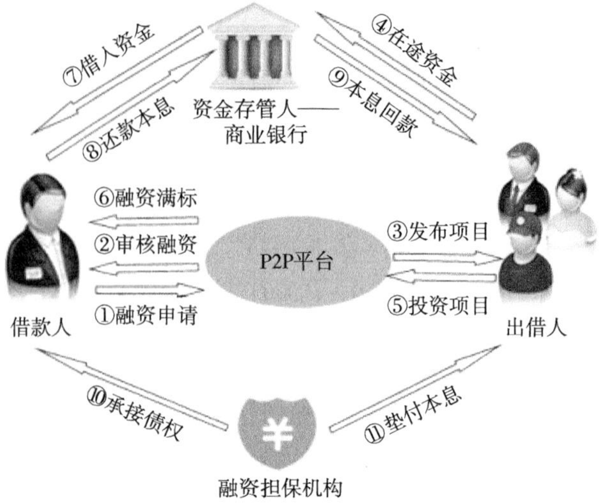

图 2－6　P2P 网络借贷的主体与业务流程

2.2.6　P2P 网络借贷的模式分类

从三个不同的视角，P2P 网络借贷有不同的业务模式分类：

（1）根据借款人的类型，P2P 网络借贷业务可分为三类。

① P2P（Person to Person Lending），个人对个人的借贷。借款人是自然人，比如宜人贷和美国的 LendingClub 等 P2P 网贷平台。至于出借人则未必全是自然人，在我国和美国有诸多机构投资者作为出借人参与 P2P 投资。

② P2B（Person to Business Lending），又被称为 P2C（Person to Company Lending），个人对企业的借贷。借款人是企业，比如道口贷和英国的 Funding Circle 等借贷平台。目前，这类正常经营的 P2P 网络借贷机构在我国比较少，主要原因是一旦企业资不抵债，P2P 网络借贷机构的贷后管理可能完全失效。

③ P2G（Person to Government Lending），个人对政府的借贷。借款人具有地方政府相关背景或由地方政府信用背书的企业或组织。这种 P2P 网络借贷业务就类似在 1980—1991 年这段时期，地方政府大量地采用信托平台这种非传统金融机构获得地方经济发展的金融资源。不过在 2017 年全国第五次金融工作会议明确地方金融监管的范围和责任后，加上举国的 P2P 强力乱象整治，P2G 的业务很快销声匿迹。

（2）根据 P2P 网络借贷机构标的资产类型，P2P 网络借贷业务也分为三类。

① 纯信用资产模式。这种模式是指 P2P 网络借贷平台标的资产为纯信用的个人小额信用贷款。纯信用资产模式类似银行信用卡模式，主要根据借款人的信用等级来确定借款人的借款资格、借款额度和借款利率。由于我国在 P2P 网络借贷平台的借款人多数是无法从传统金融机构获得融资的主体，在我国信用体系薄弱的情况下就要求 P2P 网络借贷平台要具有很强的征信评估、风险控制和贷后管理的能力。比如宜人贷就是典型的纯信用资产模式的 P2P 网络借贷平台。

② 抵（质）押资产模式。这种模式是指 P2P 网络借贷平台标的资产为具有一定评估价值的抵（质）押实物资产或金融资产。常见实物资产有房产、汽车、机器设备、存货等；常见的金融资产有票据、股票、存单、债券等。比如微贷网是专注汽车抵（质）押借贷的 P2P 网络借贷平台，英国的 MarketInvoice 是专注票据抵（质）押借贷的 P2P 网络借贷平台。

③ 类资产证券化模式。这种模式是指 P2P 网络借贷平台的标的资产来源于金融机构、准金融机构、类金融机构或个人的已有债权资产。在 2016 年之前，我国许多 P2P 网络借贷平台都专门从事开展类资产证券化模式的 P2P 借贷，比如原蚂蚁金服的招财宝投资平台和陆金所旗下的 P2P 网络借贷平台，这也是我国 P2P 网络借贷的成交量大幅高于美国和英国的重要原因。但目前，我国已经禁止 P2P 网络借贷机构开展类资产证券化借贷模式。不过，欧美的许多借贷平台允许借款人原有的多个债务整合后向 P2P 网络借贷平台借贷发标借款还清整合负债的借款模式，本质上就是类资产证券化的模式。比如，LendingClub、Zopa 等平台都有债务合并（Debt consolidation loans）借款模式。

（3）根据股东背景，P2P 网络借贷平台可以分为五类。

① 传统金融机构系，是指 P2P 网络借贷平台的股东与传统金融机构有直接或间接的关联。由银行开设或由银行参股的银行系 P2P 网络借贷机构有开鑫贷（国开金融）、e+稳健融资项目（招商银行）、民生易贷（民生银行）、小马 BANK（包商银行）、e 融 e 贷（兰州银行）；由券商参股的券商系 P2P 网络借贷机构有投哪网（广发证券）、91 金融（海通证券）。但是随着 P2P 的风险整治，许多传统金融机构退出上述 P2P 网络借贷机构，现在传统金融机构系 P2P 网络借贷平台只剩下开鑫贷、民生易贷和 e 融 e 贷三家平台。

② 国资系，是指 P2P 网络借贷平台的股东与国有企业或国有资本主体有直接或间接的关联，如麻袋财富（中信产业基金控股）。

③ 上市公司系，是指 P2P 网络借贷平台的股东与上市公司有直接或间接的关联，如微贷网（美国纽交所上市平台）和信贷（纳斯达克上市平台）。

④ 风投系，是指 P2P 网络借贷平台的股东与风险投资主体有直接或间接的关联，如有利网（软银中国等风险投资机构）、点融网（老虎基金等风险投资机构）。

⑤ 民营系，是指 P2P 网络借贷平台完全由民营资本运作和控股。目前，在正常运营的平台中民营系仍然占比最大，如曾经以“民间银行”著称的红岭创投就是民营系 P2P 借贷平台，不过该平台现在处于良性退出状态。

回顾小结

本章介绍了网络借贷的分类和 P2P 网络借贷的定义，详细讨论了 P2P 网络借贷的风控原理和优点，分析了 P2P 网络借贷的五个主体和业务流程，最后从三个不同角度讲解了 P2P 网络借贷的业务模式分类。

动动脑、动动手

1. 什么是 P2P 网络借贷？P2P 网络借贷分为哪两类？

2. 欧美 P2P 网络借贷机构的风控原理是什么？欧美的风控原理能应用到我国的 P2P 网络借贷平台吗？

3. P2P 网络借贷的优点是什么？

4. 试讲解 P2P 网络借贷的业务流程。

5. 请找一个抵（质）押资产模式的 P2P 网络借贷机构，分析其抵（质）押标的资产是什么，并分析平台的主要风险有哪些。

第3章

我国P2P网络借贷的发展

知识要点

✓ 我国P2P网络借贷的发展历史演进
✓ P2P网络借贷的运营现状
✓ P2P网络借贷“大雷潮”的原因

案例导读

中国第一家P2P网络借贷机构：拍拍贷

上海拍拍贷金融信息服务有限公司（以下简称拍拍贷）成立于2007年6月，是中国公认的第一家P2P网络借贷机构，其创立时间比现已占据美国P2P市场79%份额的LendingClub早了2个多月。拍拍贷的总部位于上海国际金融中心，12年来累计用户数超过1亿人，累计成交金额超过1700亿元。2017年11月，拍拍贷以每股发行价13美元在美国纽交所成功上市。

图3-1 拍拍贷LOGO

2018年，P2P网络借贷行业出现了大危机，监管层始终坚定以整顿P2P网络借贷机构为主要方向，推动大多数机构良性退出，有计划、分步骤限期停止业务增量。在这样的大背景下，拍拍贷宣布将主战场全面转向金融科技，正式升级为信也科技集团（FinVolution Group），旗下包括针对服务和赋能的金融科技业务板块、面向海外业务拓展的国际业务板块，以及关注未来科技发展的科技生态孵化业务板块。金融科技服务包含场景消费金融、小微金融以及机构伙伴合作等业务，意在连接B端与C端。金融科技赋能主要以toB科技输出业务为主。截至2019年9月底，机构合作伙伴通过平台完成的成交金额占平台总撮合成交金额的75%以上，10月以后，这一占比已达100%。场景消费业务自2019年4月上线后，月成交额稳健增长，累计成交额近5亿元。此外，截至2019年10月30日，小微金融业务覆盖小微企业4万余家，累计成交额近8亿元，发展势头良好。在toB科技输出业务方面，信也科技已经与20余家机构达成合作，输出包括风险评级模型、BI数据报表解决方案、明镜反欺诈平台等技术。信也科技国际化业务主要是基于在印度尼西亚、菲律宾、越南、新加坡等国家的业务探索。据悉，目前信也科技在这些国家已经取得了开展业务的相关资质，且发展迅速，团队超过200人，平台注册用户数百万，累计成交额近4亿元。

2019年11月19日，拍拍贷发布了当年第三季度未经审计的财务报告。报告显示，拍拍贷第三季度撮合额达246亿元，同比增长66.4%，环比增长13.7%，再创历史单季新高。同时，第三季度总营收达15.124亿元，数据非常可观。此外，截至2019年9月30日，拍拍贷15~29天、30~59天、60~89天、90~119天、120~149天、150~179天的逾期率分别是0.90%、1.50%、1.35%、1.31%、1.17%、1.20%，与上季度末基本持平。不过，投资者对拍拍贷的战略转型似乎并不看好，2019年11月其股价已跌至每股2.18美元。

拍拍贷拉开了中国P2P网络借贷发展的序幕，头顶中国第一家P2P网络借贷机构的光环吸引了众多出借人和不少风险投资机构，也曾经拥有在美国纽交所上市的高光时刻，自身业务却由于外部环境的突变而突变——告别P2P网络借贷业务。虽然政策不明朗，但形势却需要每一个正常运营的P2P网络借贷机构做出命运方向的选择。

3.1 我国P2P网络借贷的发展历史

3.1.1 监管缺失本质信用化

P2P网络借贷（Peer-to-Peer Lending），又称个体网络借贷，是指个体和个体之间通过互联网平台实现的直接借贷。2005年，P2P网络借贷于英国诞生。2007年，中国第一家网络借贷平台拍拍贷开始运营。拍拍贷借鉴美国LendingClub的运营模式，出借人自担投资风险。但是，当时中国的信用体系薄弱，早期投资拍拍贷的不少用户都没有收回预期的本息。2001年，诺贝尔经济学奖得主蒂格利茨教授获奖时说道："现有的经济学模型非常不适合解释发展中国家的现象，主要原因就是发展中国家存在严重的信息不对称问题。"2009年，中国第二家P2P网络借贷平台红岭创投开始运营。与拍拍贷不同的是，它摒弃了信息中介的模式，采用平台担保本息刚性兑付的运营模式，深受出借人喜爱，并成为后来P2P网络借贷平台推崇的风控模式。但是，刚性兑付让平台成为信用中介，埋下了行业危机的种子。

3.1.2　野蛮发展风险积聚化

2013年之前，P2P网络借贷的合法身份存在不确定性，参与P2P网络借贷的人数很少，也有少量的问题平台（出借人无法按约收回本息），主要以跑路为主，但是涉案规模较小，所以没有引起社会关注。2013年，互联网金融得到了政府的认可，P2P网络借贷也拥有了明确的法律地位。在余额宝激发民众互联网金融理财观念后，网络借贷平台出借人数快速增加、规模骤然扩大，P2P网络借贷平台数量也不断增加。由于当时P2P网络借贷处于“无门槛、无标准、无监管”的三无状态，网络借贷平台龙蛇混杂，打着P2P网络借贷旗号行诈骗之实的平台不断涌现，跑路、无法提现的平台开始增加，引起了国家层面的关注。但因问题P2P网络借贷平台暴露的风险危害性有限，又逢国家正在积极促进互联网金融的发展，P2P网络借贷获得了包容和宽松的发展环境，仍裹挟着风险无序野蛮发展到2015年。一方面，当时的平台成为全牌照的神奇金融中介，标的资产从高息活期理财到规模十亿元的地产融资，再到海外资产配置，甚至到高风险的股票期货配资等。另一方面，P2P网络借贷还成为不法分子诈骗敛财的乐土，平台上午上线、下午跑路的事件不时被媒体报道。P2P网络借贷的疯狂发展导致行业风险敞口急剧扩大，2015年底爆发了震惊全球的涉案高达762亿元的“e租宝”资金诈骗案，给115万投资人造成了严重的财产损失。为此，国家高层领导人对e租宝案件作出指示：“要加快网络立法进程，完善依法监管措施，化解网络风险。”

3.1.3　合规监管定位正本化

2016年，P2P网络借贷“1+3”监管框架体系形成，行业进入有序监管时代。监管层指导各地金融办迅速开展网络借贷风险专项整治工作，只对整治后的合规平台进行备案。整治工作的推进一方面使平台的监管套利空间大幅压缩，加快了不良平台的市场出清，另一方面问题平台和出借损失人数逐步增加，警方开始介入问题平台，正常运营平台的合规和盈利双重压力陡增。可是，整治工作却因平台历史遗留违规交易的包袱太重显得异常困难。虽然作为整治工作实际主体的地方监管部门希望通过以时间换空间的方式使辖区内的平台慢慢出清以实现行业风险出清软着陆，但网络借贷的外部宏观环境急转直下，国际上美国加息缩表并对中国发动贸易战，国内经济下行、金融去杠杆、信用紧缩、民企经营困难、资本市场大幅波动都对网络借贷的流动性产生负面作用，受出借人注目的四大高返伪平台陆续倒闭，受害出借人数量节节攀升，诸多合规经营的P2P网络借贷平台也因行业恐慌相继资金链断裂，行业大危机一触即发。

3.1.4　内虚外紧行业危机化

2018年6月，P2P网络借贷平台备案最后时间结点被监管层延期，导致诸多出借人对网络借贷的前景产生了严重的模糊性，进而撤资逃离网络借贷。如图3-2所示，在内部混乱失血和外部环境日趋严格的双重积压下，P2P 网络借贷“大雷潮”正式爆发，平台开始大面积崩塌，此次危机一直持续至 2018 年 12 月。如表 3－1 所示，大危机期间共出现 569 家问题平台，369 家停业及转型平台，2018 年 P2P 网络借贷问题平台涉案资金高达 1434. 1 亿元，涉及投资人数 157. 8 万人，人均损失资金超过 9 万元。

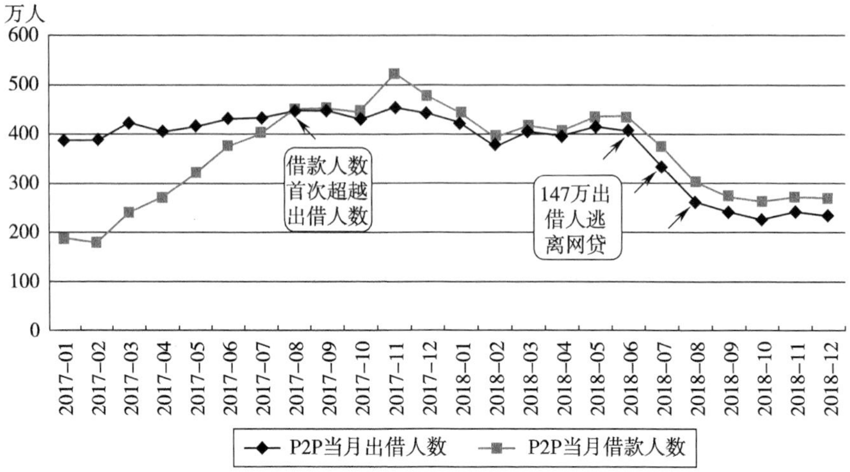

图 3－2　2017—2018 年 P2P 网络借贷平台当月出借人数和投资人数

（数据来源：Wind、网络借贷之家）

表 3－1　　历年 P2P 网络借贷问题平台、涉及出借人数和贷款余额

时间	问题平台数（家）	停业及转型平台数（家）	涉及出借人数（万人）	涉及贷款余额（亿元）
2013 年及之前	81	13	1. 6	16. 2
2014 年	301	37	4. 7	52. 2
2015 年	865	426	20. 9	99. 5
2016 年	566	1155	18. 2	98
2017 年	223	500	12. 2	66. 5
2018 年	669	610	157. 8	1434. 1

数据来源：Wind、网络借贷之家。

3. 1. 5　强力清退平台持牌化

2018 年下半年、P2P 网络借贷行业“大雷潮”促使了监管的调整与升级，P2P 网络借贷机构备案又开始扑朔迷离。2018 年 12 月，互联网金融风险专项整治工作领导小组办公室和 P2P 网络借贷风险专项整治工作领导小组办公室联合出台了《关于做好网贷机构分类处置和风险防范工作的意见》（整治办函〔2018〕175 号，下称 175 号文），首次将 P2P 网络借贷机构划分为两大类六小类，只有规模较大的正常机构才能继续运营，部分正常机构将被引导转型为网络小贷公司和助贷机构，其余机构能退尽退，应关尽关，所有 P2P 网络借贷机构的存量规模和投资人数开始执行“双降”。2019 年

4 月，《网络借贷信息中介机构有条件备案试点工作方案》发布，首次划分了网络借贷机构的类别，并根据网络借贷的类别充实注册资本金、缴纳一般风险准备金和设立出借人风险补偿金等，备案门槛大幅提高，P2P 网络借贷机构开始向弱信用中介机构演进。该方案再次提出最晚于 2020 年 12 月完成全部网络借贷机构分类处置与有条件备案及整改工作，行业备案再现曙光。如图 3 -3 和图 3 -4 所示，在处置大潮下，P2P 网络借贷正常运营平台数量跌回 2013 年水平，成交量跌回 2014 年水平。

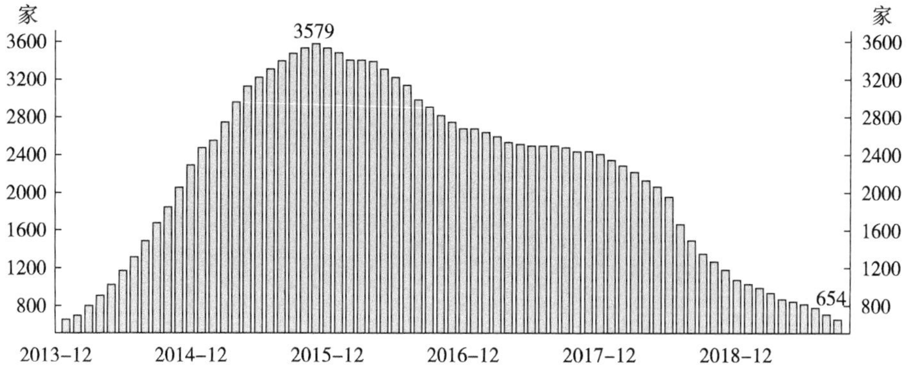

图 3 -3　P2P 运营平台数量

（数据来源：Wind、网络借贷之家）

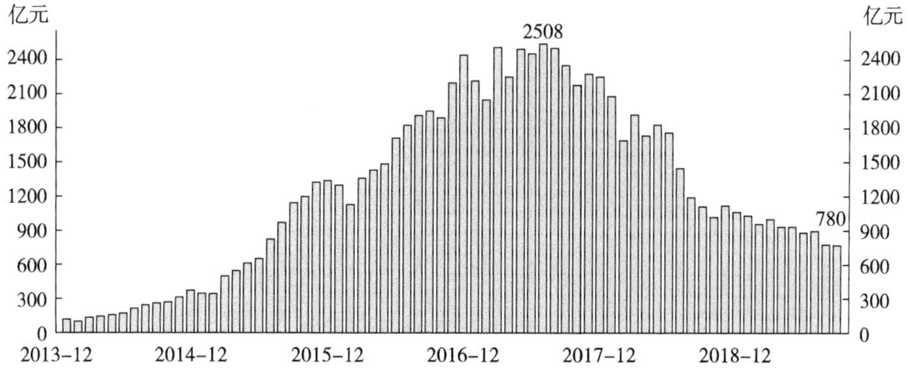

图 3 -4　P2P 网络借贷行业的成交额

（数据来源：Wind、网络借贷之家）

2019 年 9 月，互联网金融风险专项整治工作领导小组办公室和 P2P 网络借贷风险专项整治工作领导小组办公室联合下发了《关于加强 P2P 网贷领域征信体系建设的通知》，明确提出 P2P 网络借贷机构将全面纳入金融信用信息基础数据库运行机构（人民银行征信数据库）和百行征信机构，P2P 网络借贷行业将全面纳入征信系统，破除了 P2P 网络借贷行业发展的重大障碍。令行业欣喜的是，2019 年 10 月，北京、厦门等 6 个地方启动监管试点工作，网络借贷行业热盼首家备案的平台出现。不过，湖南、山东、重庆、河南四省市地方金融监督管理局取缔了其辖区内从事 P2P 网络借贷业务的机构及外省在其辖区内从事P2P网络借贷业务的分支机构。这对于行业来说犹如重磅“炸弹”，又令其发展蒙上一层沉重的阴霾，行业再次陷入忐忑不安之中。这从侧面说明地方金融办只有具备高水平才能监管好P2P网络借贷行业，也说明P2P网络借贷机构的合规化改造成本十分巨大且监管完善后的利润空间非常有限。毫无疑问，政策强力清退网络借贷平台导致行业前景不明，一些平台仍在整合坚守，如宜人贷、微贷网，一些平台则退出P2P网络借贷业务，如陆金所、拍拍贷。2019年11月，互联网金融风险专项整治工作领导小组办公室和P2P网络借贷风险专项整治工作领导小组办公室联合下发了《关于网络借贷信息中介机构转型为小额贷款公司试点的指导意见》，明确了网络借贷机构转型小额贷款公司的基本条件，其中转型全国性网络小额贷款公司的网络借贷机构股东实缴货币注册资金不得低于10亿元，这是政策层面再次确认P2P网络借贷机构必须成为持牌的金融机构。

3.2 P2P网络借贷的发展现状

3.2.1 P2P网络借贷的运营平台现状

如图3－5所示，我国P2P网络借贷运营平台数量自2013年起开始快速增长，并于2015年11月达到历史最高，为3579家，若加上问题和转型平台则超过6000家。

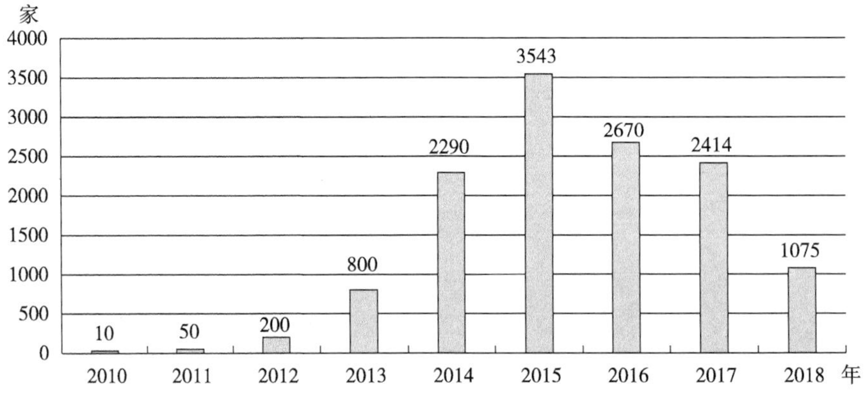

图3－5 P2P网络借贷运营平台数量

（数据来源：中国互联网金融协会年报、Wind、网络借贷之家）

如图3－6所示，受e租宝事件影响，2015年12月之后P2P网络借贷正常运营平台数量开始减少。随着监管工作的不断推进，2018年6月至8月的“大雷潮”致使运营平台数量快速下跌，随后每月走低。2019年10月，正常运营的平台数量锐减至572家，与5年前数据相当。在行业清退的环境下，P2P网络借贷运营平台数量将进一步下降，未来存活数很可能少于20家。如图3－7所示，2019家1月至10月，银行系运营平台始终是3家，国资系、上市公司系、风投系和民营系运营平台都在减少，民营系运营平台占比在不断减少，其他系运营平台占比却在逐渐增加。

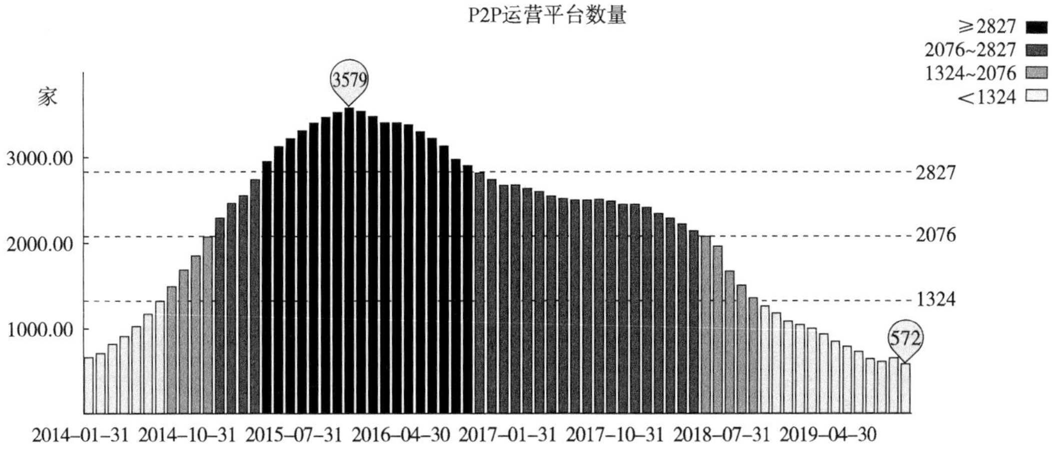

图 3-6　正常运营的 P2P 网络借贷机构

（数据来源：Wind、网络借贷之家）

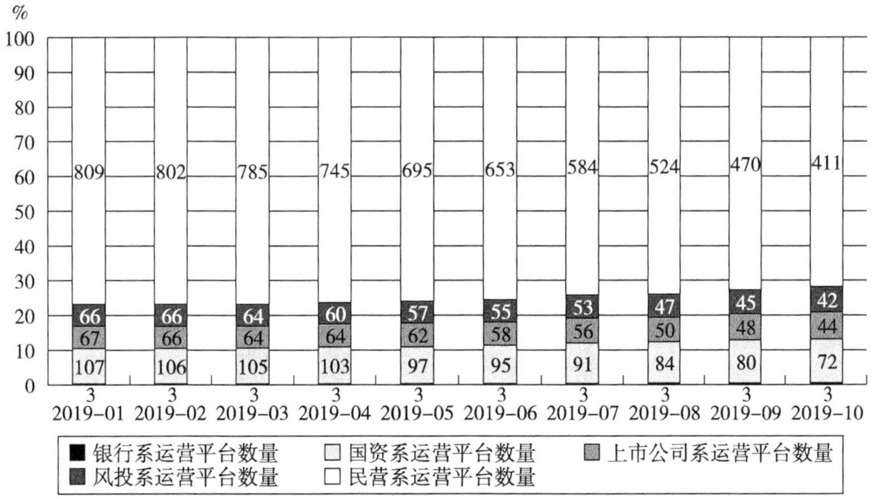

图 3-7　2019 年 1 月至 10 月各系别正常运营的 P2P 网络借贷机构

（数据来源：Wind、网络借贷之家）

3.2.2　P2P 网络借贷的成交量和待还余额

如图 3-8 所示，中国 P2P 网络借贷成交量在 2012 年是 212 亿元，2013 年达到 1058 亿元，2014 年以惊人的速度增长，在 2015 年达到 9789 亿元，逼近 1 万亿元。2016 年，P2P 网络借贷成交量突破 2 万亿元。2017 年，P2P 网络借贷成交量达到顶峰，为 28048 亿元，成交规模远超美国和英国，主要原因是 P2P 网络借贷的资金量大且无约束、非理性地投向各类非标资产，特别是地方金融资产交易所的企业债。随着监管的完善和风险整治的推进，2017 年 P2P 网络借贷违规业务开始萎缩，2018 年网络借贷成交量开始下降。特别是在 P2P 网络借贷行业被要求执行“三降”和“双降”后，P2P 网络借贷成交量已于 2019 年 10 月减少至 8710 亿元。

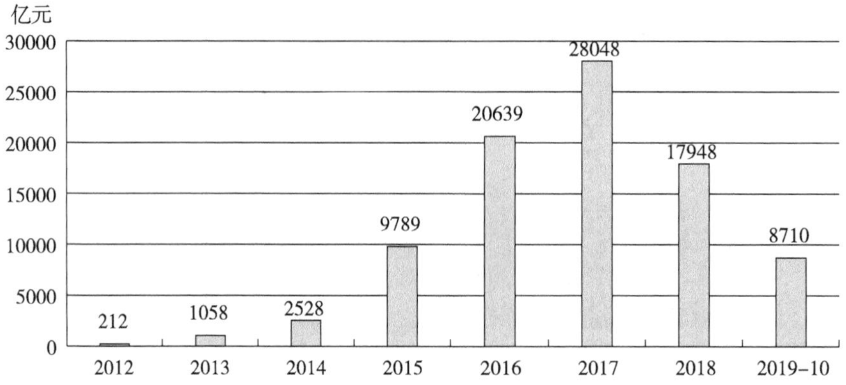

图 3－8　P2P 网络借贷行业的成交量

（数据来源：Wind、网络借贷之家）

P2P 网络借贷的成交量与待还余额呈现紧密的时间滞后性与正相关关系。成交量上升，待还余额也同步走高。2014 年初，待还余额为 308.71 亿元。2018 年 5 月，待还余额出现历史峰值，为 10691.72 亿元，比成交量峰值延迟 6 个月左右。在行业被要求执行“三降”和“双降”后，待还余额待于 2019 年 10 月减少至 5892.69 亿元。

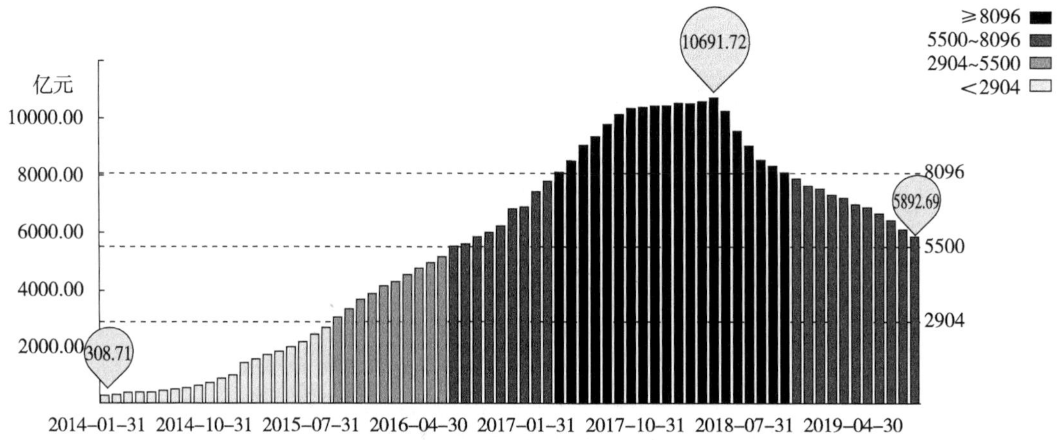

图 3－9　P2P 网络借贷行业的待还余额

（数据来源：Wind、网络借贷之家）

3.2.3　P2P 网络借贷的期限和利率

如图 3－10 所示，2012 年至 2015 年底，P2P 网络借贷的平均借款期限在 6 个月左右，主要原因是我国P2P网络借贷处于“无监管、无门槛、无标准”的初期阶段，几乎所有的P2P网络借贷机构都采用期限错配方式、资金池模式和虚假资产手段发布活期标的或超短期标的来迎合出借人因避险而产生的短期投资偏好。2016年初至2018年6月，P2P网络借贷的平均借款期限从6个月上升至12个月左右，主要原因是监管体系的不断完善和风险整治的逐步推进，期限错配方式、资金池模式、虚假标的及活期资产标的被严厉禁止，所以P2P网络借贷的平均借款期限上升是一种正常回归和真实必然的现象。2018年6月后，P2P网络借贷的平均借款期限快速上升至15个月左右，这是因为行业“大雷潮”使一大批不合规的P2P网络借贷机构退出市场，这些机构的借款标的普遍在12个月以内。另外监管进一步升级，一系列更为强有力的监管政策相继出台，制约了正常运营平台的不合规增量。参考欧美主流P2P网络借贷机构期限平均在36个月以上，我国的P2P网络借贷平均借款期限将进一步上升。

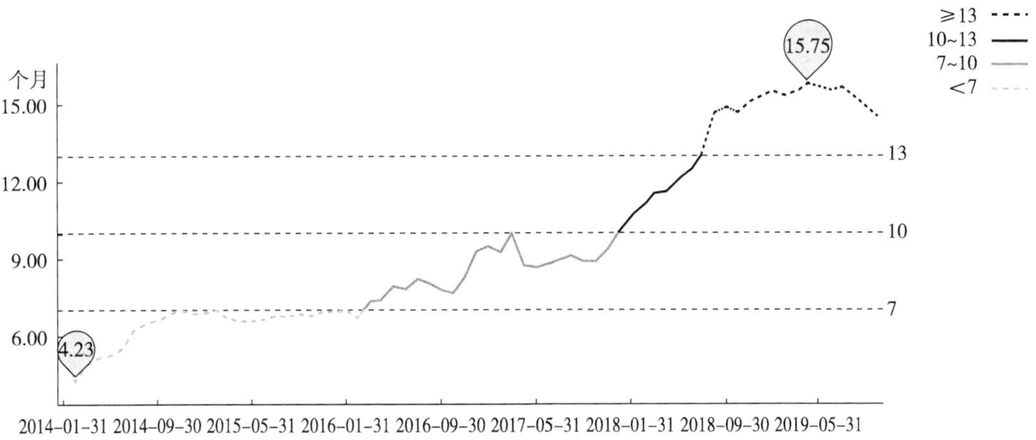

图3-10 P2P网络借贷的平均借款期限

（数据来源：Wind、网络借贷之家）

如图3-11所示，就投资回报综合利率而言，2014年之前和2014年初P2P网络借贷年化综合回报利率超过民间借贷和贷款类1~2年信托产品的收益，这很显然是不正常和不可持续的。随后，P2P网络借贷行业综合收益率不断走低，正在告别高收益时代，目前在9.4%左右波动。原因主要包括：一是经济整体下行，优质资产的供给明显减少，而市场流动性较好，P2P网络借贷年化综合回报利率、民间借贷和贷款类1~2年信托产品的收益都在持续走低；二是全球主要经济体的货币政策还处于宽松期，美国在量化宽松（QE）后再次开启降息周期，欧洲和日本的国债已经实施负利率，我国五年期贷款市场报价利率（LPR）首次下降5个基点，所以P2P综合收益上升的可能性不大；三是经过多轮的合规整治，P2P网络借贷机构的借款综合利率不能超过36%，同时个人出借人的投资规模不断下降，平台来自机构出借资金的比例不断提高，而机构出借资金的成本高于个人出借人，P2P网络借贷机构的获利空间大幅压缩后必然要降低出借人的综合投资收益。投资回报综合利率走低是社会整体资金成本走低和平台本身可持续发展的结果。

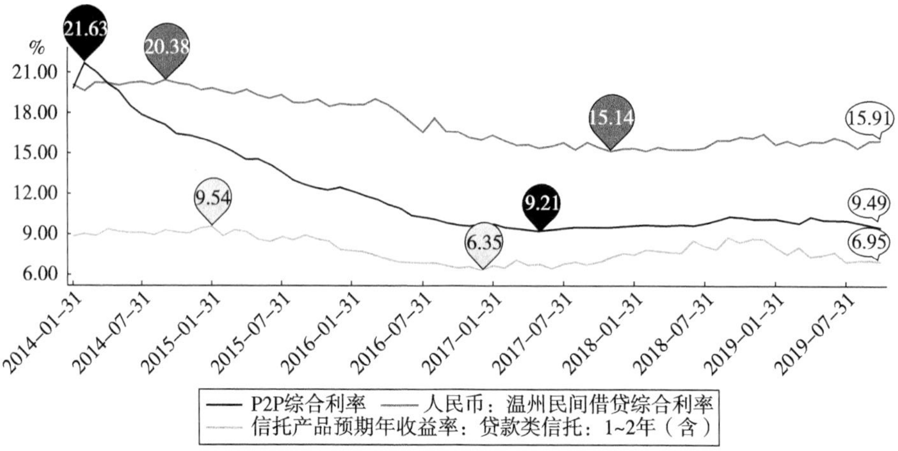

图 3-11　P2P 网络借贷、民间借贷和信托产品的收益率走势

（数据来源：Wind、中国人民银行温州中心支行、网络借贷之家）

3.2.4　P2P 网络借贷的出借人和借款人

P2P 网络借贷在我国诞生之后，投资人和借款人的绝对数量在不断增加，这说明随着时间的推移，有越来越多的用户熟悉并参与到 P2P 网络借贷中。如图 3-12 所示，2017 年 11 月，借款人数和出借人数达到历史峰值，分别为 159.25 万人和 142.92 万人，随后出现拐点，借款人数和出借人数开始减少。值得注意的是，2017 年 8 月，借款人数首次超过出借人数，原因有两个：一是限额政策规定单一自然人在同一网络借贷平台借贷金额不能超过 20 万元，不少 P2P 网络借贷平台向消费金融等小额业务转型，部分平台对接现金贷资产，此类业务的共性是小额分散、涵盖的借款人多。二是 P2P 网络借贷问题频繁出现，综合收益不断走低，行业在风险增加收益减少的情况下，不少出借人选择离开。三是借款人处于明显的优势地位，比出借人更有意愿参与 P2P 网络借贷。因为借款人只在意能否以可接受的成本从 P2P 网络借贷机构获得借款，并不在意行业和平台的风险。同时，P2P 网络借贷机构在客观上还为借款人逃债和废债提供了有利条件。

2018 年 6 月，由于 P2P 网络借贷行业发生“大雷潮”，借款人数和出借人数出现断崖式下跌。2019 年初，借款人数和出借人数出现跳水的走势，一是因为平台被大量清退，二是因为出借人为避险而离开 P2P 网络借贷行业。借款人虽然不在乎行业和平台的风险，但是由于行业数据共享的建设、P2P 网络借贷接入征信系统及国家层面发文打击 P2P 网络借贷恶意逃债和废债，失信或低质的借款人已经很难获得 P2P 网络借贷借款。

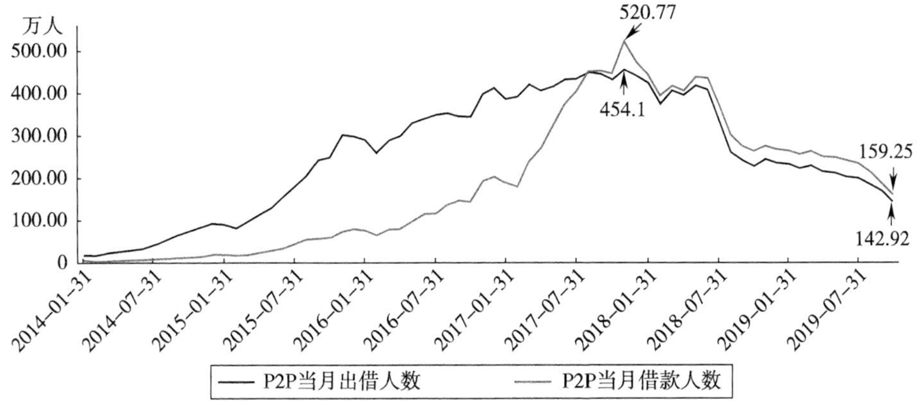

图 3-12　P2P 网络借贷行业月度出借人和借款人数量

（数据来源：Wind、网络借贷之家）

3.2.5　P2P 网络借贷的转型及停业和问题平台

2015 年 10 月至 2019 年 10 月，P2P 网络借贷在发展过程中不断出现大量的转型及停业和问题平台。自 2015 年 10 月开始，以 12 个月为一个统计周期，转型及停业和问题平台的数量情况如图 3-13 所示。截至 2019 年 10 月，转型及停业平台达到 3163 家，问题平台 2878 家，这两类平台占总平台数的 91.3%。从这个角度来看，普通出借人盲目投资 P2P 网络借贷的风险是十分巨大的，这也是国家采取以行业平台清退为主要方向的监管政策的主要原因。

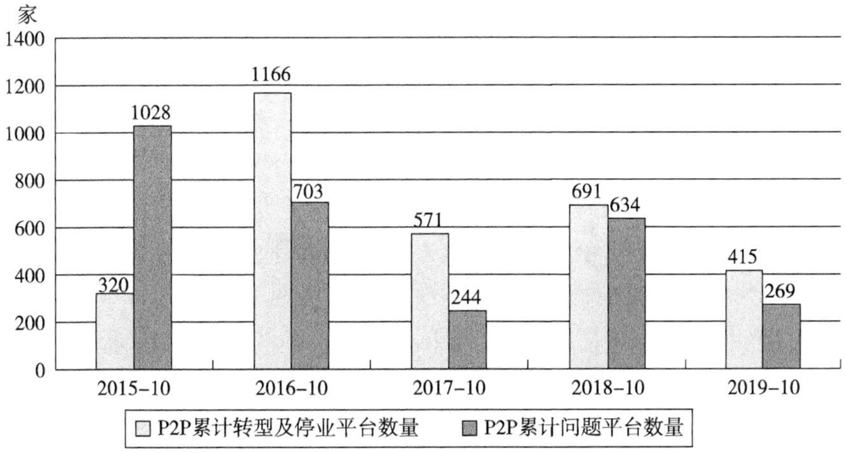

图 3-13　P2P 网络借贷的行业集中度转型及停业和问题平台数量

（数据来源：Wind、网络借贷之家）

如图 3-14 所示，2014 年至 2019 年 10 月每个月都暴出问题平台。据统计分析，行业至少有四次“暴雷潮”，其中 2018 年 6 月最为剧烈。

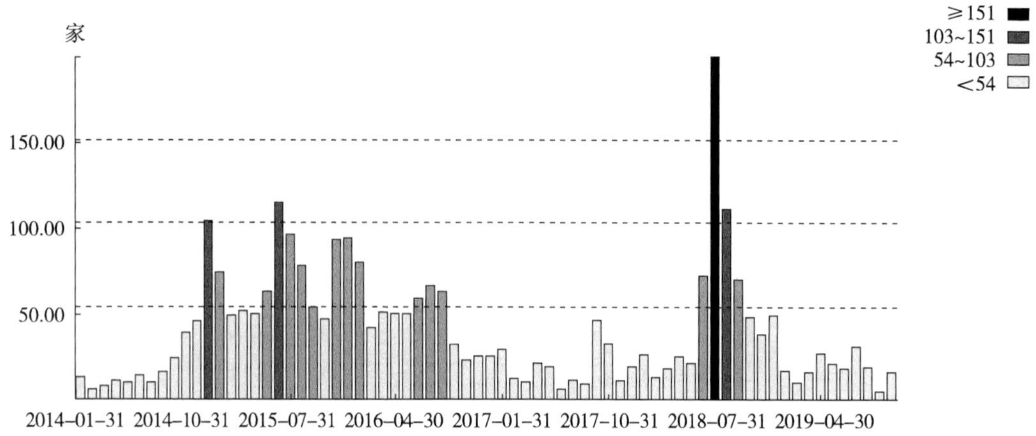

图 3－14　P2P 网络借贷的问题平台按月统计数量

（数据来源：Wind、网络借贷之家）

3.3　P2P 网络借贷"大雷潮"的原因分析

3.1.4 小节介绍了 2018 年的 P2P 网络借贷"大雷潮"，这次行业"大雷潮"导致上百万出借人遭受财产损失，出借人数十次开展维权活动，北京、广东和上海的平台出现了大面积崩塌。事实上，自 2014 年起我国 P2P 网络借贷行业每年都有"小雷潮"，2018 年的"大雷潮"是多重因素共振的结果。

3.3.1　行业本身偏离信息中介地位

抛开大量的诈骗平台来看，我国 P2P 网络借贷整体上严重偏离信息中介地位，平台普遍或多或少地存在不合规性，自身异化成资金池、超级放款人、自融平台或对接高风险资金的信用中介。一些真正从事信息中介的平台迫于竞争压力和生存压力最终也会选择走上信用中介的道路。这是因为我国征信基础设施及投资人保护制度不完善，出借人在这个特殊阶段根本无法识别借款人风险，风险必然由网络借贷平台承担，平台本息刚性兑付也是无奈之举。因此，不管是借 P2P 网络借贷之名从事不合规借款活动的伪平台，还是真正希望从事信息中介的准平台，在本质上仍是从事高杠杆金融业务且游离于监管之外的影子银行。随着 P2P 网络借贷监管的不断完善，平台逐步回归信息中介，违规业务停增去存，套利空间不复存在。大量 P2P 网络借贷平台因流动性紧张或逾期率失控且没有强大资本实力支撑兑付本息而成为问题平台，这是行业最终爆发"大雷潮"的内因。

3.3.2　经济下行抬升金融体系风险

2013 年，中国经济增速进入下行通道，中国金融体系风险呈现上升趋势。GDP 年增长率从2013年的7.6%下降至2018年的6.6%，商业银行不良贷款率从2013年底的1%上升至2018年底的1.89%，个人信用卡不良贷款总额从2013年底的243亿元上升至2018年9月的881亿元，如图3－15所示。一方面，P2P网络借贷本身是一种民间金融活动，所以必然受到宏观大环境的负面影响，资产风险也在增加。另一方面，P2P网络借贷与传统机构有交织，部分P2P网络借贷出借人会利用银行信贷资金进行网络借贷套利，包括使用信用卡套现出借。在2017年我国宏观去杠杆和2018年中美贸易摩擦背景下，债市、股市和房市的波动加大，其中不乏P2P网络借贷和信用卡资金违规流入股市、债市和房市，而这三个市场的价格波动在一定程度上加剧了借款人的兑付风险，P2P网络借贷平台风险也在快速积聚和上升。历史经验显示，信用卡半年未偿信贷总额增速快速抬升期也伴随着网络借贷或大或小的危机。杭州P2P网络借贷在2018年的经济下行环境中受到的冲击更为明显。杭州是互联网之都，存在大量互联网企业，也有大量互联网从业人员参与网络借贷活动，但在经济下行的冲击下互联网企业开始裁员或倒闭，这也间接地将“大雷潮”期间的杭州P2P网络借贷进一步推向深渊。

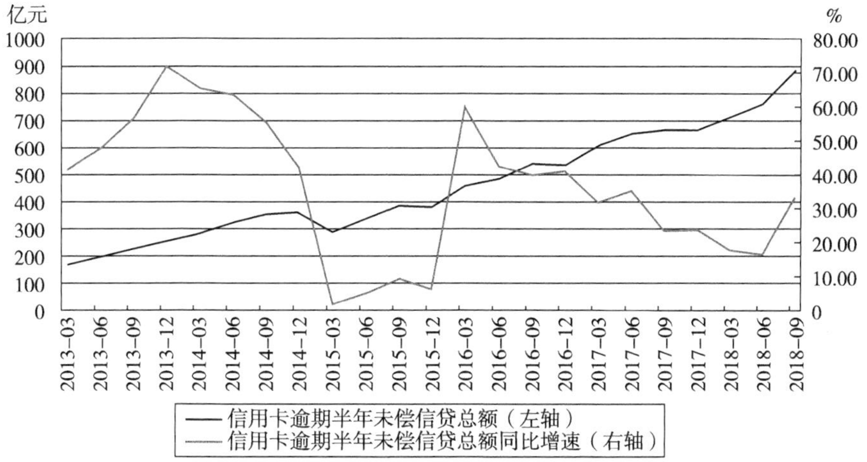

图3－15　近五年信用卡半年未偿信贷总额及增速

（数据来源：Wind、中国人民银行）

3.3.3　货币政策转向流动性收紧

2008年至2010年底，我国采取了激进扩张的货币政策，开展了4万亿元经济强刺激计划，虽然短期效果显著，但从长期来看，给中国经济带来了诸多困扰。2013年，我国货币政策不再采取大水漫灌模式，转而采取精准滴灌的稳健中性模式。在接下来的几年中，我国M2的增速逐步走低，影子银行不断被清理。2017年，为防范系统性金融风险，我国在宏观上开始去杠杆并加强监管，促使银行大量表外业务回表，新增人民币信贷占新增社会融资规模的绝大部分，M2的增速持续下行，社会流动性偏紧，整个金融行业的压力显现，P2P网络借贷明显边缘化，整个P2P网络借贷行业的资金不断流出，交易规模大幅萎缩。由于绝大多数平台涉及借短放长、期限错配的自融或资金池业务，长期的流动性收紧成为P2P网络借贷“大雷潮”爆发的重要因素。如图3－16所示，M2的增速与问题平台的发生率呈明显的负相关性。

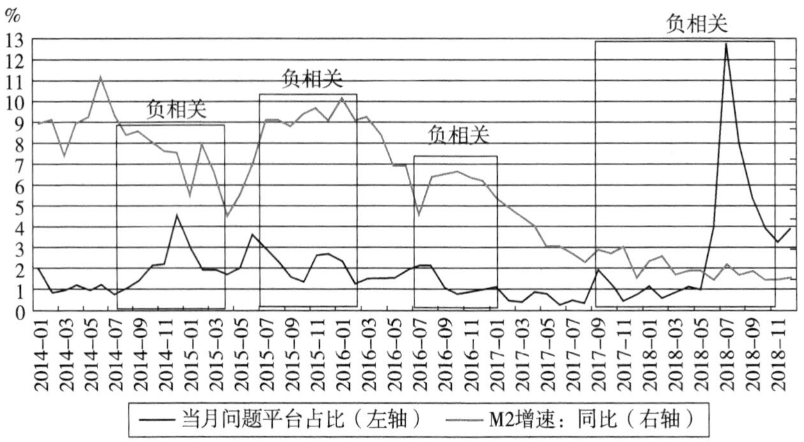

图3－16 M2的增速与问题平台的发生率呈现负相关性

（数据来源：Wind、公开数据资料整理）

3.3.4 诸多大型平台倒闭

2018年上半年，四大高额返利平台“钱宝网”等接连倒闭，致使网络借贷的混乱和高风险暴露得一览无余。虽然四大高额返利平台都是伪平台，但2017年11月钱宝网的倒闭极大地动摇了出借人对网络借贷的信心，出借人数在同月达到历史高点后一路向下，如图3－2所示。出借人持续逃离也预示着“大雷潮”已近在咫尺。

3.3.5 监管高层提出警示

2018年6月14日，银保监会主席郭树清在上海明确表示，“收益率超过6%就要打问号，超过8%就很危险，10%以上就要准备损失全部本金”。而P2P网络借贷平台年化收益率平均超过8%，部分平台甚至超过10%。同年7月9日，人民银行副行长潘功胜又指出，“互联网金融风险是金融风险的重要方面，要用1～2年的时间完成互联网金融风险专项整治，化解存量风险，消除风险隐患”。两位监管高层的讲话让出借人对P2P网络借贷的安全性产生了严重质疑，极大降低了出借人的风险偏好。2018年6月，出借人首次大规模逃离网络借贷行业。

3.3.6 网络借贷备案延期

《关于做好P2P网络借贷风险专项整治整改验收工作的通知》（网贷整治办函〔2017〕57号）明确提出了最迟2018年6月底对网络借贷合规平台进行备案的安排。出借人和部分平台对获得监管层备案抱有强烈预期，但是预期落空，等来的却是没有明确未来备案日期的备案延期。这引起了众多出借人的忧虑和恐慌，他们甚至对 P2P 网络借贷的发展前景产生了忧虑。众多出借人恐慌性地逃离网络借贷，P2P 网络借贷“大雷潮”全面爆发。

回顾小结

本章首先介绍了我国 P2P 网络借贷行业的发展历史，行业按监管缺失本质信用化、野蛮发展风险积聚化、合规监管定位正本化、内虚外紧行业危机化和强力清退平台持牌化路径演进。然后，从正常运营平台数量、成交量、贷款余额、借贷期限和利率、问题平台数量方面用数据描述了我国 P2P 网络借贷行业的现状。最后，剖析了 2018 年我国 P2P 网络借贷“大雷潮”爆发的主要原因，既有行业本身偏离信息中介地位的主观自身因素，又是经济下行抬升金融体系风险、货币政策转向流动性收紧、诸多大型平台倒闭的连锁反应、监管高层提出警示和 P2P 网络借贷备案延期等客观外部因素。

动动脑、动动手

1. 我国网络借贷的发展历史分成哪几个阶段?

2. 你认为近几年我国网络借贷的投资人回报利率持续走低的原因是什么?

3. 2018 年 6 月 14 日，银保监会主席郭树清在上海明确表示“收益率超过 6% 就要打问号，超过 8% 就很危险，10% 以上就要准备损失全部本金”。为什么投资年化收益率 10% 以上的理财产品就要准备损失全部本金?

4. 试讨论一下为什么我国 P2P 网络借贷行业在 2017 年 8 月后借款人人数就一直超过出借人人数。

5. 2013 年之后，P2P 网络借贷行业每年都会出现不少问题平台，其中的根源是什么?

6. 选择一家你感兴趣的 P2P 网贷平台，通过平台官网、中国互联网金融协会登记披露系统、全国企业信用信息公示系统等官方渠道了解该平台的股东背景、发展历史和运营现状，对该平台的风险性和合规性进行初步判断。

第4章

P2P网络借贷风险管理及监管

知识要点

✓ 征信机构及人民银行征信报告
✓ P2P 网络借贷的征信管理
✓ P2P 网络借贷机构的风控管理
✓ P2P 网络借贷机构风险及规避对策
✓ P2P 网络借贷机构的监管演进

案例导读

TrustBuddy 公司于 2009 年成立于挪威，并在瑞典注册成为一家金融机构，开展 P2P 网络借贷业务。2011 年 7 月 1 日，TrustBuddy 公司通过反向收购 360 Holdings 公司，成功在斯德哥尔摩的 NASDAQ - OMX First North 交易所上市，成为世界上第一家在公开市场交易的 P2P 网络借贷机构。TrustBuddy 公司专注短期消费贷款，2014 年，TrustBuddy 公司用 1590 万欧元收购了两家知名 P2P 网络借贷机构 Geldvoorelkaar 公司（荷兰）和 Prestiamoci 公司（意大利），其中 Geldvoorelkaar 公司是荷兰第一家拥有信用牌照的提供中小企业商业贷款的 P2P 网络借贷机构，而意大利平台 Prestiamoci 则主要提供长期消费贷。TrustBuddy 公司通过这两次收购完善了自己的产品线，并进一步拓展了跨国经营的范围，一跃成为全球最多元化的 P2P 网络借贷机构。

然而好景不长，2015 年 10 月初，TrustBuddy 公司的新任管理层发现，公司内部存在挪用客户资金等严重不当行为，并展开调查。调查显示，公司未获得出借人许可，在违背出借人意愿的情况下挪用了他们的资金。出借人名义上拥有的资金和客户银行账户中实际存在的资金之间出现了 4400 万瑞典克朗（约 3439 万元人民币）的差额。同时，整个平台发放的 3 亿克朗贷款余额中，约有 3700 万克朗并没有真实地匹配给任何出借人。另外，公司在操作中会把一些旧的坏账卖给新的投资人。调查表明，这类做法很可能在 TrustBuddy 公司平台刚开始运营时就已存在。

TrustBuddy 公司董事会通知了纳斯达克 OMX 和瑞典金融管理局（FSA），同时也通知了瑞典警方。随后公司被勒令停止所有业务（投资人也无法进行任何提现与充值操作），公司的股票增发计划也被叫停。10月7日，TrustBuddy公司股价已跌回0.22瑞典克朗，并暂停交易。公司前任管理团队中的成员随后也已被停职，公司雇员参与平台借贷的账户也被冻结。公司董事会承诺将尽快理清资产负债表，同时还将调查此事件是否会有其他显著的潜在影响。2015年11月，TrustBuddy公司宣布破产。

TrustBuddy公司网站首页已经变成了各国语言的声明，宣布倒闭。其中英文声明的原文如图4-1所示。

TrustBuddy AB Company Announcement

Further investigation has revealed that the situation is increasingly complex and it will not be possible to continue operations in any form. The Board of Directors concludes that the company is insolvent. To ensure fair treatment of all stakeholders, the Board of Directors, with great disappointment, has decided to file for bankruptcy. The District Court in Stockholm has appointed Lars-Henrik Andersson of Lindahl law firm to handle the process going forward.

The services of the company will continue to be closed, and the trading in the share will not be resumed.

图4-1 TrustBuddy公司网站宣布倒闭声明

（数据来源：TrustBuddy官网，http：//www.trustbuddy.com）

TrustBuddy公司发假标的事件又一次生动地诠释了金融活动完全靠自由主义和自律主义发展根本行不通，企业的本质是利润最大化，对利润的追逐具有天然的冒险倾向。对P2P网络借贷的监管一定要靠外部的强力有效监管为主，出台专门的法律法规来保证消费者的资金安全，确保反诈骗措施及时到位。只有完备的法律制度和监管体系，P2P网络借贷才能健康持续发展。

4.1 征信的基础

4.1.1 征信概述

信用和信用秩序是社会经济运行和经济交往的重要保证，也是金融交易的基础和生命线。P2P网络借贷作为一种新金融业态，自然离不开信用管理，而要做好信用管理，最核心、最重要的环节就是征信工作。征信就是专业化的、独立的第三方机构为个人或企业建立信用档案，依法采集、客观记录其信用信息，并依法对外提供信用信息服务的一种活动，它为专业化的授信机构提供了一个信用信息共享的平台。征信按业务模式可分为企业征信和个人征信两类。个人征信的要素主要包括个人基本身份信息，商业银行各类消费信贷申请与还款记录，信用卡申请、透支和还款记录，移动通信协议用户的缴费记录，部分公用事业费的缴费记录，经济类案件执行信息和生效刑事有罪判决信息。企业征信的要素包括企业基本信息、关联方信息、公众记录、外部评价以及关于主要经营者、经营状况、财务状况、历史沿革、发展前景的概要信息。

2013 年，国务院公布《征信业管理条例》，明确我国个人征信实行牌照制，企业征信实行备案制。我国个人征信服务一般由具有人民银行背景的个人征信机构人民银行征信中心和上海资信提供。2018 年，中国人民银行将首张个人征信牌颁发给百行征信有限公司，百行征信注册地为广东省深圳市，其股东为中国互联网金融协会（持股 36%）、芝麻信用管理有限公司（持股 8%）、腾讯征信有限公司（持股 8%）、深圳前海征信中心股份有限公司（持股 8%）、鹏元征信有限公司（持股 8%）、中诚信征信有限公司（持股 8%）、考拉征信有限公司（持股 8%）、中智诚征信有限公司（持股 8%）、北京华道征信有限公司（持股 8%），其个人信用信息以个人负债信息为主，与负债密切相关的其他信息为辅。信息来源主要是网络小贷公司、网络借贷信息中介机构和消费金融公司等互联网金融从业机构掌握的个人负债信息以及其他市场主体掌握的个人负债信息等。百行征信的主要服务对象是网络小贷公司、网络借贷信息中介机构和消费金融公司等互联网金融从业机构以及商业银行等传统金融机构，致力于纳入人民银行征信中心未能覆盖到的个人金融信用数据，特别是互联网领域的个人金融信用数据。2013 年之前我国企业征信服务一般由人民银行征信中心和国家发展改革委信用信息中心提供，2013 年之后有不少主体陆续获得企业征信服务备案。截至 2019 年 1 月，有 151 家企业征信机构通过了中国人民银行各大分支机构的备案，但是已经有 21 家注销，所以当前通过备案的征信机构实际上是 130 家。从中国人民银行公布的信息来看，注销原因无非两种：一种是企业征信机构主动申请，如先锋系的平台网信征信有限公司；另一种是企业征信机构所属平台出事后被动注销，如望洲征信服务有限公司注销背景是 P2P 暴雷。

4.1.2 个人征信机构与征信报告

（1）人民银行征信中心及其个人征信报告

中国人民银行征信中心在 2006 年由中国人民银行设立，作为直属事业单位专门负责企业和个人征信系统（即金融信用信息基础数据库，又称企业和个人信用信息基础数据库）的建设、运行和维护。企业和个人征信系统已经成为世界规模最大、收录人数最多、收集信息全面、覆盖范围和使用面广泛的信用信息基础数据库，基本上为国内每一个有信用活动的企业和个人建立了信用档案。截至 2015 年 4 月底，征信系统收录自然人 8.6 亿多人，收录企业及其他组织近 2068 万户。征信系统全面收集企业和个人的信息，其中，以银行信贷信息为核心，还包括社保、公积金、环保、欠税、民事裁决与执行等公共信息。征信系统接入了商业银行、农村信用社、信托公司、财务公司、汽车金融公司、小额贷款公司等各类放贷机构，信息查询端口遍布全国各地的金融机构网点，信用信息服务网络覆盖全国，形成了以企业和个人信用报告为核心的征信产品体系。征信中心出具的信用报告已经成为国内企业和个人的“经济身份证”。

个人信用报告是个人征信系统提供的最基础产品，它记录了客户与银行之间发生的信贷交易的历史信息，只要客户在银行办理过信用卡、贷款、为他人贷款担保等信贷业务，他在银行登记过的基本信息和账户信息就会通过商业银行的数据报送而进入个人征信系统，从而形成了客户的信用报告。个人信用报告的使用目前仅限于商业银行、依法办理信贷的金融机构（主要是住房公积金管理中心、财务公司、汽车金融公司、小额信贷公司等）和人民银行，消费者也可以在人民银行获取自己的信用报告。根据使用对象的不同，个人征信系统提供不同版式的个人信用报告，包括银行版、个人查询版和征信中心内部版三种版式，分别服务于商业银行类金融机构、消费者和人民银行。个人信用报告中的信息主要有六个方面：公安部身份信息核查结果、个人基本信息、银行信贷交易信息、非银行信用信息、本人声明及异议标注和查询历史信息。图4－2所示为个人信用报告（个人版）样本，其中：

①基本信息，主要包括身份信息、居住信息、职业信息等。

②信贷信息，指借债还款信息（最核心的信息）。

③非金融负债信息，指先消费后付款形成的信息，如电信缴费。

④公共信息，主要包括社保公积金信息、法院信息、欠税信息、行政执法信息等。

⑤查询信息，展示何主体何时因为什么原因查过被查询人的信用报告。

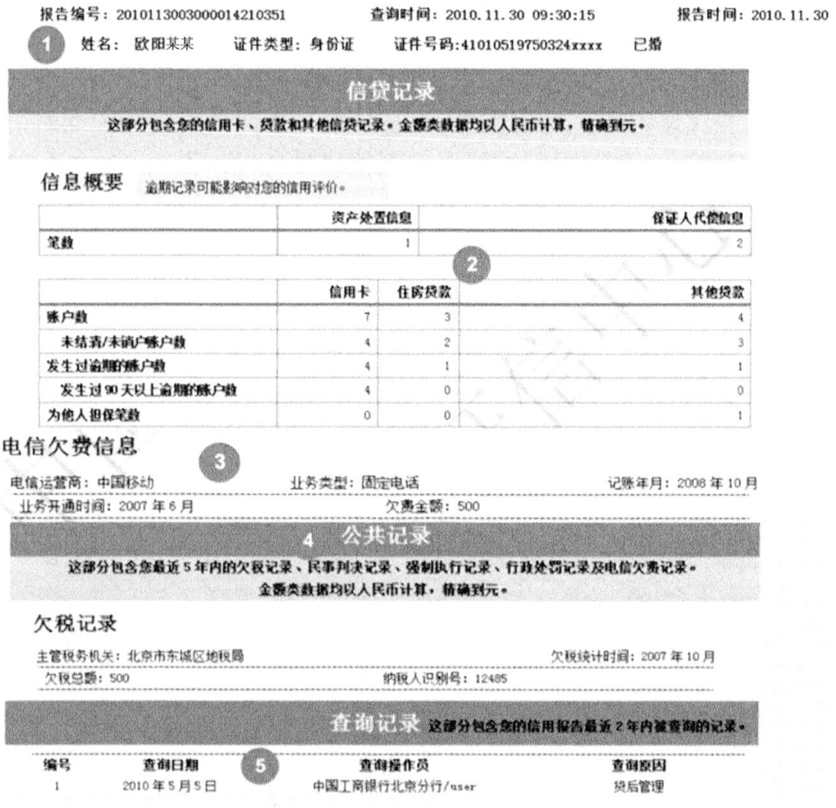
报告编号：2010113003000014210351 查询时间：2010.11.30 09:30:15 报告时间：2010.11.30

1 姓名：欧阳某某 证件类型：身份证 证件号码：41010519750324xxxx 已婚

信贷记录

这部分包含您的信用卡、贷款和其他信贷记录。金额类数据均以人民币计算，精确到元。

信息概要 逾期记录可能影响对您的信用评价。

	资产处置信息	保证人代偿信息
笔数	1	2

2

	信用卡	住房贷款	其他贷款
账户数	7	3	4
未结清/未销户账户数	4	2	3
发生过逾期的账户数	4	1	1
发生过90天以上逾期的账户数	4	0	0
为他人担保笔数	0	0	1

电信欠费信息 3

电信运营商：中国移动 业务类型：固定电话 记账年月：2008年10月

业务开通时间：2007年6月 欠费金额：500

4 公共记录

这部分包含您最近5年内的欠税记录、民事判决记录、强制执行记录、行政处罚记录及电信欠费记录。

金额类数据均以人民币计算，精确到元。

欠税记录

主管税务机关：北京市东城区地税局 欠税统计时间：2007年10月

欠税总额：500 纳税人识别号：12485

查询记录 这部分包含您的信用报告最近2年内被查询的记录。

编号	查询日期	查询操作员	查询原因
1	2010年5月5日	中国工商银行北京分行/user	贷后管理

图4－2 中国人民银行个人征信报告样本

（数据来源：中国人民银行征信中心）

个人版信用报告记录的信息分为正面信息、负面信息和不良信息三大类。正面信息是拥有贷款或信用卡且正常还款的信息；负面信息是未按合同约定还款的信息（如提前还款、展期等）；不良信息是违约信息、欠税信息、法院和行政处罚信息。人民银行个人征信报告的正面信息永久留存，不良记录留存五年。比如，张某应还款日为2016年1月1日，但是没有还款，逾期记录则会被金融机构上报人民银行征信中心，直到2017年1月1日张某才还款，则2017年1月1日是张某逾期不良行为终止日，那么张某的不良信息在人民银行征信报告中将展示5年，一直持续至2021年12月31日，如图4－3所示。

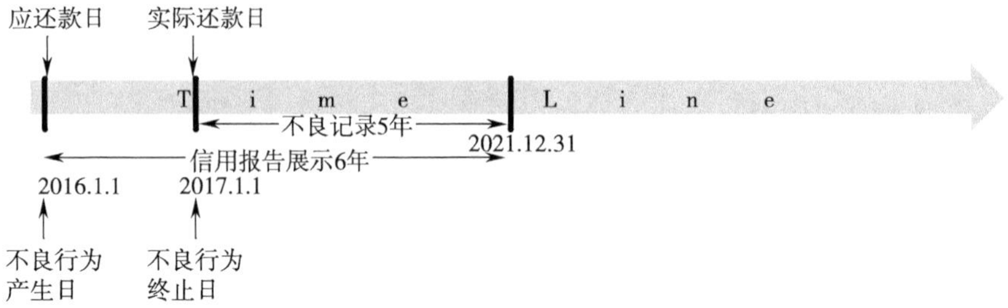

图4－3　中国人民银行个人征信报告中不良信息的展示与留存

无论对传统金融机构还是P2P网络借贷机构，人民银行个人信用报告对借款人的信用评定都举足轻重。对于借款人纯信用P2P网络借款，人民银行个人信用报告直接决定其成功率和借款成本。借款人如果有不良信息，通常会被归属于低诚信主体。如果借款人还存在逾期未还的记录，试图在P2P网络借贷机构借款，被拒贷的可能性很大，即使借款成功，也是属于信用最差的一类，借款的成本还将接近年化36%的上限。借款人如果有负面记录，其影响的好坏取决于具体的网络借贷机构。比如，对于“提前还款”信息，有些P2P网络借贷平台认为借款人还款能力强，有些平台则认为是一种不守约的行为，但不会因此拒贷。借款人的正面记录对借款也存在正负面影响。比如，借款人信用卡开卡较多，并且长期高频满额使用，这说明借款人长期处于资金紧张状态，负债率很高，传统机构拒贷的可能较大，但通常P2P网络借贷平台不会拒贷。再比如，借款人征信报告的查询次数对信用评定也有影响。

非本人查询次数过多则说明借款人经常被放贷机构查询信用，存在多头借贷和高负债的可能性较大。如果是信用借贷，借贷人被传统机构拒贷的可能较大，但通常P2P网络借贷平台不会拒贷。

（2）上海资信的网络金融征信系统

上海资信成立于1999年7月，是在中国人民银行上海分行和上海市政府的共同协调下，经中国人民银行批准，组建的全国首家从事个人征信业务的机构。2013年6月，网络金融征信系统（NFCS）正式上线，成为中国人民银行征信中心金融信用信息基础数据库的个人征信子系统。

NFCS收集并整理了P2P网络借贷机构借贷两端客户的个人基本信息、贷款申请信息、贷款开立信息、贷款还款信息和特殊交易信息，通过有效的信息共享，帮助P2P网络借贷机构全面了解授信对象，防范借款人恶意欺诈、过度负债等信用风险。截至2013年12月31日，NFCS已签约P2P网络借贷机构102家，已报送机构累计49家，共报送客户数超过

11.5 万人，黑名单人数 1034 人，入库记录 140.95 万条，入库率 84.63%。已为 23 家机构开通了查询权限。NFCS 系统可以帮助 P2P 网络借贷机构解决如下核心问题：

①放大 P2P 网络借贷机构的违约成本，降低行业总体经营风险。

②帮助 P2P 网络借贷机构全面掌握融资主体的负债水平和历史交易表现，优化 P2P 网络借贷机构信贷审核流程，降低成本。

③帮助投资人了解投资对象的真实信用水平，为 P2P 网络借贷机构被迫超自身能力提供担保获取资金的局面解困。图 4－4 是一个 NFCS 的个人报告征信样本。

CJS　新型金融版个人信用报告

查询原因：贷款发放　报告编号：2012112500000999001000164　报告时间：2012.11.25　16:40:37

个人基本信息

姓名	张三	证件号码	310108197610888888（身份证）
性别	女	出生日期	1976.10.26

		信息获取日期
婚姻状况	未婚	2005.06.03
最高学历	大学本科	2004.01.02
职称	初级	2005.06.03
住宅电话	6207XXXX	2007.08.03
手机号码	1381768XXXX	2010.02.02
电子邮箱	XX@gmail.com	2010.02.02

住址	信息获取日期
01. 上海市xxxx区xxxxx路 1 xxx弄 7 xx号 5 xx室	2004.01.02

职业信息

工作单位	职业	信息获取日期
01. xxxxxxx有限公司	未知	2005.06.03
02. aaaaaa有限公司	国家机关、党群组织、企业、事业单位负责人	2004.06.12
03. dddddd饮料有限公司	未知	2004.01.02
04. hhhhhh服务有限公司	办事人员和有关人员	2003.09.28

配偶信息

配偶姓名	李四	证件号码	310108197610999999（身份证）	
配偶性别	男	配偶出生日期	1979.10.26	
配偶联系电话	6207XXXX			2010.01.03

其他联系人信息		信息获取日期
第一联系人	张X	
联系人关系	父子	
联系电话	1381787XXXX	2009.12.13
第二联系人	王X	
联系人关系	同事	
联系电话	1391653XXXX	2010.01.03

贷款申请信息

申请机构	申请时间	申请金额	申请月数	申请类型	申请状态	信息获取日期
01. P2P机构	2012.2.4	50	12	个人经营性贷款	申请中	2011.11.04

贷款交易信息

信息概要

贷款笔数：1	首贷日：2010.10.03	最大授信额度：1000000	贷款总额：500000	贷款余额：391200	协定月还款：100000
当前逾期总额：0	最高逾期金额：10000	最高逾期期数：1			

贷款项目		授信额度	担保方式	开户日期	币种	发生地
共享授信额度	最大负债额	还款频率	期末贷款余额	剩余还款月数	本月应还款日期	本月应还款金额
帐户状态	实际还款日期	实际还款金额	当前逾期总额	当前逾期期数	累计逾期期数	最高逾期期数
24月内各月还款状况		逾期31-60天未归还贷款本金	逾期61-90天未归还贷款本金	逾期91-180天未归还贷款本金	逾期180天以上未归还贷款本金	信息获取日期
01. 个人经营性贷款		500000	信用	2010.10.03	人民币	上海
1000000	500000	按月	391200	36	2012.10.31	100000
正常	2012.10.20	1000000	0	1	2	2
..................NN2-1N		2	1	0	0	2012.11.3

为他人担保信息

保项目	担保日期	担保金额	担保关系	信息获取日期
1. 个人消费贷款	2009.10.29	300000	正常担保	2010.1.10

特殊交易信息

录来源	记录类型	发生日期	变更期数	发生金额	详细说明	信息获取日期
1. P2P机构	担保人代偿	2009.08.09	3	20000	借款人出国，欠款金额由担保人代偿	2009.09.02

查询记录

询者类型	查询原因	查询日期
1. P2P机构	贷款发放	2009.08.03

个人声明

号	个人声明内容	声明日期
个人声明信息		

资信提示

目		提示内容	提示时间
1. 当前个人贷款申请	当前申请笔数 = 6		2010.11.25

报告完毕

图 4－4　NFCS 的个人征信样本

（3）安融惠众的小额信贷征信服务平台

安融惠众借鉴国际成熟经验，使用“会员制同业征信”模式建立了小额信贷征信服务平台（MSP），是目前国内最大的民间小额信贷征信数据平台。

MSP 征信报告是对小额信贷领域信用信息共享服务平台上的个人征信数据进行收集整理汇总而成，完整反映了借款人在会员机构之间的借贷交易行为，帮助会员机构了解借款人在贷款申请、贷款完成、正常还款、逾期违约、债权终结各个阶段的行为，通过行为记录，充分揭示信息主体可能存在的多重负债、过度负债、不良信用行为等信息，从而快速提升信贷机构的风控质量与效率水平。

图 4－5 是 MSP 系统的个人征信报告样本。

小额信贷行业信用信息共享服务平台（MSP）

个人征信报告（样例）

查询时间:2013/03/03 12:24

姓名：王一一　　身份证号:123456789012345678　　报告编码:1234567890123

债权信息统计

正常还款账户			最近6个月借款申请记录				异常还款账户			最近2年内查询记录
未清笔数	结清笔数	小计	待审笔数	通过笔数	拒绝笔数	小计	未清笔数	结清笔数	小计	申请/债权/逾期/补录/不良
1	1	2	1	1	1	3	1	1	2	8

正常还款账户明细　　金额单位：元

借款编号	借款日期	到期日期	借款地点	借款类型	担保方式	合同金额	还款周期	还款期数	备注
A-001	2012/11/22	2013/11/21	河北省唐山	经营	抵押	100000	月	12	
*B-001	2010/10/10	2012/10/09	北京市西城	消费	信用	15000	月	24	补录

最近6个月贷款申请记录明细　　金额单位：元

申请日期	会员类型	申请地点	借款类型	借款金额	审批结果	备注
2013/3/3	P2P企业	北京市海淀	消费	10000	审核中	本机构
2012/11/29	P2P企业	天津市辖区	消费	20000	拒绝	
2012/11/21	小贷公司	河北省唐山	经营	100000	通过	

异常还款账户明细　　金额单位：元

借款编号	借款日期	到期日期	借款类型/担保方式	合同金额	还款期数	逾期日期	逾期时长	逾期原因	处置状态	更新日期	备注
A-101	2010/11/12	2012/10/30	经营/抵押	60000	24	2012/9/28	至今	逃逸	催收还款	2012/10/31	补录
*B-101	2007/12/24	2008/12/30	经营/质押	100000	12	2008/1/28	>360天	身份欺诈	核销	2012/11/10	补录

最近2年内查询记录明细

序号	查询日期	会员类型	查询类别	备注
1	2013/3/3	P2P企业	贷款申请	本机构
2	2013/3/3	P2P企业	行业不良	本机构
3	2013/3/2	小贷公司	行业不良	
4	2012/12/19	小贷公司	债权管理	
5	2012/11/29	P2P企业	贷款申请	
6	2012/11/21	小贷公司	贷款申请	
7	2012/11/10	小贷公司	逾期管理	补录
8	2012/10/31	担保公司	逾期管理	补录

行业不良记录　　金额单位：元

序号	报送/公开日期	最近逾期开始日	借款地点	欠款总额	逾期天数	电话	Email	户籍地址：	现住址：
1	2012/12/12	2012/7/12	北京市西城区	12345	151	62361234	xxpp126@yahoo.com	江苏省南京市	北京市西城区
#2	2012/11/11	2012/5/5	上海市市辖区	55555	180	76541234	bbpp126@yahoo.com	沈阳市大陵东区东陵西路XX-XX号	上海市市辖区

其他参考信用记录

序号	内容	来源

本人异议申告明细

申告日期	处置状态	申告内容	备注
2012/10/10	确认中	2008年11月12日六万元借款已还清。	

图 4－5　MSP 系统的个人征信报告样本

4.1.3　大数据征信

（1）大数据概述

对大数据（Big Data）目前并无统一的学术性定义，其本身是一个抽象的概念。从一般意义上讲，大数据是指无法在有限时间内用常规软件工具对其进行获取、存储、管理和处理的数据集合。目前，业界对大数据也还没有一个统一的定义，但是根据阿姆斯特丹大学 Yuri Demchenko 等提出的大数据体系架构框架，大数据具备 Volume、Velocity、Variety、Value 和 Veracity 五个特征，简称“5V”，即数据体量巨大、数据速度快、数据类型繁多、数据价值密度低和数据真实性，如图 4－6 所示。

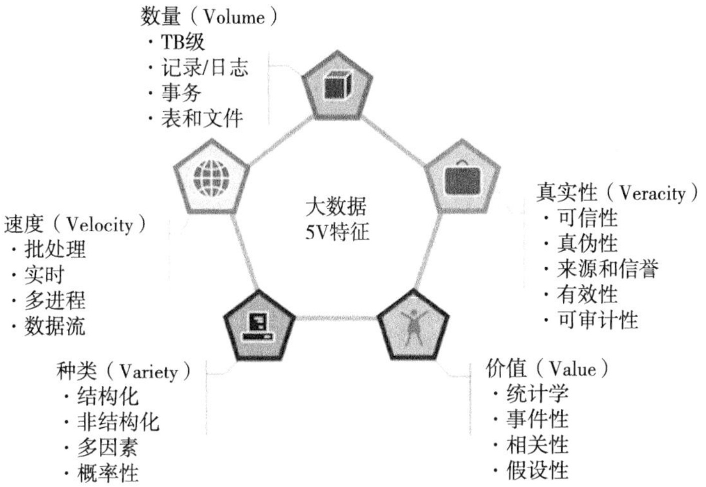

图 4－6　大数据的 5V 特征

（2）传统的 FICO 信用分

FICO 评分是 Fair Isaac 公司开发的信用评分系统，也是目前美国、英国等西方发达国家应用最广泛的一种信用评分系统。美国前 100 大金融机构和全球前 100 大银行的 2/3 都是 FICO 的客户。FICO 征信模型无疑是传统征信模型的典型代表。FICO 评分系统得出的信用分数范围在 300～850 分，如图 4－7 所示，分数越高，说明客户的信用风险越小。

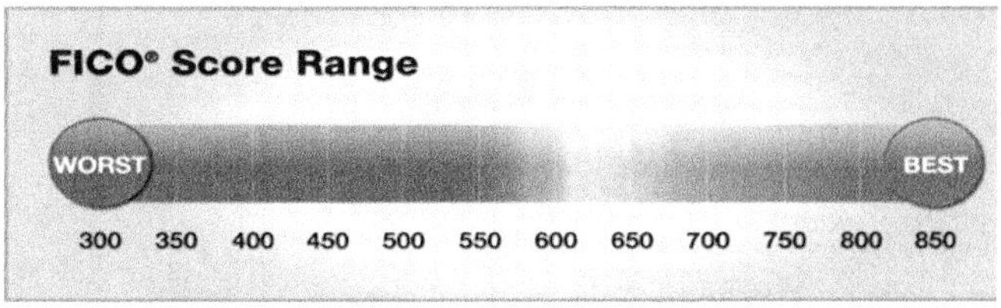

图 4－7　FICO 分数的范围

（数据来源：www. myfico. com）

一般认为，FICO 分高于 680 分，就属于信用卓著的用户了，容易在传统金融机构获得融资性金融服务。低于 620 分，则很可能被拒贷，或被要求增加担保或抵（质）押来获得融资性金融服务。

表 4－1　　　　FICO 分值与违约概率

FICO 分值	FICO＜600	700＜FICO＜800	FICO＞800
违约概率	1/8	1/123	1/1292

数据来源：www. myfico. com。

FICO 评分模型主要是围绕个人的信贷情况及还款能力等强信用属性的信息展开的，如图 4－8 所示，其中包含：

①还款历史记录（占比 35%左右，包括各类信用/贷款账户的还款记录、公开记录及支票存款记录、逾期偿还情况等）；

②信贷使用情况（占比约 30%，包括仍需偿还的信用账户总数、信用账户余额、总额度使用率等）；

③信用记录积累时间（占比约 15%，信贷账户的账龄）；

④新开立信用账户（占比 10%，包括新开立信用账户数、新开立账户账龄、正在申请的信用账户数量、查询记录等）；

⑤信贷的种类（占比 10%左右，包括信用卡账户、零售账户、分期付款账户、抵押贷款账户等混合使用情况）。

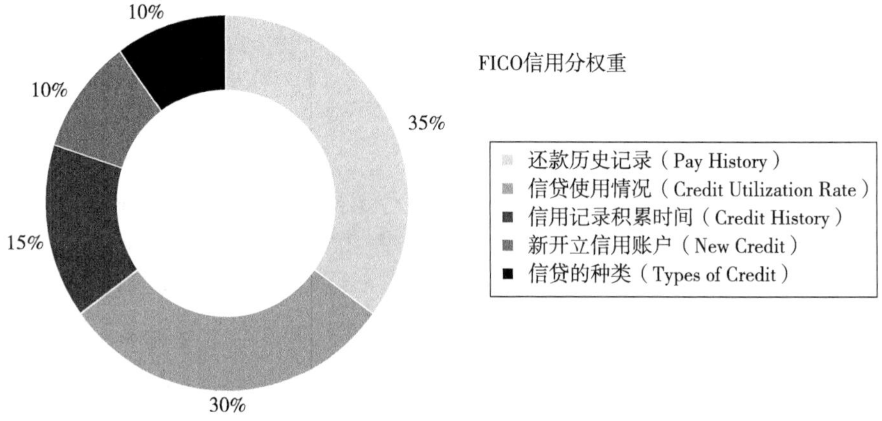

图 4－8　FICO 信用分权重分配

（数据来源：www. myfico. com）

（3）大数据征信的模式

大数据征信也是众多 P2P 网络借贷机构的重要工具。大数据征信是基于多样化、大体量的多种结构数据，如图 4－9 所示，通过数学模型对用户进行多维度、全方位、综合性的分析，可以得到客观精确的信用评估结果。

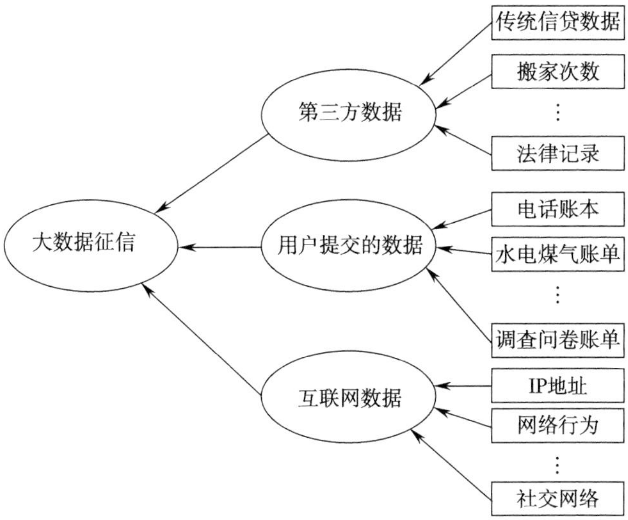

图 4-9　大数据征信的数据

目前大数据征信模式主要有两类：

一类是强依赖传统信贷数据基础上的大数据征信模式，如 LendingClub、宜人贷、ON Deck Capital 等公司的大数据征信模型。LendingClub 是 P2P 网络借贷大数据征信模型的先驱代表，但上市之后一直处于亏损状态，坏账每年都在上升。早期，LendingClub 试图用高利率给低信用的人放贷，但是低信用等级借款人贷款的坏账率很高，这也迫使 LendingClub 放弃低信用借款人。LendingClub 的自动征信模式在一定程度上说明大数据征信是无法改变 FICO 分级人群的整体违约概率。

另一类是弱依赖传统信贷数据基础上的大数据的征信模式，如 ZestFinance、阿里小贷等公司的大数据征信模型。表 4-2 列出了美国的 ZestFinance 大数据信用评估与传统信用评估体系的重大区别。

表 4-2　美国传统的信用风险评估体系和基于大数据的信用评估体系的比较

比较项目	传统信用风险评估体系	基于大数据的信用风险评估
代表企业	FICO	ZestFinance
服务人群	有丰富信贷记录的（约占 85%）	缺乏或无信贷记录的（约占 15%）
数据格式	结构化数据	数据化数据 + 大量非结构数据
数据类型	信贷数据	信贷数据、网络数据、社交数据
理论基础	逻辑回归	机器学习
变量特征	还款记录、金额、贷款类别	传统数据、IP 地址、邮箱姓名、填表习惯等网络行为
数据来源	银行提交给第三方的数据和银行当地数据	第三方（如电话账单和租赁历史等）和借贷者本身提供的数据
变量个数	15～30（变量库 400～1000）个	多达几千甚至上万个

ZestFinance 主要面向两类用户：一类是无法获得基本信贷需求的用户（FICO 评分

接近或低于 5000 分），解决他们的无信用评分借款问题；另一类是信用分数不高而借款成本高的用户，利用大数据征信降低他们的借款成本。ZestFinance 规模不大，目前仅为 10 万余美国用户提供了服务，影响力有限，实际效果很难下定论。ZestFinance 评信过程如图 4－10 所示。

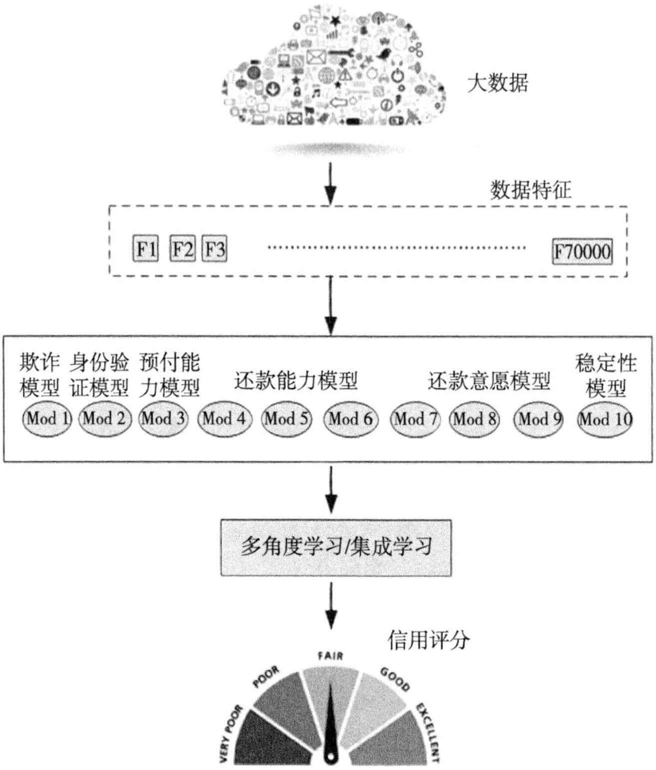

图 4－10 大数据征信的数据

（数据来源：36 氪）

4.1.4 公开信用数据的获取途径

随着我国政府政务信息和部分有影响力的企业通过互联网公开共享的数据越来越多，P2P 网络借贷也可以从公开的数据库中获得融资企业和个人的信息进行征信。

（1）主体信息查询主要途径

查询途径	网址	查询内容
国家工商总局“全国企业信用信息公示系统”	http：//gsxt. saic. gov. cn/	该网站目前已经能查询全国范围内任意一家企业的工商登记基本信息，具体包括公司注册号、法定代表人、类型、注册资本、成立日期、住所地、营业期限、经营范围、登记机关、经营状态、投资人信息、公司主要备案的高管人员名单、分支机构、清算信息、行政处罚信息等

续表

<table>
<tr><th colspan="2">查询途径</th><th>网址</th><th>查询内容</th></tr>
<tr><td colspan="2">国家发展改革委、人民银行指导，国家信息中心主办的“信用中国”网站</td><td>https：//www.creditchina.gov.cn/</td><td>“信用中国”是政府褒扬诚信、惩戒失信的总窗口。截至2018年7月底，全国18.7万个失信主体退出“黑名单”，“信用中国”网站已累计发布“双公示”信息超过1亿条，全国企业、社会组织、机关事业单位以及个体工商户存量代码转换率达到100%</td></tr>
<tr><td rowspan="2">各省、市级信用网</td><td>北京市企业信用信息网</td><td>http：//qyxy.baic.gov.cn/</td><td rowspan="2">普通查询基本信息都有，但如需要更全面的如年检、对外投资、商标、变更、劳保等信息，则可能需要注册会员资格等。各个地方都有类似的网站</td></tr>
<tr><td>浙江企业信用网</td><td>http：//www.zjecredit.org/</td></tr>
<tr><td colspan="2">全国组织机构代码管理中心</td><td>http：//www.nacao.org.cn/</td><td>该网站可以查询全国范围内所有领取组织机构代码证的机构信息，显示与实体组织机构代码证完全一致。这个网站还可以打印组织机构代码证的扫描件</td></tr>
<tr><td colspan="2">中国证监会指定信息披露网站——“巨潮资讯网”</td><td>http：//www.cninfo.com.cn/</td><td>该网站仅适用于上交所、深交所上市的公众公司</td></tr>
</table>

（2）涉诉信息查询主要途径

<table>
<tr><th colspan="2">查询途径</th><th>网址</th><th>查询内容</th></tr>
<tr><td colspan="2">最高人民法院“中国裁判文书网”</td><td>http：//www.court.gov.cn/zgcp-wsw/</td><td>根据《最高人民法院关于人民法院在互联网公布裁判文书的规定》，自2014年1月1日起，除涉及国家秘密、个人隐私、未成年人犯罪、调解结案以外，各法院判决文书均应在该网站上公布。因该网站为“裁判文书网”，故仅适用于已结判决阶段的案件</td></tr>
<tr><td rowspan="3">各省级最高人民法院网站</td><td>北京法院网</td><td>http：//bjgy.chinacourt.org/</td><td rowspan="3"></td></tr>
<tr><td>上海法院网</td><td>http：//www.hshfy.sh.cn/</td></tr>
<tr><td>浙江法院网</td><td>http：//www.zjcourt.cn/</td></tr>
<tr><td colspan="2">最高人民法院“全国法院被执行人信息查询系统”</td><td>http：//zhixing.court.gov.cn/search/</td><td>该网站可查询2007年1月1日以后新收及此前未结的执行实施案件的被执行人信息</td></tr>
<tr><td colspan="2">最高人民法院“全国法院失信被执行人名单信息查询系统”</td><td>http：//shixin.court.gov.cn/</td><td>对于不履行或未全部履行被执行义务的被执行人，自2013年10月24日起，可在该系统中查询失信被执行人的履行情况、执行法院、执行依据文书及失信被执行人行为的具体情形等内容</td></tr>
</table>

（3）财产信息查询主要途径

查询途径	网址	查询内容
国土资源部子网站“中国土地市场网”	http：//www. landchina. com/	除国土资源部（http：//www. mlr. gov. cn/）所示的全国范围内土地抵押、转让、招拍挂等信息外，还可通过该网站查询全国范围内的供地计划、出让公告、大企业购地情况等
国家知识产权局“专利检索系统”	http：//www. sipo. gov. cn/zljs/	该网站无须注册，除专利基本信息（如发明/设计人、专利权人、公开日等）外，还可查询各专利权法律状态、专利证书发文、年费计算及全国大部分省市的专利代理机构名录等内容
国家工商总局商标局“中国商标网”	http：//www. saic. gov. cn/ywbl/zxcx/sbcx/	根据查询提示可确定拟查询商标的商品分类，具体可查商标注册信息及商标申请信息。“商标注册信息查询”又分为商标相同或近似信息查询、商标综合信息查询和商标审查状态信息查询三类
淘宝司法拍卖	http：//sf. taobao. com/	网上拍卖降低了拍卖费用，且竞价方便，越来越多的法院把没有争议、比较清楚的资产通过这个方式进行拍卖，涉诉的信息越来越多

（4）融资信息查询

<table>
<tr><th>查询途径</th><th>网址</th><th>查询内容</th></tr>
<tr><td>中国人民银行征信中心</td><td>http：//www. pbccrc. org. cn/</td><td>可查询企业应收账款质押、转让登记信息，具体包括质权人名称、登记到期日、担保金额及期限等</td></tr>
<tr><td>和讯网</td><td>http：//www. hexun. com/</td><td rowspan="2">对于非上市主体可以通过其他的方式，如发行的债券、短期融资券、中期票据、集合票据等非金融企业债务融资工具查询融资信息</td></tr>
<tr><td>地方股权交易中心网站</td><td>如浙江股权交易中心，http：//www. zjnpse. com/</td></tr>
</table>

4.2 P2P 网络借贷的征信管理

4.2.1 P2P 网络借贷的早期征信状况

P2P 网络借贷从诞生至 2015 年上半年，其早期征信的实现非常封闭和困难。在这个阶段，欧美发达国家有完善的征信体系，并且有多家专门从事征信的商业公司，比如美国有三大个人征信商业公司即益博睿（Experian）、艾可菲（Equifax）和环联（TransUnion），且都有标准的 FICO 个人信用分输出。美国公民的 FICO 分在 710 分就属于信用良好，在银行获得信贷的概率很高。英国有相当完善的个人信用评分制度，英国主流的个人信用评分机构也是使用上述美国的三家个人征信机构，这三家机构拥有大多数英国公民的信用报告。按照 Equifax 的统计来看，英国公民的信用分数为200～500分，平均信用分数为430分。欧美 P2P 网络借贷机构能通过商业个人征信公司以较低成本对借款人进行征信，为高质量的用信和评信提供重要条件。在中国，银行和小贷公司开展个人小额贷款业务可以通过人民银行信用信息数据库完成低成本征信。而这个时期，中国的 P2P 网络借贷机构既不能接入人民银行信用信息数据库，也没有像欧美发达国家那样完善的征信体系和成熟的商业征信公司，因此，P2P 网络借贷机构只能自行承担征信职责。

我国 P2P 网络借贷机构根据平台资产端的配置方向和自己的优势及特点采用适合自己的模式进行征信。征信模式主要分为四种：线上征信、线下征信、线上线下相结合的征信和借助商业征信。平台资产配置为信用资产的 P2P 网络借贷机构主要采用线上征信模式，主要通过线上方式获得借贷人提供的申请资料、传统金融机构的信贷数据、第三方来源的网络黑名单、相关认证、网上行为数据、社交关系数据等用户征信相关数据。平台资产为大额抵押资产的企业借款通常采用线下征信模式，随着 P2P 网络借贷机构民间银行模式的结束，这种线下征信也随之消失。平台资产为小额抵押资产的 P2P 网络借贷机构的个人借款通常采用线上线下相结合的征信模式，线下模式的征信主要是由专业经验丰富的标的检验师完成。当前商业征信还处于起步阶段，越来越多的 P2P 网络借贷机构与一些商业征信模式进行数据共享，主要是为了防止借款人多头借贷、恶意借贷和过度借贷。

P2P 网络借贷机构由于不能接入人民银行的征信数据库，不得不采用要求借贷人自行上传人民银行征信报告或者采用线下调查的传统方式对客户进行信用审查，并据此确定客户的信用等级和交易费。这种方式降低了审查的质量和效率，增加了交易成本，而且难以保证信用信息的真实性。根据壹零财经的调查数据，P2P 网络借贷机构的征信支出仅次于市场运营支出，成为 P2P 网络借贷机构的第二大支出成本。可是，即便 P2P 网络借贷机构如此不惜重金投入征信工作，征信工作仍然困难重重，不尽如人意。特别是借款人的重复借贷使面临信息不对称的 P2P 网络借贷机构防不胜防。2014 年，天津有一个网名叫“坦克”的借款人，在多家平台借款总额高达 500 多万元，借款最终因逾期而成为各个平台的坏账。所以，众多学者认为征信已经成为 P2P 网络借贷机构发展的主要障碍。

4.2.2　P2P 网络借贷行业有条件地共建共享征信时期

因 P2P 网络借贷机构无法直接接入人民银行信用信息基础数据库，“信息孤岛”现象成为一直困扰网络借贷行业发展的瓶颈。2015 年 9 月，由人民银行支付清算协会主导的互联网金融风险信息共享系统正式上线，首批接入系统的 P2P 网络借贷机构一共有 13 家，包括宜信、人人贷、红岭创投、翼龙贷、拍拍贷、网信、合力贷、开鑫贷、积木盒子、财路通、玖富、信而富和有利网。该系统的上线运行打破了 P2P 网络借贷机构之间“信息孤岛”的局面，将网络借贷平台零散的数据有机地整合起来，提升了 P2P 网络借贷行业的整体风险控制能力并降低了平台的征信成本。该系统 7×24 小时连续运营，采用星形网络结构与接入机构相连。查询申请机构填写借款人姓名和身份证后，向系统发送查询请求报文。该系统本身不保存接入机构的用户数据，只是扮演信息通路和联接枢纽的角色。

目前通过该系统共享的数据主要分为三类：一是不良贷款信息，指逾期超过 90 天的贷款；二是逾期贷款信息，指逾期 90 天以内的贷款；三是正常贷款信息，指未结清且尚未逾期的贷款。申请接入该系统的平台需要满足三个硬性条件，即有健全的组织机构、完善的风险管理措施和内部控制措施；有符合要求的技术设施，相关程序符合风险信息共享系统接口标准，并保证信息安全；高级管理人员中有从事过金融风险管理和信息技术行业的人员。P2P 行业企业对这套系统企盼已久。借款人的借款记录被视为网络借贷行业重要的信息资源。此前，由于行业企业间的信息不畅，一人多贷现象突出，而这正是逾期，甚至坏账的高频区。该系统将降低 P2P 网络借贷机构与借款人之间的信息不对称，在增加失信人违约成本的同时，降低了行业违约率，保护了平台和投资者利益。但是，由于准入标准有一定的要求，参与的平台有限，数据质量参差不齐，对行业需求而言，数据量还很小。该系统真正的价值发挥需要时间，需要更多平台的协作和努力。

4.2.3 P2P 网络借贷行业纳入人民银行征信体系

2018 年，被称为“信联”的百行征信有限公司成立，其成立的重要目标就是为互联网金融，特别是网络借贷提供征信服务。但是百行征信没有法律强制力来要求网络借贷机构提供借款人的信用信息，而且百信征信股东也不愿意将其客户的信用信息共享出来。更重要的是，百行征信无权采集客户在传统金融机构的信息，且其信用信息并不都会反映在人民银行征信数据库中。2018 年的大雷潮，促使监管层加快了对 P2P 网络借贷分类整治的节奏，加大了对分类整治的力度。由于 P2P 网络借贷征信体系非常薄弱，部分借款人的趁机恶意逃废债，为了打击借款人恶意逃脱还债义务的行为，互联网金融风险专项整治工作领导小组办公室在 2018 年 8 月和 9 月分别出台了《关于报送 P2P 平台借款人逃废债信息的通知》和《关于进一步做好网络借贷行业失信惩戒有关工作的通知》，上述两份通知明确将恶意逃废债人的不良信息纳入“诚信中国”和“百信征信”数据库，但并没有提及纳入金融信用信息基础数据库。这就意味着网络借贷借贷人的失信信息并不会传导至人民银行征信数据库，对其在传统金融机构的信用影响有限。2019 年 9 月，互联网金融风险专项整治工作领导小组办公室和 P2P 网络借贷风险专项整治工作领导小组办公室又联合下发了《关于加强 P2P 网贷领域征信体系建设的通知》，其中明确提出 P2P 网络借贷机构将全面接入金融信用信息基础数据库运行机构（人民银行征信数据库），将 P2P 行业全面纳入人民银行征信系统。这对行业无疑是重大利好，一方面破除了 P2P 行业征信的沉重枷锁，另一方面 P2P 网络借贷终于挤入金融机构的大家庭。

4.3 P2P网络借贷机构的风控管理

我国P2P网络借贷机构风控管理模式在行业发展过程中出现了数据量化风控技术、风险准备金保障、担保公司担保、资产抵押和保险公司合作五种。

4.3.1 数据量化风控技术

数据量化风控技术是指采用大数据、云计算和数据挖掘等构建模型对客户海量的线上及线下的多维度数据进行快速风险评估、信用定价、风险提示的信息化风控技术。数据来源包括但不限于身份证等多种身份证明文档、人民银行征信报告、工作证明及收入证明、银行账户流水、信用卡流水、电商数据、社交数据、行业共享数据、线下数据。

数据量化风控主要有三种模式：

（1）以自有数据为主量化信用评价模型。P2P网络借贷平台自建量化信用评价模型，在自有积累数据的基础上，将各方面的数据导入模型之后，能够自动生成信用评级结果，提示是否可以放贷及定价。比如宜贷人的信用决策系统，宜人贷的评价模型就充分利用其近十年的贷款记录为模型提供决策数据，图4-11为宜人贷分决定客户的信用等级。

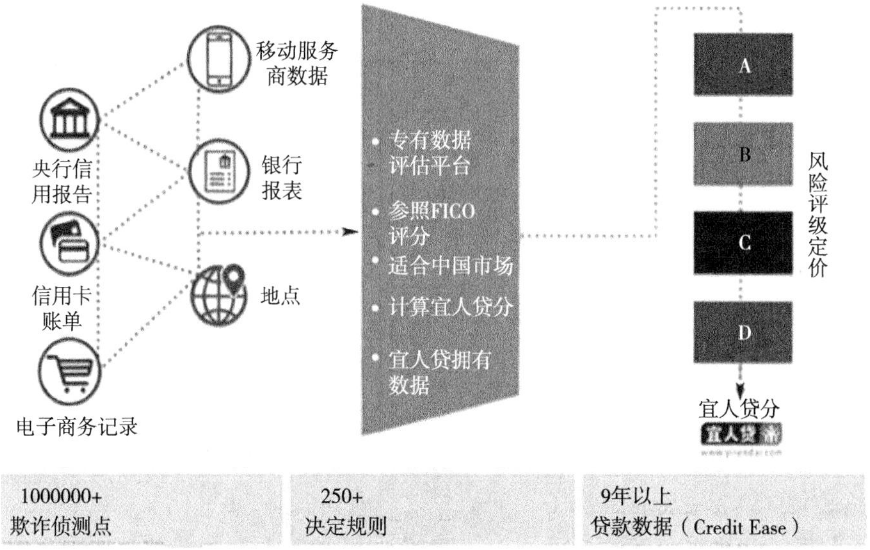

图4-11 宜人贷分决定客户的信用等级

（2）以外部数据为主量化信用自动评价模型。P2P网络借贷平台自建量化信用评价模型，在平台本身数据有限的期况下，将外部数据，特别是第三方的数据导入模型之后，加上人工的辅助干预，能够自动生成信用评级结果，提示是否可以放贷及定价。比如，拍拍贷的魔镜系统。

（3）机器学习的智能征信决策系统。P2P 网络借贷平台利用数据自动抓取、挖掘和机器学习，实现自动征信和授信决策。比如，信而富的征信评级系统。信而富的智能决策系统已被运用到多家银行信用卡产品和腾讯微粒贷等信贷产品中。

数据量化风控技术优点包括：信贷扁平、快速评估、准确定价、边际成本逐步降低。缺点包括：准确可信数据辨别难度大、线下活动数据获取难度大、政策性风险无法预测、风险模型需要长期的校验和受限于行业数据孤岛。

4.3.2 风险准备金保障

风险准备金是 P2P 网络借贷机构用于投资人无法按时收回投资款时而先行赔付的一种风险保证金。借款人融资成功后，平台先行提取借款人融资总额的 1% 作为风险准备金。由风险准备金还衍生出另一个相关概念叫风险准备金率，在我国 P2P 网络借贷机构将其定义为风险准备金金额与待还款余额之比。图 4－12 是我国某 P2P 网络借贷机构的风险准备金相关数据图，风险准备金为 0.376 亿元，待还金额为 11.69 亿元，则风险准备金率为 3.2%。

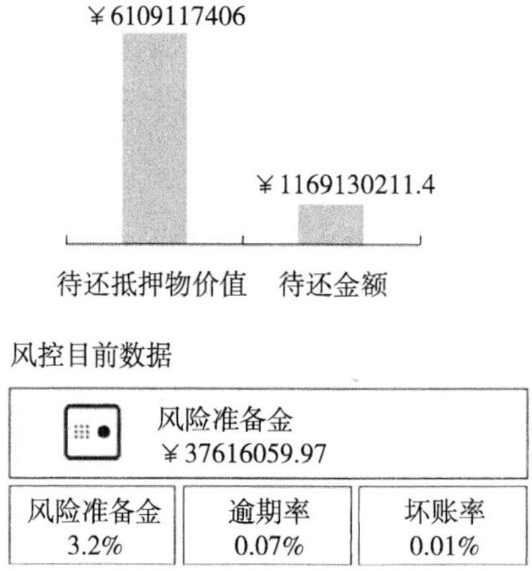

图 4－12　某 P2P 网络借贷机构的风险准备金数据

风险准备金模式创始于英国的网络借贷机构 Ratesetter，该机构采用投资利息覆盖率和本金覆盖率来描述风险准备金的保障情况。Ratesetter 将现有风险准备金的数量与未来所有正常贷款产生的风险准备金的数量之和称为风险缓冲。投资利息覆盖为风险缓冲与预期损失的比值，本金覆盖率为风险缓冲和未来所有正常贷款利息之和与预期损失的比值。截至 2019 年 12 月，Ratesetter 的投资利息覆盖率和本金覆盖率分别为 126% 和 271%。图 4－13 是英国网络借贷平台 Ratesetter 的风险准备金状况。

P2P 网络借贷机构的风险准备金制度类似于银行的拨备覆盖率。拨备覆盖率（也称为拨备充足率）实际上是银行贷款呆、坏账准备金的覆盖比率。

$$\text{拨备覆盖率}=(\text{一般准备}+\text{专项准备}+\text{特种准备})/(\text{次级类贷款}+\text{可疑类贷款}+\text{损失类贷款})\times 100\%$$

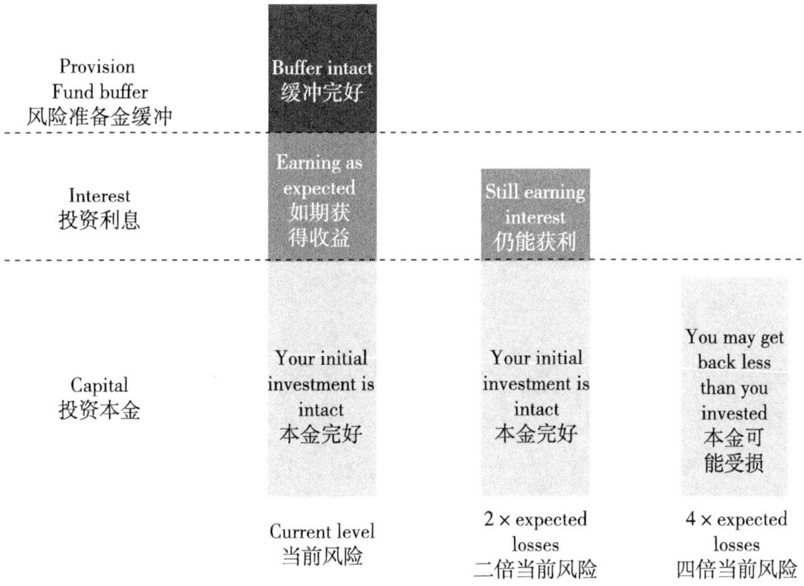

图 4－13 英国网络借贷平台 Ratesetter 的风险准备金状况

两者都是风险控制的手段，但又有本质的不同。首先，拨备覆盖率是金融机构用自身利润来计提的，而 P2P 网络借贷机构的风险准备金大都是按借款人融资额的比例计提。其次，金融机构是多重拨备，且远远超过贷款余额的 1%。P2P 网络借贷机构风险准备金率只是一个简单的比例，并没有将贷款按风险等进行划分。最后，金融机构的拨备覆盖计提受到严格监管，而 P2P 网络借贷机构的风险准备金则是监管真空。

风险准备金制度的优点包括：有效增信平台，有条件地降低风险，有限地保护投资者利益；缺点包括：推高了借款人成本，风控压力和借贷规模成正比及无法真实反映平台抗风险能力。

4.3.3 担保公司担保

担保公司担保是指 P2P 网络借贷机构与担保公司合作，担保公司对借款标的进行担保，一旦借款标的出现逾期或无法还本付息，则担保公司负责将本息偿还给投资人的一种增信及风控模式。

担保公司的参与方式分为以下两类：

（1）一般的非融资性担保公司担保

一般的非融资性担保公司依据《公司法》向工商行政管理部门申请设立登记即可成立，适用的是《公司法》对于普通公司的成立要求。一般的非融资性担保公司是不能对融资性资产进行担保的。一般的非融资性担保公司担保责任分为两种：一种是一般责任，即债务人不能履行债务时，由保证人承担保证责任，若无法确认借款人完全没有还款能力时，担保公司是没有义务兑现担保承诺的；另一种是连带责任，即债权人可以要求债务人履行债务，也可以要求保证人在其保证范围内承担保证责任。

（2）融资性担保公司担保

融资性担保公司设立需要履行严格的前置审批制度，设立原则为核准主义。融资性担保公司可以对融资性资产进行担保。融资性担保公司实行牌照性，注册资金和担保规模都有严格的规定，其信用保证强度要远大于一般的非融资性担保公司。

担保公司担保优点包括：快速增信，降低借款人信用风险，有条件地保证投资本息安全。缺点包括：推高了借款人成本，多数投资人容易误解信用保障，担保公司自身存在运营风险和失信风险。

4.3.4 资产抵押

资产抵押是指 P2P 网络借贷机构要求借款人向平台抵押资产进行担保，才能从出借人手中获得资产价值一定折扣比例的借款额度的风险控制方法。资产分为实务资产和金融资产。实务资产包括房产、汽车、设备和存货等；金融资产包括股票、存单、债券和票据等。

资产抵押的优点包括：资产价值有效对冲风险，投资本息有较好的保障和降低融资人成本；缺点包括：P2P 网络借贷机构未必具有资产鉴定与保值的能力，资产处理周期可能很长，资产处理有一定成本和资产价值有可能剧烈波动。

4.3.5 保险公司合作

保险公司合作是指 P2P 网络借贷机构与保险公司合作，通过对借款人的人身保险、财产保险、信用保险等来降低出借人本息回收风险的一种风控手段。

保险公司与 P2P 网络借贷机构合作的优势有以下几点：

首先，保险公司是以风险定价为主营业务的企业，具有敏锐的风险意识和很强的风控能力，可以弥补 P2P 网络借贷机构的短板。

其次，保险资产本身资金成本较低，收益上相对容易满足。

最后，保险公司的资金时间周期较长，流动性压力小。

合作范围主要有：借款人的人身意外保险、借款人抵押物的财产保险、借款人的信用（应收账款）保险和借款人的逾期保险。

保险合作的优点包括：提供全方位和个性化的风险保障选择，双方优势互补，保险公司信用背书有较强的增信效用；缺点包括：提高了借款人的成本或降低了出借人的收益，保险公司与 P2P 网络借贷机构的合作模式有待全面深入，以及用户的信息泄露风险。

4.4 P2P 网络借贷机构风险及规避对策

4.4.1 非法集资风险

P2P 网络借贷机构在运营中面临的最大风险是非法集资风险，即在缺乏监管时容易发生自建资金池或自融的操作，从而导致非法集资风险。非法集资是指单位或者个人未依照法定程序经有关部门批准，以发行股票、债券、彩票、投资基金证券或者其他债权凭证的方式向社会公众筹集资金，并承诺在一定期限内以货币、实物以及其他方式向出资人还本付息或给予回报的行为。

我国《刑法》没有“非法集资罪”这一罪名，非法集资是一种复合的违法行为，非法集资根据主观态度、行为方式、危害结果等具体情况的不同，主要构成以下7种相应的罪名：

（1）第一百七十六条：非法吸收公众存款罪；

（2）第一百九十二条：集资诈骗罪；

（3）第一百六十条：欺诈发行股票、债券罪；

（4）第一百七十九条：擅自发行股票、公司、企业债券罪；

（5）第一百七十四条：擅自设立金融机构罪；

（6）第二百二十五条：非法经营罪；

（7）第二百二十四条：组织、领导传销活动罪。

P2P网络借贷机构的经营特性，其易触犯非法吸收公众存款罪和集资诈骗罪。

集资诈骗罪是指以非法占有为目的，在通常情况下，这种目的具体表现为将非法募集的资金的所有权转归自己所有，或任意挥霍，或携款潜逃。我国刑法规定犯集资诈骗罪，数额特别巨大或者情节特别严重的，处10年以上有期徒刑、无期徒刑，并处5万元以上50万元以下罚金或者没收财产；数额特别巨大并且给国家和人民利益造成特别重大损失的，处无期徒刑或者死刑，并处没收财产。例如，中宝投资P2P网络借贷机构的控制人周辉利用平台便利，注册虚假发标人，向大量不特定对象吸收资金，并将资金用于购买汽车、奢侈品和珠宝首饰，其行为属于挥霍，构成集资诈骗罪。

非法吸收公众存款是指未经中国人民银行批准，向社会不特定对象吸收资金，出具凭证，承诺在一定期限内还本付息的活动。例如，融金所P2P网络借贷机构向大量不特定对象以保本保高息的方式吸收资金，并形成资金池放贷模式，被深圳经济犯罪侦查警察查处。对于非法吸收或者变相吸收公众存款的行为是否立案侦查，取决于是否涉嫌以下三种情形中的一种：

一是从非法吸收或者变相吸收公众存款的数额上来看，个人非法吸收或者变相吸收公众存款，数额在20万元以上的，单位非法吸收或者变相吸收公众存款，数额在100万元以上的；

二是从非法吸收或者变相吸收公众存款的户数上来看，个人非法吸收或者变相吸收公众存款30户以上的，单位非法吸收或者变相吸收公众存款150户以上的；

三是从造成的经济损失上来看，个人非法吸收或者变相吸收公众存款给存款人造成直接经济损失数额在10万元以上的，单位非法吸收或者变相吸收公众存款给存款人造成直接经济损失数额在50万元以上的。

4.4.2 非法集资风险的规避对策

（1）经营资金与投融双方资金分账管理，采用商业银行资金托管。

（2）妥善处理好资金池问题，平台不接触借贷双方资金。沉淀资金池做到资金托管，点点对应。在途资金池做到资金托管，余额锁定。风险资金池做到资金托管，定期公布。平台避免归集资金池，以防后患。

（3）坚决避免自融。平台实际控制人和关联方直接在平台借款存在严重的操作风险和道德风险。

（4）杜绝虚假借款标。平台必须坚守道德底线，决不发布虚假借款标。否则，轻则有非法吸收公众存款之嫌，重则有集资诈骗之嫌。

4.4.3 资金管理合规风险

P2P 网络借贷机构的客户资金管理，先后出现有以下资金管理模式：

（1）网关模式。投资人的资金直接打到平台控制账户（通常是银行账户）。这种模式对客户和平台而言风险都极大，且不符合监管要求已被禁止。比如，早期中国银行、中国建设银行与信而富的富友支付合作就是第三方支付过桥模式。

（2）存管模式。存管模式的早期又被称为通道模式，存管人既可以是商业银行也可以是第三方支付机构。银监会颁发《网络借贷资金存管业务指引》之后，存管模式下存管人只能是商业银行，而且一个 P2P 网络借贷机构只能选择一家具有开展网络借贷存管资质的商业银行作为存管人。商业银行作为存管人接受网络借贷信息中介机构的委托，按照法律法规规定和合同约定，履行网络借贷资金存管专用账户的开立与销户、资金保管、资金清算、账务核对、提供信息报告等职责的业务。存管人开展网络借贷资金存管业务，不对网络借贷交易行为提供保证或担保，不承担借贷违约责任。比如，招商银行与拍拍贷的资金存管合作、徽商银行与爱钱帮的资金存管合作就属于这种存管模式。

（3）托管模式。资金托管是指 P2P 网络借贷机构将全部借贷资金托管，投资人和借款人都需在银行开设个人账户，银行按照操作指令进行资金划转，平台完全没有接触借贷资金的可能，银行对资金账户进行监控，并定期出具报告，以证实客户资金的明确去向及变动，并定期向公众公开余额。这种模式对客户和平台来说风险极小，也符合监管要求。例如，民生银行与积木盒子的托管合作，采用独立隔离账户模式。招商银行与你我贷的托管合作，采用二级子账户，同卡进出模式。广发银行与宜人贷的托管合作，广发银行定期出具报告。

4.4.4 资金管理合规风险的规避对策

P2P 网络借贷机构规避资金管理风险就必须按照《网络借贷资金存管业务指引》的具体指引进行资金管理操作。

4.4.5 信贷技术风险

（1）征信困难重重。我国信用体系比较薄弱，人民银行的征信系统不对P2P网络借贷机构开放，中国支付清算协会发起的P2P行业风险信息共享系统建设刚刚起步，接入平台还十分有限。我国的商业征信才刚刚开放，也不能满足P2P网络借贷机构的征信需求。

（2）大数据审贷有待检验。我国的大数据审贷多数参照类似美国的FICO模式评分，但由于制度、文化和环境与美国的差异，我国小额信贷有一定的特殊性，P2P网络借贷机构的大数据审贷模型能否经受住经济周期的考验，需要时间进行反馈、修正和验证。在2019年之前，P2P网络借贷机构可以通过交易的方式从第三方大数据公司获得用户互联网行为数据，但是2019年，监管层对利用爬虫等技术手段在未授权的情况下非法获取用户数据的商业行为进行重拳打击，这对P2P网络借贷机构的原有大数据风控模式带来了挑战。

（3）风险定价差异小。目前P2P网络借贷机构向借款方收取的费用，短期一般都是年化利率30%左右，与人民银行的利率没有关系，风险定价差异很小。借款方的还款压力较大，有可能迫使借款人将资金投向高风险领域。

（4）贷后管理挑战巨大。多数P2P网络借贷机构并没有线下贷后管理队伍，当平台出现逾期后，多数采用电话催收的方式，但是面对恶意借款人，电话催收收效甚微。贷后管理成本高昂，逾期催收多数有心无力。

4.4.6 信贷技术风险的规避对策

（1）积极融入共享征信体系。P2P网络借贷机构应积极参与会员制或合作制形式的商业征信，共享征信红利，降低信贷风险。比如，上海资信的网络金融征信系统就是会员共享开放的征信平台，目前已有超过200家P2P网络借贷机构参与。中国支付清算协会的互联网金融风险信息共享系统也已正式上线，首批接入系统的P2P网络借贷机构一共有13家，该系统陆续会向更多的P2P网络借贷机构开放。2018年，信联百行征信的成立，为P2P网络借贷机构真正形成信用信息共享提供了国家层面的可能。

（2）大数据模型和风险对冲"两条腿走路"。大数据宜遵循小额、分散和长期的原则，最好有雄厚的资金或风险对冲的支持，并且坚持在不侵犯用户数据隐私条件下进行大数据采集和风控。同时，在风险资金有限的情况下，传统的抵（质）押也可作为选择。但是大数据风险是未来信贷风控的方向，P2P网络借贷机构应尽早布局。

（3）掌握风险定价的核心竞争力。随着P2P网络借贷进入规则时代的理性发展期和竞争的日趋激烈，P2P网络借平台依靠制度套利、非法套利和垄断套利的机会将逐步消失，依靠自身的比较优势并形成差异化的风险定价能力是未来的核心竞争力。

（4）贷后管理标准化。P2P网络借贷不同于传统线下借贷，一旦贷后管理不到位，投资人的本息安全将受到影响，P2P网络借贷的风险传播性快、传染性强、危害性大等特性会立刻显现。所以，P2P 网络借贷机构应当将贷后管理标准化，形成决策树流水管理，一旦出现问题按决策流水标准化处理，以最快的速度处理发生的风险。

4.4.7 管理运营风险

（1）平台制度不完善，操作不规范。在 2015 年，根据网络借贷之家的统计数据，我国运营的 P2P 网络借贷机构超过 3000 家，可谓鱼龙混杂，良莠不齐。不少 P2P 网络借贷机构运营由个别或少数股东控制，管理制度非常不科学，信息极不透明，导致道德风险和操作风险都极大，这也是 2018 年网络借贷行业“大雷潮”的重要原因之一。

（2）机构合作的风险。有很大一部分 P2P 网络借贷机构与小贷、担保和信托等机构以增信为目的合作，甚至将风控完全依赖于合作的第三方机构，这种风险不可小觑。比如，积木盒子与河北融投担保集团有限公司合作，其项目来源于河北融投，河北融投对项目进行担保，但是河北融投出现巨额亏损，造成积木盒子大量坏账。河北融投危机爆发并不奇怪，这源于国内担保行业的收益与风险严重不匹配。仅收取 2% ~3% 的担保费却要承担百分之百的风险，一旦担保的项目发生逾期，就要全额赔付。所以国内担保行业本身就是一个高风险行业，P2P 网络借贷依赖担保公司风控的安全度便可想而知。

（3）互联网文化与金融文化融合风险。P2P 网络借贷在我国也刚刚起步，在我国超过 3000 家 P2P 网络借贷机构中，管理层主要分成两类：一类来自互联网行业，另一类来自传统金融行业。互联网行业崇尚“流量为王”“生态规模”“快速迭代”“用户体验”的冒险性文化，但是互联网金融的本质仍然是金融，金融行业崇尚“安全第一”“严谨规范”“有条不紊”的敬畏机械式文化。管理层之间的互联网文化与金融文化融合存在一定风险。

（4）政策风险。随着《关于促进互联网金融健康发展的指导意见》《网络借贷信息中介机构业务活动管理暂行办法》《网络借贷信息中介机构有条件备案试点工作方案》和《关于网络借贷信息中介机构转型为小额贷款公司试点的指导意见》等监管法律法规和政策规定的出台，P2P 网络借贷进入理性规则和高门槛资质才能生存和发展的时代。政策的出台将极大提高 P2P 网络借贷机构的监管成本，一些不合规的产品和业务将被逐出市场，因此 P2P 网络借贷机构的战略规划必须慎重考虑政策风险。

4.4.8 管理运营风险的规避对策

（1）制度为先，有制必遵，规则执行。P2P 网络借贷机构应采用现代化的科学的公司管理模式，制定完善的管理制度与人事构架，业务流程严格按照制度规则执行，把管理风险、道德风险、操作风险降到最低程度。

（2）谨慎选择合作机构。P2P 网络借贷机构在没有充分的把握下，尽量避免与小贷、担保和信托等机构合作，可选择保险公司进行合作（项目保险、投资人保险），采用风险备付金或风险基金模式来替代机构合作增信。

（3）营造敬畏性创新文化。互联网金融本质还是金融，P2P网络借贷机构在我国虽然被定位为纯信息中介，但实际上履行的是对借款人进行信用分析、风险控制和保障投资人资产安全的金融信用中介的职能。所以，P2P金融不可能像互联网一样试错，P2P网络借贷机构首先要讲究稳健的金融文化，强调风险评估、风险定价和风险控制的重要性，在此基础上突出互联网“变”的本质，营造敬畏性创新文化，避免盲目扩展。

（4）密切关注监管风向。P2P网络借贷机构要深刻理解《网络借贷信息中介机构有条件备案试点工作方案》和《关于网络借贷信息中介机构转型为小额贷款公司试点的指导意见》等监管法律法规和政策规定并核查平台的各项管理、业务流程和资本匹配情况，根据实际情况做出整改、战略调整或转型选择。P2P网络借贷机构还应密切关注监管风向，时刻关注新的监管细则的出台和修改，为自身的发展赢得更多的宝贵时间。

4.4.9　信息安全风险

（1）被动性攻击风险。被动性攻击风险主要是来自外部的犯罪分子（比如黑客）的非法攻击，攻击具有明显的恶意目的。

（2）主动性风险，是指P2P网络借贷机构由于自身缺乏信息安全意识或管理能力不足而导致的信息安全风险。比如，由于管理上的疏忽而导致的信息外泄或操作乌龙等。

（3）交易相关文档密存风险，是指P2P网络借贷机构上的借贷双方身份、交易信息和交易合同的密保密存及灭失风险。比如，e租宝因涉嫌非法集资诈骗被查办后，将平台的非法电子交易信息和合同迅速删除，致使投资者的交易信息和合同全部灭失，出借人也无法获得出借的电子合同。公安机关为此专门开设了非法集资登记系统，就出借人在e租宝的投资情况进行登记。

4.4.10　信息安全风险的规避对策

（1）不断提高信息安全硬能力。P2P网络借贷机构应不断提高自身应对风险的硬能力，特别是在信息安全上各种硬件、软件的投入和信息安全专业人才培养上要与自身的规模相匹配。

（2）不断提高信息安全软能力。P2P网络借贷机构应不断提高信息安全软能力，采用成熟的信息安全架构，制定全面完善、执行有力的信息安全制度，不断提高全体工作成员，特别是信息安全敏感岗位人员的信息安全意识与责任。制定相应的信息安全处理方案，当遇到有组织的“暴力”信息犯罪时，应向公安机构和行业组织寻求救援。

（3）采用安全可靠的身份识别及信息保全方案。P2P网络借贷机构应为借贷双方的交易合同提供数字签名并采用第三方多重加密保管。

4.5　P2P 网络借贷的法规政策与监管演进

4.5.1　我国 P2P 网络借贷监管演进的四个阶段

目前来看，国家监管层出台了诸多关于 P2P 网络借贷的监管政策与文件，监管政策与文件的陆续出台对 P2P 网络借贷的性质属性认定也出现了相应变化。按照 P2P 网络借贷性质的变迁可以将对 P2P 网络借贷的监管分成以下四个阶段。

（1）灰色线上民间借贷中介阶段

灰色线上民间借贷中介阶段是从 2007 年至 2013 年 6 月。2007 年国内首家 P2P 网络借贷平台成立，从业者认为 P2P 网络借贷是一种民间借贷线上化，P2P 网络借贷机构是借贷中介机构，其受到《中华人民共和国民法通则》《中华人民共和国合同法》《中华人民共和国电子签名法》和《最高人民法院关于人民法院审理借贷案件的若干意见》等法律法规的保护，而且没有任何一部法律认定 P2P 网络借贷是非法活动。"法无禁止就可为"是公民的权利，这些都是支持从业者前行的坚定信仰。但是，众多非行业相关人士认为 P2P 网络借贷作为一种舶来创新金融模式，毕竟还是公开的金融活动，公开的金融活动就必须有牌照许可，没有牌照许可就存在随时被取缔的风险，即其合法性存在明显疑问。2011 年陆续出现 P2P 网络借贷机构涉嫌集资诈骗跑路的案件，引起了国家相关部门的关注。2011 年 8 月，中国银监会发布了《关于人人贷有关风险提示的通知》，其中明确指出 P2P 网络借贷容易演变为非法金融机构等七大问题和风险并且要求银行业金融机构务必采取有效措施与 P2P 网络借贷之间构筑风险"防火墙"。由此可见，在 P2P 网络借贷的萌芽期，其问题和风险就被银监会全面并准确地认识，但是由于监管主体的缺位和监管制度的缺失，我国错过了 P2P 网络借贷的监管最佳期。在这个阶段 P2P 网络借贷虽自由地游走于法律的边缘，可是参与者和交易规模相当有限并且增长缓慢，风险资本不敢贸然进入，P2P 网络借贷缓慢地发展直至 2013 年 6 月。

（2）具有明确合法主体预期阶段

具有明确合法主体预期阶段是从 2013 年 6 月至 2015 年 7 月。2013 年 6 月，余额宝的推出大获成功，让政府对互联网与金融碰撞和交融进而产生的像 P2P 网络借贷等新型互联网金融模式提供解决小微企业融资难的新路径充满了期待，甚至在这个阶段学界与业界也因对互联网金融能否改变金融的本质属性产生分歧进而引发热烈讨论。2013 年 8 月，国务院办公厅发布了《关于金融支持小微企业发展的实施意见》，提出"充分利用互联网等新技术、新工具，不断创新网络金融服务模式"。2013 年 11 月，党的第十八届三中全会《中共中央关于全面深化改革若干重大问题的决定》，正式提出"发展普惠金融，鼓励金融创新，丰富金融市场层次和产品"。2014 年 3 月 5 日，"互联网金融"首次被写入政府工作报告，报告明确指出"促进互联网金融健康发展，完善金融监管协调机制"。P2P 网络借贷毫无疑问成为了互联网金融的重要业态，其法律障碍被消除，传统金融机构、国有企业、上市公司、民营企业和众多草根创业者纷纷涌入 P2P 网络借贷行业，大量的风险资本也蜂拥而来。在此背景下，许多普通民众对 P2P 网络借贷“不明觉厉”，在 P2P 网络借贷机构“信口”刚兑和巧言利诱的营销攻势下纷纷开始在 P2P 网络借贷机构投资。P2P 网络借贷行业就这样在政策支持、资本驱动和“三无”（无门槛、无标准、无监管）状态下野蛮发展，成为一个完全自由放任的金融产品和市场，可谓鸾枭并栖、鱼龙混杂。可是，根据纳什的博弈论，任何市场的各方都会充分博弈，因此市场都是有成本的，更何况基于互联网的新兴民间借贷金融市场。在没有规则、制度和监管的 P2P 市场中 P2P 网络借贷机构和借款人处于相对的优势地位，投资人无疑处于劣势地位，利益也最容易受到损害。正因为如此，大量打着“互联网金融创新”旗号的 P2P 网络借贷机构裹挟着社会最底层的财富资源大肆从事高风险的非标投资、自融、资金池和集资诈骗活动，一些借款人利用 P2P 网络借贷机构征信体系缺失的弱点有恃无恐地进行多头借贷、过度借贷和欺诈借贷。在这个阶段，倒闭、跑路和停业的 P2P 网络借贷平台的数量、频率和资金规模明显增加。当然，政府部门也强烈地意识到了 P2P 网络借贷等互联网新金融模式的风险，并加快了完善互联网金融监管体系和出台监管制度的步伐，但是为了给我国金融改革和创新保留一定的空间，仍然包容了互联网金融宽松式试错发展。

（3）无门槛信息中介机构阶段

无门槛信息中介阶段是从 2015 年 7 月至 2018 年 11 月。P2P 网络借贷经历近八年的自由放任发展，各类众多的风险事件开始频繁出现，特别是 2015 年下半年爆发的震惊全国的“e 租宝”重大资金诈骗案，说明 P2P 网络借贷本质仍然是金融，核心依然是风控。2015 年 7 月，国务院授权十部委联合出台了《关于促进互联网金融健康发展的指导意见》（以下简称《指导意见》），其中明确指出 P2P 网络借贷平台属于信息中介性质，不得提供增信服务，不得非法集资，并由银监会监管。2015 年 8 月，最高人民法院出台了《关于审理民间借贷案件适用法律若干问题的规定》（以下简称《若干规定》），其中明确规定了 P2P 网络借贷的最高合法利率，P2P 网络借贷机构提供借贷担保并不违法但需承担担保责任。基于《指导意见》和《若干规定》两个顶层宏观框架文件和法规，2015 年 12 月，银监会等四部门发布了《网络借贷信息中介机构业务活动管理暂行办法（征求意见稿）》，其中明确指出网络借贷机构设立采用备案登记制。由于互联网金融风险形势逼人，2016 年 4 月，国务院办公厅印发了《互联网金融风险专项整治工作实施方案》，其中再次强调 P2P 网络借贷是信息中介并将其确定为风险专项整治的重中之重。

在风险整顿的急迫形势下，银监会迅速会同其他相关部门成立网络借贷风险专项整治工作领导小组，并于同月发布了《P2P 网络借贷风险专项整治工作实施方案》（银监发〔2016〕11 号，以下简称“11 号文”），其中根据异化信息中介的程度将 P2P 网络借贷机构分为合规类、整改类和取缔类三类，并实施分类处置，计划于 2016 年 11 月底前完成，但实际的难度使得处置工作截至目前仍在推进。2016 年 8 月，银监会等四部门印发了《网络借贷信息中介机构业务活动管理暂行办法》；2016 年 10 月，银监会等三部门印发了《网络借贷信息中介机构备案登记管理指引》；2017 年 2 月，银监会发布《网络借贷资金存管业务指引》；2017 年 8 月，银监会发布《网络借贷信息中介机构业务活动信息披露指引》。以上四个文件被业界称为 P2P 网络借贷“1 +3”监管制度体系。“1 +3”制度的核心是微观具体地指引 P2P 网络借贷主体按照信息中介模式运营。

随着 11 号文和“1 +3”制度的出台，监管部门开始全面整治 P2P 网络借贷中的“十三项禁止性行为”乱象，同时还积极打击“校园贷”“现金贷”“套路贷”“首付贷”等违法违规业务。2017 年，银监会还陆续专门出台了《关于进一步加强校园贷规范管理工作的通知》《关于规范整顿“现金贷”业务的通知》和《关于进一步加强校园网络借贷整治工作的通知》等文件。经过近 20 个月的专项整治工作，2017 年 12 月，P2P 网络借贷风险专项整治工作领导小组办公室专门出台了《关于做好 P2P 网络借贷风险专项整治整改验收工作的通知》（网贷整治办函〔2017〕57 号，以下简称“57 号文”），其明确指出各地方金融办最迟在 2018 年的 6 月前完成 P2P 网络借贷专项整治整改验收及网络借贷机构的备案登记工作。可是 P2P 网络借贷经过多年放任野蛮发展，如按 11 号文和 57 号文处置，P2P 网络借贷机构基本上都有“原罪”，历史包袱极其沉重，面对 2000 余家在营平台和海量的借贷业务数据，整治分类工作难度极大。地方金融办作为整治分类的具体操作者，由于激励不相容和利益博弈在整治工作中很难完全地与中央的标准和要求相统一，所以分类处置工作无法按计划完成。

2018 年 6 月底，“积重难返”的 P2P 网络借贷行业的备案登记并未如期而至，在多重不利因素的叠加下，行业发生了规模空前的“大雷潮”，“大雷潮”期间共有出现 569 家问题平台，涉案资金超千亿元，涉及投资人数超百万人，给投资人造成巨大损失，对社会稳定产生一定冲击。为了稳妥化解存量风险，2018 年 8 月，P2P 网络借贷风险专项整治工作领导小组办公室又出台了《关于开展 P2P 网络借贷机构合规检查工作的通知》（网贷整治办函〔2018〕63 号，以下简称“63 号文”），其中再次明确按照网络借贷“1 +3”制度框架，督促网络借贷机构合规经营，回归信息中介本质定位。为保证合规检查工作有效落实，还一同下发《网络借贷信息中介机构合规检查问题清单》（又称为 108 条清单）作为检查执行标准，合规检查应于 2018 年 12 月底前完成，条件成熟的机构可按要求申请备案。在 P2P 网络借贷分类整治过程中，由于 P2P 网络借贷征信体系非常薄弱，部分借款人趁机恶意逃废债，为了打击借款人恶意逃脱还债义务的行为，人民银行和银保监管会在 2018 年 8 和 9 月分别出台了《关于报送 P2P 网络借贷机构借款人逃废债信息的通知》和《关于进一步做好网络借贷行业失信惩戒有关工作的通知》，上述两份通知明确将恶意逃废债人的不良信息纳入“诚信中国”和“百信征信”数据库，但并没有提及纳入金融信用信息基础数据库。由此可见，在这个阶段 P2P 网络借贷机构作为信息中介在金融领域的地位还是远不及小额贷款机构。

（4）高门槛信用中介机构阶段

高门槛信用中介机构阶段是从 2018 年 12 月至 2019 年 10 月。银保监会在 2017 年和 2018 年出台的 11 号文、57 号文和 63 号文对 P2P 网络借贷机构进行合规整改，但均未按计划时间完成。其主要原因有平台原罪、历史包袱、地方和中央金融监管的博弈。但是2018年下半年的行业“大雷潮”促使中央和地方都对P2P网络借贷监管进行了重大调整与显著升级，同时2017年底的金融工作会议明确并压实了地方金融监管的风险责任。2018年12月，互联网金融风险专项整治工作领导小组办公室、P2P网络借贷风险专项整治工作领导小组办公室（以下简称两整治办）联合出台了《关于做好网络借贷机构分类处置和风险防范工作的意见》（整治办函〔2018〕175号，以下简称“175号文”），其中首次将P2P网络借贷机构划分成两大类六小类，只有被分类为规模较大的正常机构才有可能继续运营，部分正常机构还将被引导转型为网络小贷公司和助贷机构，其余机构能退尽退、应关尽关，所有P2P网络借贷机构的存量规模和投资人数开始执行“双降”。所以175号文的出台不但明确了未来P2P网络借贷行业只属于极少数的大体量业务规模的头部合规平台，而且正式开启P2P网络借贷停增去存的窗口，坚决去除多数存量平台并实行名单制管理。

2019年1月，两整治办联合下发了《关于进一步做实P2P网络借贷合规检查及后续工作的通知》，其中要求全国P2P网络借贷机构做好实时数据接入工作，开始实施科技监管，各地方的P2P网络借贷机构总数、业务总规模、投资人数必须实现“三降”，加快清退不配合的P2P网络借贷机构。2019年4月，两整治办下发《网络借贷信息中介机构有条件备案试点工作方案》定稿（以下简称《备案试点方案》），其中首次划分网络借贷机构类别，并根据网络借贷的类别充实注册资本金、缴纳一般风险准备金和设立出借人风险补偿金等，其备案门槛大幅提高，没有雄厚的资本主体根本不可能获得备案，P2P网络借贷机构向持牌信用中介机构演进已经非常清晰。2019年9月，两整治办又联合下发了《关于加强P2P网贷领域征信体系建设的通知》，其中明确提出P2P网络借贷机构将全面接入金融信用信息基础数据库运行机构（人民银行征信数据库）和百行征信机构，将P2P网络借贷行业全面纳入征信系统。这对行业无疑是重大利好，一方面破除了P2P行业征信的障碍，另一方面P2P网络借贷终于融入金融机构的大家庭。可是P2P网络借贷行业利好出现不久，同年10月，湖南、山东、重庆、河南四个地方金融办宣布全部取缔辖区内的网络借贷中介机构，引发人们行业被全面取缔的猜想。11月，两整治办联合下发《关于网络借贷信息中介机构转型为小额贷款公司试点的指导意见》，其中明确了网络借贷机构转型小额贷款公司的基本条件，其中转型全国性网络小额贷款公司的网络借贷机构股东实缴货币注册资金不低于10亿元，这是在政策层面再次确认P2P网络借贷机构必须成为持牌的金融机构。

4.5.2　美国P2P网络借贷机构的监管体系

P2P网络借贷在中国属于互联网金融，但在美国则属于金融科技。对于金融科技的监管，美国政府并没有单独设立新的监管机构和制定新的法律法规来专门开展相关的监管工作，而是根据科技新金融的本质，按照P2P网络借贷机构的功能将其纳入现有金融监管体系。美国根据P2P网络借贷的功能本质将P2P网络借贷纳入证券发行及交易监管，将P2P借贷机构定性为债券发行商，其依据是P2P网络借贷的投资合同符合豪威测试的四个标准条件。豪威测试（Howey Test）是美国最高法院在1946年的SEC诉Howey判决中使用的一种判断特定交易是否构成证券发行的标准。如果被认定为证券，则需要遵守美国1933年《证券法》和1934年《证券交易法》的规定。豪威测试的四个条件：一是出资，即众多投资人将自己所有的资金（Money）进行投资；二是投入共同的项目，即众多投资人将资金投入到同一个项目（Common Enterprise）中；三是期待获利，即众多投资人进行投资的目的是获得盈利（Profits）；四是获利来自他人的努力或经营。即投资人不直接参与经营，而是期待项目的发起人或经营者努力、经营而使自己获利。如果投资合同同时符合上述四个标准则被认定为证券。

美国的金融行业监管体系采取的是双元多头的监管模式，双元是指美国联邦和各州政府，多头是指由多个机构进行分业监管，另外还有独于这些机构之外的消费者金融保护局（CFPB）等负责行为监管。因此，美国全国性P2P网络借贷机构监管主体在联邦层面要受到证券与交易委员会（SEC）、消费者金融保护局（CFPB）和联邦贸易委员会（FTC）的共同管理，在地方还要受到各州的证券业务法规监管，即美国全国性的P2P网络借贷机构不但要获得SEC的牌照，还必须在美国50个州都获得不同的执业牌照。所以，美国对于P2P网络借贷业务的监管模式又称为“蛛网模式”。

美国对P2P网络借贷的主要监管法律法规有：一是《证券法》，监管重点是强制融资主体的信息披露；二是《诚实借贷法》，监管重点是信息披露、广告监管和借款人贷款处理；三是《平等信用机会法案》，规定了在允许的情况下，可获得消费者信用报告；四是《电子资金转账法案》，规定了消费者有权从自己账户中划拨电子资金；五是《金融服务现代法案》，监管重点是限制金融机构向非关联第三方泄露信息；六是《多德—弗兰克法案》，规定了消费品金融产品及服务的金融机构监管。

美国P2P网络借贷机构的主要义务：在美国SEC将P2P借贷平台定性为债券交易商，P2P网络借贷机构必须在SEC进行注册，注册成本是400万美元；信息披露更是要按照对证券公司的要求来做，包括初次注册时的招股书，定期的10-K（年度报表）、8-K（重大事件表格），10-Q（季报）等一个也不能少；SEC还要求P2P网络借贷机构每天在EDGAR（电子化数据收集、分析及检索系统）上传当日平台上列出的所有借款人信息资料，以便在出现违约时能有效追索。

4.5.3 英国P2P网络借贷机构的监管体系

P2P网络借贷机构在英国被归属为替代金融（Alternative Finance）主体，也属于非存款类中小金融机构，由2013年4月成立的金融行为监管局监管。英国的金融监管体系与美国双元多头的监管模式不同，采用双峰垂直监管，一峰是审慎监管局（PRA），另一峰是金融行为监管局（FCA）。审慎监管局主要对约1500家存款机构、系统重要性保险机构和大型投资机构进行微观审慎监管。金融行为监管局则对逾5.6万家金融业零售类和批发类机构进行行为监管，对1.8万家非存款类中小金融机构进行审慎监管。P2P网络借贷发展初期，英国将P2P网络借贷界定为消费信贷，具体划入债务管理类消费信贷业务，由公平贸易管理局（OFT）和金融服务管理局共同监管。

2011 年 8 月，行业三巨头 Zopa、RateSetter 和 FundingCircle 自发成立世界上第一个 P2P 网络借贷行业协会（Peer - to - Peer Finance Association，P2PFA），主动要求英国政府监管机构监管并且为行业立法。英国 P2P 网络借贷行业协会积极制定行业标准、签订自律公约并加强自我监管，对行业的发展起到了很好的引导、规范和推动作用，随着 P2P 网络借贷等众筹业务的快速发展和规模不断扩大，FCA 于 2014 年3 月发布了《关于众筹及类似行为的监管方法》与《关于互联网众筹及通过其他媒介发行不易变现证券的监管方法》，将 P2P 和 P2C 网络借贷业务归为“借贷类众筹”。所以，目前英国对 P2P 网络借贷行业采取的是由政府 FCA 硬约束监管为主导，协会自律软约束相结合的监管模式。

英国对 P2P 网络借贷机构的主要监管法律法规有：一是《关于众筹及类似行为的监管方法》和《关于网络众筹和通过其他方式发行不易变现证券的监管规则》，监管重点是 P2P 网络借贷平台最低审慎资本标准、客户资金保护规则、信息披露制度、合同解除权、平台争议解决机构及平台倒闭后借贷管理制度安排等七项基本监管原则；二是《消费者信贷法》，监管重点是信息披露，利率、期限披露，牌照制；三是《金融服务与市场法》，授权英国金融服务管理局批准网络借贷平台业务；四是《英格兰银行法》，对金融信贷有明确规定与约束；五是《P2P 小额信贷准则》，规定了 P2P 小额信贷的借款者不能获得来自“金融服务补偿计划”的违约金补偿；六是《消费者信贷法》，规定了借贷机构首先要在英国公平交易办公室办理信贷许可证。

英国 P2P 网络借贷机构的主要义务：一是向 FCA 报告的要求，包括财务状况报告、客户资金报告、投资情况报告和投诉情况报告。二是允许消费者单方合同解除权。签署服务协议后的 14 天内消费者一旦请求返还，则必须偿还。三是平台倒闭后借贷管理安排。平台为此应制定关于管理未到期借贷、向出借人分配偿还资金、追踪延迟支付或违约支付的适当计划。四是争端解决规则。为解决平台借贷引发的纠纷，平台应当建立正式的投诉处理程序，受理投诉程序的有关细节应当在其网站上公布。

4.5.4 中国、美国和英国 P2P 网络借贷监管模式对比

从上述内容中可以得出，中国、美国和英国在对本国 P2P 网络借贷行业的监管方面存在异同。下面从牌照制经营、最低资本金限制等七个方面对中国、美国和英国 P2P 网络借贷监管进行对比，如表 4 - 3 所示。在牌照制经营上，美国和英国两国采取牌照制，而中国采用备案制。在最低资本金要求方面，美国和英国两国都有最低注册资本金要求，中国早期没有要求，在 2019 年出台相关政策和规定后，无论通过验收继续经营 P2P 网络借贷平台还是转型为小贷机构，都有最低注册资本金要求。在是否单一主导监管方面，英国是由 FCA 单一主导监管，中国和美国采用多头协同监管，不过美国是以 SEC 为主导的审慎监管主体，而中国是以地方金融办为主导的审慎监管主体。在是否专门出台监管法规方面，中国和英国出台了专门的监管法规，美国则没有。在信息披露充分方面，中国、美国和英国三个国家都对信息披露有严格的标准和要求。在设置负面清单方面，中国专门设置了十二条负面清单，美国和英国没有。在网贷机

构定位是否为信息中介方面，中国和英国将P2P网贷机构定位为纯信息中介，美国则将网贷机构视为债券交易商。

表4－3　　中国、美国和英国P2P网络借贷监管模式对比

比较项目	中国	美国	英国
牌照制经营	×	√	√
最低资本金限制	√	√	√
单一主导监管	×	×	√
专门出台监管法规	√	×	√
信息披露充分	√	√	√
设置负面清单	√	×	×
信息中介	√	×	√

4.6　P2P网络借贷发展前景展望

我国P2P网络借贷从灰色线上民间借贷到高门槛信用中介机构的演进过程中，虽然问题和风险不断地暴露，但是国家监管层始终未对其“一刀切”全面取缔，这说明我国个体网络借贷具有服务小微和践行普惠的社会价值，而并非一无是处。根据175号文的精神，个体网贷机构的前景理论上有三条存活路径可以选择：一是转型助贷。可是，2019年监管层多次发文要求传统金融机构的风险审核和定价环节禁止外包并且联合公安机关重拳打击利用数据爬虫等技术侵犯用户数据隐私用于网络放贷的行为，在此背景下，P2P网络借贷机构在无相关牌照的前提下转型助贷已经成了非选项。二是获得个体网络借贷备案，成为信用中介性质的P2P网络借贷机构。这个选择路径明显与国际上P2P网络借贷去中心化的纯信息中介模式背道而驰。按照《备案试点方案》，P2P网络借贷机构自有风险备付资金是贷款余额的9%，但是网贷机构无法完全确保其未来的坏账低于9%，如果未来有备案P2P网贷机构的坏账超过9%，那么网贷行业仍然无法跳出整治和清退的轮回。我国P2P网络借贷行业信用化备案，从根本上无法化解其不确定性风险，所以网贷机构备案也成了非选项。三是转型为网络小额贷款公司。在征信体系不健全、催收成本高企、出借人明显劣势和金融科技基础设施羸弱的客观条件下，暂时砍掉“P2P”中资金端的“P”，将风险外溢萎缩成点是目前最现实的结果。因此，P2P网络借贷平台转型为网络小额贷款公司是短期内唯一的路径选择。

P2P网络借贷机构转型为持牌的网络小贷机构已水落石出，也标志着我国P2P网络借贷的阶段性存在窗口或许已经关闭。但是，随着我国将区块链技术作为核心技术自主创新的重要突破口，区块链技术完全可以实现我国社会体系的可信化，通过智能合约与数字资产自动划转交易，可以极大地保证出借人的权益并改变出借人的劣势地位，而且区块链技术给所有借贷利益相关方都提供了全透明、可溯源和难篡改的交易账本，非常有利于监管层应用监管科技实施有效监管，这些金融基础设施的完善和创新性生态制度的保证，才能真正让 P2P 网贷作为信息中介稳健可控和持续健康发展。可以预见，未来 P2P 网络借贷在我国还会再次兴起，也将会真正成为个体和机构的重要投融资方式。

回顾小结

本章首先从征信的概念、人民银行个人征信、大数据信用和公开信用数据获取方式方面介绍了征信的基础知识。然后，阐述了 P2P 网络借贷征信管理的发展阶段，归纳了 P2P 网络借贷常用的五种风险控制模式，分析了 P2P 网络借贷机构的五种主要风险及规避对策。总结了我国 P2P 网络借贷监管演进的四个阶段，剖析了美国和英国的 P2P 网络借贷监管体系，并对中国、美国和英国的监管模式进行对比。最后，对我国 P2P 网络借贷发展前景进行展望，我国 P2P 网络借贷未来短期内成为持牌机构是必然选择。

动动脑、动动手

1. 查阅美股上市公司宜人金科平台（原“宜人贷”平台）近两年的财报，找出该平台在线上和线下的获客成本投入额并分别分析线上和线下获客成本变化的原因。

2. 中国人民银行个人征信报告主要包括哪些个人信用信息？

3. P2P 网络借贷细分模式中的车贷模式被 P2P 网络借贷从业人员和风险投资机构普遍看好，请问理由是什么？你认为有哪些措施可以防控车辆抵押借款标的的风险？

4. 你认为区块链技术会对 P2P 网络借贷行业的转型和监管带来哪些积极变化？

5. 如果你准备投资 P2P 网络借贷产品，你会通过哪些渠道来获取目标 P2P 网络借贷机构的各种信息，以作出理性的投资决策？

第5章

众筹概述

知识要点

✓ 众筹的概念
✓ 众筹的主体及架构
✓ 众筹的分类
✓ 众筹的特征
✓ 我国众筹的发展现状

案例导读

第一部众筹成功的电影《西游记之大圣归来》

截至2015年7月30日，国产3D动画电影《西游记之大圣归来》（以下简称《大圣归来》）上映20天便获得了7.3亿元票房收入，一时间好评如潮。它不仅是第一部票房超过好莱坞动漫电影的国产大片，而且是第一部众筹成功的国产电影。参与《大圣归来》投资的众筹投资人有89位，共计投入780万元，兑付时预计获得本息约3000万元。换言之，89位众筹投资人历经几个月的等待期，平均每人可获益约25万元，众筹这一互联网金融投融资方式再次引发关注。

2014年12月17日，《大圣归来》进入最后的宣传发行阶段。那时，这部电影已经筹备了近8年的时间，投资人的压力可想而知。一部缺少明星与话题的动画片，如何成功地吸引观众呢？电影出品方也认为，如果按照电影的老套路，《大圣归来》票房收入最多1亿元。业内很多资深人士甚至更悲观，预估最高达到8000万元。为此，出品方在微信朋友圈发了一条消息，众筹《大圣归来》的宣发经费，同时也承诺保底分红，这一举措给了投资人很大信心。出乎意料的是，从当天上午11时50分到下午3点多，已经有超过70位朋友加入了这个名为“大圣”的电影众筹微信群里。出品方起初设定了1万元和10万元两个单位的众筹项目，但是仅用了4个小时，就募集到500多万元。一周之后，《大圣归来》共筹集了780万元，参与此次众筹投资的有89人。众筹投资人以个人名义直接入股《大圣归来》的领衔出品方“天空之城”，直接参与到这部合计投资约6000万元的电影项目中。出品方充分利用股权众筹机制，让89名投资人深度参与电影的宣发过程，大家每天都在众筹群里出谋划策、贡献资源，他们成为了该电影的第一批“铁粉”，不仅在《大圣归来》上映初期包了200多场，还充分调动各自的资源为《大圣归来》推广，这是《大圣归来》成功的原因之一。

图5－1　《大圣归来》电影宣传画

在移动互联网、社群经济迅猛发展的环境下，互联网众筹让一部动画电影创造了多个纪录，这恰好说明众筹能把社会上碎片化、离散化和多元化的资源进行价值整合与创造，它将是一个未来前景广阔的新金融模式。

5.1　众筹的概念

“众筹”一词来源于英文单词Crowdfunding（译为：大众出资），是一种大众通过互联网相互沟通联系并汇集资金支持其他组织和个人发起活动的集体行动。企业或个人通过互联网表明筹资需求、宣传筹资项目，大众根据情况选择项目进行小额投资并获得一定报酬。因此，众筹是利用互联网将公众资源通过金融活动进行整合而实现价值创造的过程。

在国外，众筹最早可追溯至18世纪莫扎特等著名音乐家以及亚历山大等著名作家采取订购的方式筹集资金。作品完成后，订购者会获得一本有作者签名的书籍或乐谱副本，或成为音乐会的首批听众。当然，若考虑捐赠性质的众筹，历史之久远更是无从考究，比如大家集资修桥修路，一些宗教组织募捐集资建造寺庙、教堂等皆属众筹之列。

现代众筹一般是指筹资方利用互联网渠道宣传推介，为某一项目或目标筹资。2005年，美国开始出现一些为企业和个人提供众筹服务的网站。但互联网众筹模式确立的标志性事件是2008年美国综合类众筹平台Indiegogo的成立和2009年创意方案众筹网站平台Kickstarter的上线。自此，互联网众筹开始进入大众的视野。Indiegogo目前仍然是美国最为知名的众筹平台，网站如图5－2所示。2012年，美国颁布了《促进创业企业融资法案》(Jumpstart Our Business Startups Act，又称 JOBS 法案)，为众筹投融资活动提供了明确的法律保障。

图 5-2　Indiegogo 官网

（数据来源：Indiegogo 官网，http：//www. indiegogo. com）

2011 年，中国首家众筹平台“点名时间”产品众筹上线，标志着互联网众筹从美国正式传入中国。经过近 9 年的发展，在借鉴美国、英国等众筹先进国家操作模式的基础上，众筹中国化和本土化创新也遍地开花。

5.2　众筹的主体及架构

5.2.1　众筹的主体

众筹的主体包括项目发起人（融资方）、项目出资人（投资人）和众筹平台（类似于传统的证券中介机构）。

（1）项目发起人。项目发起人，又称融资方，是需要解决资金问题的创意者或小微企业的创业者，但也有个别企业为了加强用户的交流和体验，并强化众筹模式的市场调研、产品预售和宣传推广等延伸功能，以项目发起人的身份号召公众（潜在用户）介入产品的研发、试制和推广，以期获得更好的市场响应。

（2）项目出资人。项目出资人，又称投资人，往往是数量庞大的互联网用户，他们利用在线支付方式对感兴趣的创意项目进行小额投资，成为“天使投资人”。公众投资的项目成功实现后，获得的不一定是资金回报，有可能是一个产品样品，例如一块智能手表、一场演唱会的门票、一张唱片。出资人资助创意者的过程就是其消费资金前移的过程，这既提高了生产和销售等环节的效率，生产出原本依靠传统投融资模式无法推出的新产品，也满足了出资人作为用户的小众化、细致化和个性化的消费需求。

（3）众筹平台。众筹平台是连接项目发起人和项目出资人的互联网平台，是项目发起人的监督者和辅导者，也是出资人的利益维护者。上述多重身份的特征决定了众筹平台的功能复杂、责任重大。首先，众筹平台要拥有网络技术支持，根据相关法律法规，采用虚拟运作的方式，将项目发起人的创意和融资需求发布在虚拟空间里。实施这一步骤的前提是在项目上线之前进行细致的实名审核，并且确保项目内容完整、可执行和有价值，确定没有违反项目准则和要求。其次，在项目筹资成功后要监督、辅导和把控项目的顺利开展。最后，如果项目无法执行，众筹平台有责任和义务督促项目发起人退款给出资人。

5.2.2　众筹的主体架构

众筹的主体构架及流程如图5－3所示，主要有四个步骤。

（1）提交项目。项目发起人向众筹平台提交项目，众筹平台对项目进行审核，如果符合平台项目发布标准，则在平台发布项目发起人提交的项目。

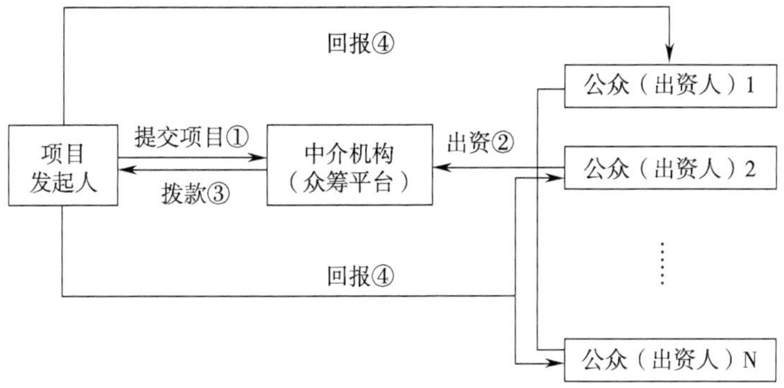

图5－3　众筹的主体构架及流程

（2）投资人出资。投资人根据自己的喜好对项目进行出资，其在途资金暂存在第三方的托管账户中。

（3）拨款。达到项目发起人的筹资要求后，众筹平台将资金从第三方托管账户划拨至项目发起人账户。

（4）回报。项目发起人在项目完成后，根据筹资前的承诺给出资人相应的回报。

5.3　众筹的分类

国际证券业协会根据融资人对出资人的回报方式将众筹分为捐赠众筹、权益众筹、债权众筹和股权众筹四种类型，但众筹在我国经过创新发展，又产生了物权众筹和包括上述五种类型中两类及以上的综合众筹。

5.3.1　捐赠众筹

捐赠众筹（Donate－based Crowdfunding）是单纯的赠与式筹资，创意者无须向投资者提供任何形式的回馈。投资人更多的是考虑创意项目带来的心理或精神上的满足感。比如美国的捐赠众筹平台YouCaring、我国的捐赠众筹平台腾讯公益，分别如图5－4和图5－5所示。

图 5-4　YouCaring 捐赠众筹平台

图 5-5　腾讯公益众筹平台

捐赠众筹主要受《中华人民共和国合同法》、《中华人民共和国公益事业捐赠法》、《救灾捐赠管理办法》和《基金会管理条例》等法律法规和政策监管。

5.3.2　权益众筹

权益众筹（Reward-based Crowdfunding），又称奖励众筹或产品众筹，是指筹资人在项目完成后给予投资人一定形式的回馈品或纪念品的筹资模式。回馈品大多是项目完成后的产品，比如产品的优惠券和预售优先权。目前，我国权益众筹一般是预售类项目，团购自然包括在内，但权益众筹与团购存在商业逻辑上的根本不同。商品团购利用的是规模效应，集合了类似客户的相近需求，利用商品的通用性，尽可能扩大采购规模，有效降低采购成本。权益众筹则是针对性地满足潜在客户的个性化需求，将特殊需求的长尾集中起来，达到可经营规模。权益众筹在新产品的设计上须充分了解客户的需求，只有满足了支持者的需求，有了一定的预订量并收到了预订款项后，才会进行生产。

（1）我国权益众筹的现状

2018 年上半年众筹项目统计结果显示，权益型众筹成功项目为 7169 个，分布在全国12个省级行政区，地区分布差异明显。从金额上看，北京和浙江成功项目实际融资额远超其他地区。规模前十的平台融资总额约为52亿元，占2018年上半年整个权益市场规模的97.86%。多彩投和开始吧两家平台分别以15.5亿元和14.4亿元领先，与排名第3的京东众筹7.4亿元及排名第4的淘宝众筹4.9亿元拉开了一定的差距。但若以成功融资项目数排名，京东众筹和淘宝众筹分别以1165个和935个位列第一和第二，高于排名第三的点筹网878个和排名第四的苏宁众筹655个。

（2）权益众筹的优点

权益众筹有以下两个突出优点。

一是可以降低融资门槛，有效促进微创业。微创业，是指使用微小的成本，以微平台或网络平台为重要载体，在细微的领域进行创意开发的创业活动。其主要特点是可批量制、投资微小、产生效益快。微创业是缓解当前我国大学生就业压力的有效途径之一。但是，在目前金融管制的大背景下，民间融资渠道不畅、融资成本较高等问题阻碍了微创业的发展，而权益众筹是一种更大众化的融资方式，它为微创业者提供了获得成本更低、效率更快的资金的可能，可以更好地解决“融资难”问题。项目发起人通过众筹平台把大众的微小资金汇集起来，以获得从事某项创业活动的资金，投资人也可以参与项目的策划、咨询、管理与运营。由于互联网的开放性特征，投资人不受地区、职业和年龄等限制，只要具有一定的资金能力、管理经验和专业技能即可。这种依托众筹平台的微创业活动在实现了“众人集资、集思广益、风险共担”的众筹理念的同时，也为微创业者积累了经验和人脉。

二是可以激发“草根”创新，拉近生产者与消费者的距离。权益众筹不仅是一种投融资活动，还是一种激发“草根”创新的特殊模式。互联网的技术特征和商业民主化进程决定了“草根”创新时代的到来，每个人（文艺、科技人才等）都可以发挥自身的创新与研发优势，并借助社会资源把自己的创意变为现实产品。权益众筹为每个“草根”创新者（即项目发起人）提供了获取资金、市场和人脉等重要资源的平台，而不同的投资人因为有着不同的专业背景及价值观，可以直接对项目提出自己的观点和意见，项目发起人会对此认真评估并进一步完善方案。双方的互动拉近了生产者与消费者之间的距离，这种注重用户交流和体验的行为类似于“大规模定制”，极大地降低了产品的市场风险。

（3）权益众筹发起流程

① 团队产生一个既有趣又容易实现的商业创意或样品。

② 由专业众筹导师做众筹设计。创业导师需要熟悉金融逻辑、法律逻辑、商业逻辑、心理逻辑，对要素做分层设计，包括纵向分层与横向分层。同时，签订委托设计合同。

③ 与未来能实现该商业创意的生产单位签订合作意向书。例如图书需要和出版社签订出版发行意向书，智能硬件需要和电子生产企业签订委托加工意向书。

④ 与传媒机构签订合作协议。文案编写一个打动人心的故事，传媒机构负责众筹产品上线后的宣传推广。

⑤ 与众筹平台签订合作协议，产品上线。既可以找京东众筹、淘宝众筹、众筹网这样的专业众筹网站，也可以利用免费的微信、QQ 等社交网站发布众筹产品进行众筹。

⑥ 众筹达到预定目标后与支持人签订产品预购协议或者劳务协议，包括捐赠协议、入股协议、债务协议等，视众筹类型而定。

⑦ 吸收众筹过程中支持者对产品的改进意见，得出最终设计方案，由生产单位生产出产品。

⑧ 交付产品或者服务，并听取反馈。

5.3.3 股权众筹

股权众筹（Equity－based Crowdfunding），又称互联网非公开股权融资，是指投资者为项目投入资金后享有该项目的股份或其他与项目有关且具有股权性质的衍生工具的筹资模式，它是众筹中风险最大、投资素质要求最高、流程最为复杂的一种模式。相关内容本书以后章节将有详细介绍。

5.3.4 物权众筹

物权众筹（Property－based Crowdfunding），是通过互联网向大众筹集资金用于收购实物资产，再通过资产升值变现获取利润的众筹模式。其中，房产众筹和汽车众筹是最典型的物权众筹。

5.3.5 混合众筹

混合众筹是投资者对项目或公司进行投资，并获其债权、股权、收益权等两种及以上回报的筹资模式。

5.4 众筹的特征

5.4.1 融资模式开放

与传统融资方式相比，众筹更为开放。其特点是草根化、平民化，无关发起人和资助人的年龄、身份、职业等，也不再以项目的商业价值作为能否获得资金的唯一标准。企业在平台网站上展示项目，让更多的媒体、消费者和投资人获取项目信息，进而通过众筹方式获得项目启动的第一笔资金。

5.4.2 融资门槛低

现在许多众筹网站主打的一个卖点是“实现你的梦想”，潜台词是“之前创业门槛高，众筹帮你降低这个障碍”。事实上，众筹平台的确帮助众多草根创业者融到资金，并推出既定产品。于草根创业者而言，如果走传统的融资路线会比较艰难，风险资本可能不看好其项目。

5.4.3 风险众担

项目通过众筹向出资人筹资，出资人对众筹项目或产品的认可与评价就是一份市场调查，在一定程度上反映了项目或产品未来的市场前景。众筹模式的一个隐性价值在于先让消费者出钱，再去制造产品。如果项目融资成功，并且实际的研发与生产过程一切顺利，将在很大程度上降低创业成本与风险。

5.4.4 营销前置

众筹平台是一个非常理想的广告平台，不论项目融资成功与否，都相当于一次宣传。有些人看到别人一拥而上帮你把钱凑齐后就会被吸引，从而成为潜在客户。只要能够进入融资环节，项目发起人就会将项目进行展示，潜在投资人都能看到。

5.4.5 有效吸引潜在长期支持者

最早对项目提供支持的出资人都是潜在的铁杆粉丝，这些出资人甚至有望成为项目成员。只有当出资人对项目感兴趣时，才会心甘情愿地献资献智。因此，出资人的每笔出资都可能是项目成长的潜在资源和动力。

5.5 我国众筹的发展现状

5.5.1 众筹平台的数量

网络借贷之家联合盈灿咨询和人创咨询两家机构调查统计显示，截至2019年10月，全国共有上线众筹平台近900家，但正常运营众筹平台只剩72家，比2018年12月减少约50%，仅是2016年12月近七年最高数的13.5%。如图5-6所示，2016年是众筹行业的一个转折点，目前整个行业还处于洗牌整理期。

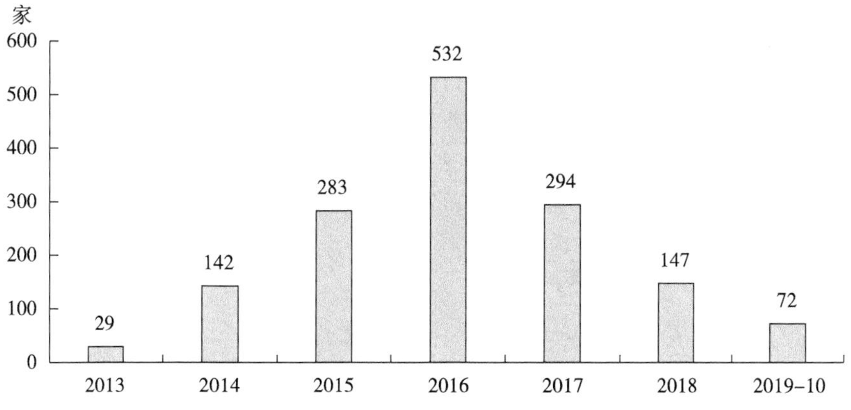

图5-6 2013年至2019年10月全国正常运营众筹平台数量

（数据来源：盈灿咨询、人创咨询）

5.5.2 众筹平台的上线时间分布

截至2018年6月底，国内上线众筹平台共计854家。如图5-7所示，2011年上线3家；2012年上线11家；2013年上线20家；2014年开始激增，共有169家平台上线，占上线平台总数的19.79%；2015年强势增加，共有289家平台上线，占上线平台总数的33.84%；2016年有所回落，共有283家平台上线，占上线平台总数的33.14%；2017年上线平台骤减到70家；2018年上半年，上线平台数仍处于颓势，仅有9家新增平台。

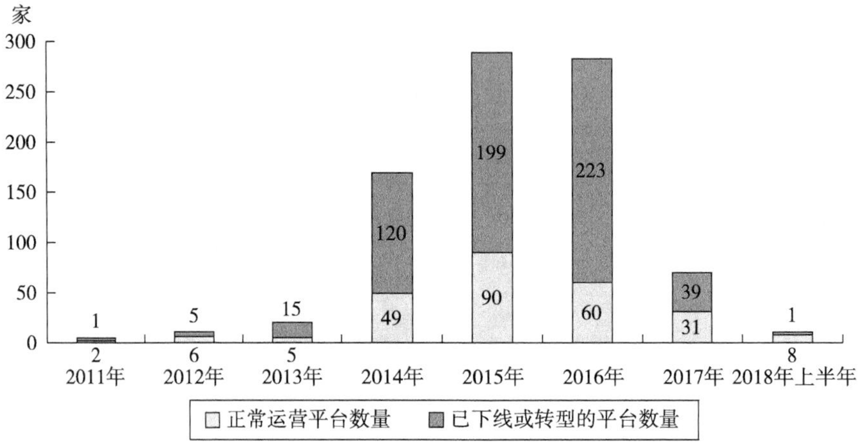

图5-7 众筹平台上线时间分布

（数据来源：人创咨询）

854家众筹平台中已下线或转型的共有603家，正常运营的仅剩251家，2011年至2013年期间上线的34家平台中，仍正常运营的有13家，占三年上线总平台数的38.23%；2014年上线的平台中仍正常运营的有49家，占当年上线平台数的28.99%；2015年上线的平台中仍正常运营的有90家，占当年上线平台数的31.14%；2016年上线的平台中仍正常运营的有60家，占当年上线平台数的21.20%；2017年上线的平台中仍正常运营的有31家，占当年上线平台数的44.29%。

值得关注的是，2018年上半年上线的众筹平台仅9家，其中1家已下线。新增平台中有6家为物权型众筹平台，其中大部分为汽车众筹平台。权益型众筹平台2家，公益型众筹平台1家。

5.5.3 众筹平台的地域分布

截至2018年6月底，251家正常运营平台已分布在24个省级行政区中。从图5-8可以看出，经济较发达的沿海地区是众筹平台的主要集中地。其中，北京的平台最多，有65家，占比25.90%；广东46家，占比18.33%；浙江27家，占比10.76%；上海26家，占比10.36%；山东17家，江苏12家，其余地区平台较少。据不完全统计，

2018 年上半年上线的 9 家众筹平台中，浙江、江苏和山东各 2 家，上海、河南和福建各 1 家。

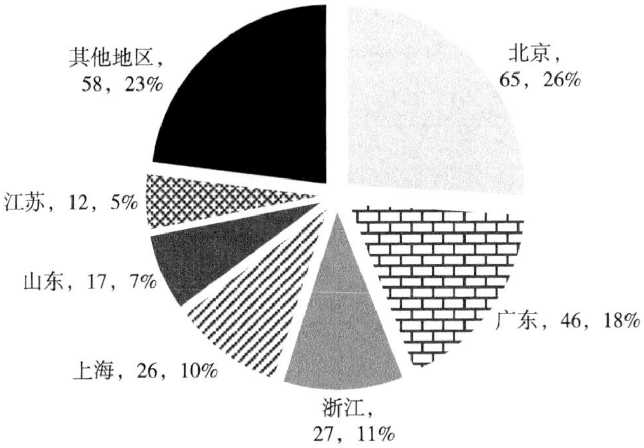

图 5－8　全国正常运营众筹平台地域分布

（数据来源：人创咨询）

5.5.4　众筹平台的成功融资规模

虽然历年全国正常运营的众筹平台数在 2016 年出现了拐点，但是众筹平台历年实际融资规模却并未出现转折，仍稳步增长。如图 5－9 所示，2018 年上半年成功项目的实际融资额高达 137.11 亿元，与 2017 年同期相比增长了 24.46%。这说明众筹行业的市场集中度在不断提高，一些平台已经探索出具有独特优势的发展模式，并开始大力扩张，市场占有率迅速提高，致使经营不善的平台逐渐退出市场。

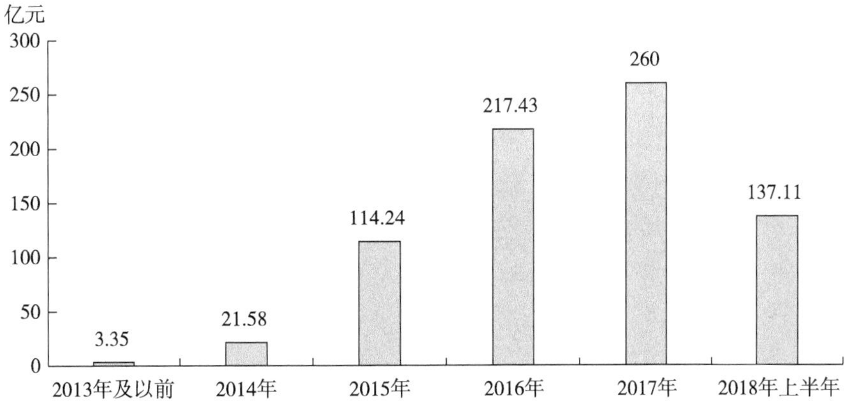

图 5－9　历年众筹平台成功筹资金额

（数据来源：盈灿咨询、人创咨询）

5.5.5 众筹平台的类型分布

如表5－1所示，截至2019年10月底，全国正常运营平台中股权型平台有25家，权益型平台有26家，物权型平台有9家，混合型平台有8家，捐赠型平台有4家。

表5－1　2016年至2019年10月全国正常运营众筹平台类型　单位：家

时间	类型				
	股权型	权益型	物权型	混合型	捐赠型
2016年	133	149	155	82	13
2017年	89	90	62	41	12
2018年	52	47	22	18	8
2019年10月	25	26	9	8	4

数据来源：人创咨询。

从表5－1看，物权型众筹平台占比下降最大，从2016年的29.14%下降至2019年10月的12.5%，主要是由于众筹行业风险整治及平台自身诸多因素导致的。2017年开始，物权型众筹平台出现“暴雷潮”，占比下降幅度超过一半。其次是混合型众筹平台，占比从2016年的15.41%下降至2019年的11.11%。占比增长最快的首先是股权型众筹平台，其次是权益型平台，最后是捐赠型平台。虽然股权型众筹平台受政策影响最为明显，但占比不降反升，这恰好证明了其顽强的生命力和市场根基。

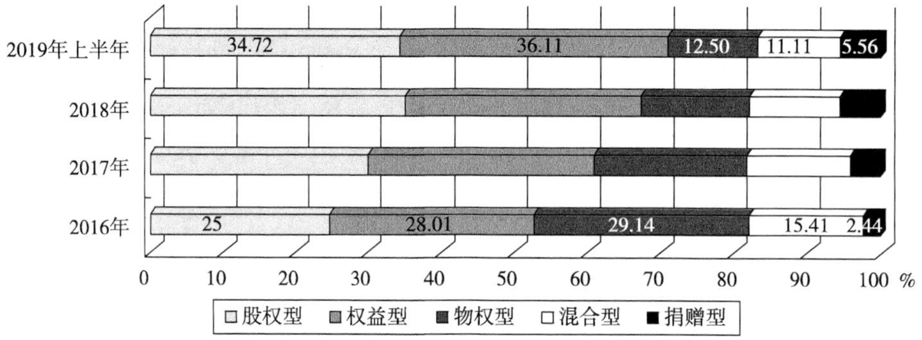

图5－10　历年众筹平台成功筹资金额

（数据来源：人创咨询）

5.5.6 众筹平台的融资项目情况

融资成功项目数量与历年实际融资规模类似，也并未在2016年出现拐点。如图5－11所示，2018年上半年众筹项目共有48935个，其中成功项目有40274个，高于2017年上半年的31552个，接近2016年全年融资成功项目数量的83.15%。

如表5－2所示，按照众筹平台类型对融资成功项目数量进行统计，2018年上半年

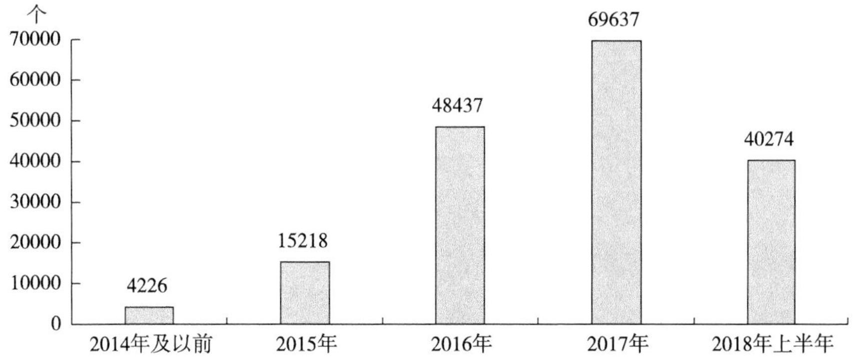

图5－11　历年众筹平台实际融资成功项目数量

（数据来源：人创咨询）

物权型项目有28010个，成功项目27976个，成功项目融资额达69.13亿元；权益型项目有12171个，成功项目7169个，成功项目融资额达53.14亿元；股权型项目有875个，成功项目253个，成功项目融资额约12.99亿元；捐赠型项目有7879个，成功项目4876个，成功项目融资额约1.86亿元。

表5－2　融资项目细分统计情况

项目类型	总项目数（个）	成功项目数（个）	成功项目预期融资额（亿元）	成功项目实际融资额（亿元）	成功项目支持人次（万）
物权型	28010	27976	69.13	69.13	38.48
权益型	12171	7169	12.74	53.14	688.28
股权型	875	253	9.53	12.99	1.52
捐赠型	7879	4876	9.76	1.86	889.78
总计	48935	40274	101.16	137.11	1618.06

5.5.7　众筹平台的监管主体

我国将债权众筹P2P单独归类为一种互联网金融业态，并由银保监会监管。捐赠众筹因不涉及金融与商业属性，所以不是本书讨论的重点。因此，我国众筹一般是指股权众筹、权益众筹和物权众筹三种模式。权益众筹回馈并不涉及资金，在我国没有被划归为互联网金融业态，由工商部门监管。不可否认的是，权益众筹有很高的商业价值，在我国发展迅速，已成为我国众筹行业的中流砥柱。股权众筹则代表着一种新型小微企业涉众权益性融资的新业态，由证监会监管，并授权中国证券业协会自律管理。目前，仅有物权众筹平台不具备法规文件将其划归至具体的监管主体，这也是2018年上半年物权众筹平台新增数量最多的原因。不过随着地方主体监管责任的明确与落实，物权众筹至少会被划归地方金融监管主体进行监管。

回顾小结

本章讨论了众筹的定义，分析了众筹的主体及其架构，介绍了众筹的五种分类，总结了众筹的五个特征，最后从全国众筹平台的数量、上线时间分布和众筹平台监管主体等七个方面讲述了众筹在我国的发展现状。

动动脑、动动手

1. 众筹的主体有哪些？
2. 众筹分为哪几种类型？
3. 众筹的主要特征有哪些？
4. 众筹平台地域分布上有哪些现象？原因是什么？
5. 浏览一个众筹平台的官方网站，进行注册并简述其业务模式。
6. 案例分析：牛牛养车是永联科技有限公司旗下的汽车后市场保养维修连锁经营品牌。为筹集资金实现跨越式发展，牛牛养车依托“开始吧”众筹平台，创新推出了“混合众筹”方案：投资人参与众筹最低投资1股，金额为1万元，除了享有永联科技0.1%的股份外，还将获得牛牛养车消费权益。该消费权益将以预付费汽车服务卡的形式，在投资款到账、众筹成功后发放给投资人，投资人可以用该卡在规定时间内，享受牛牛养车的洗车、汽车美容、保养、维修、加装等汽车维护服务以及机油、机滤（不含轮胎）等汽车后市场商品。请结合所学知识，回答以下问题：

（1）众筹的主体架构包括哪几个部分？

（2）从众筹的模式分类看，上述“混合众筹”方案具体涉及哪几类众筹？

第6章

股权融资基础

知识要点

✓ 股权的概念
✓ 股权融资的企业形式
✓ 不同企业的持股比例与控制权
✓ 初创企业股权分配的原则
✓ 企业成长的融资阶段
✓ 股权融资的主要交易流程

案例导读

真功夫的股权悲剧

广州市真功夫餐饮管理有限公司（以下简称真功夫）的前身是168甜品屋，由潘宇海于1990年在东莞创立。1994年，蔡达标夫妇（潘宇海的姐夫和姐姐）出资4万元加入168甜品屋，潘宇海占股50%，蔡达标夫妇各占股25%。1997年168甜品屋为扩大规模，几个股东共同注册了“双种子饮食公司”，股权结构保持不变。2004年重新进行品牌策划，启用“真功夫”新品牌。随后真功夫的发展已经遍布全国发达地区近40个城市，成长为中式快餐行业第一品牌，拥有570家直营门店和近2万名员工。2007年，蔡达标开始在企业内部实施“去家族化”改革，推行标准化管理，并从肯德基、麦当劳等引进一批高管，进一步削弱了潘宇海管理团队在公司内部的力量。2007年10月，真功夫引进两家风险投资公司“今日资本”和“中山联动”，各投资1.5亿元，各占3%的股份，蔡达标和潘宇海的股权同时被稀释到了47%，股权关系变化如图6-1所示。但在后来的公司发展过程中，蔡达标和潘宇海因种种原因，公司管理权的斗争白热化，由于双方股权均等，两个投资方也无法协调。2009年，潘宇海要求清查真功夫财务账目也被拒，潘宇海随即起诉真功夫。2010年2月，法院判决真功夫拒绝大股东查账行为违法，要求其将相关账务信息交会计师事务所审计。2013年12月

13 日，广州市天河区法院认定，真功夫前董事长蔡达标职务侵占和挪用资金两项罪名成立，判处其有期徒刑 14 年，没收个人财产 100 万元。

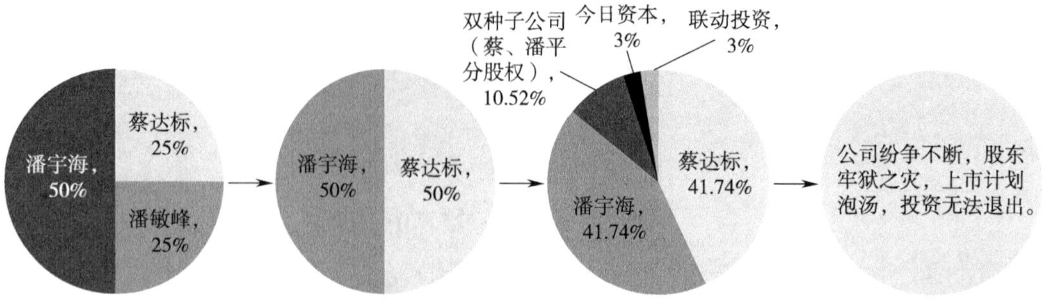

图 6-1　真功夫股权关系变化图

“真功夫”始于亲属（姐夫、姐姐和小舅子）一起同甘共苦创业，公司做大后在利益面前开始离心离德，以致同室操戈，最后蔡达标入狱，令人唏嘘不已。这其中有诸多原因，但是公司创立初的股权分配不合理是重要因素。因此，真功夫也成为创业企业股权分配失败的典型案例。股权众筹是创业企业初期的投融资模式，投资人只有了解股权内涵、股权结构、交易流程和退出机制等相关方面的知识，才能避开诸多的股权众筹投资雷区，最大可能地提高投资成功性。

6.1　股权的概念

6.1.1　股权的定义

在“大众创业，万众创新”的创业浪潮和我国资本市场不断发展和完善的背景下，股权被认为是打开未来财富大门的钥匙。特别是随着股权众筹等新金融形式的兴起，越来越多的普通民众开始尝试并且期待通过股权来获得收益。那么，什么是股权？股权是指股东向公民合伙或向企业法人投资因出资而取得的、依法定或者公司章程的规定和程序参与事务并在公司中享受财产利益的、具有可转让性的权利。不过，股东在享有股权的同时也承担一定的责任和义务。

6.1.2　股权的权利

股东拥有股权享有的权利有以下两种。

（1）自益权

股东基于自己的出资而享受经济利益的权利。比如，获得股息红利的权利、公司解散时分配财产的权利以及其他股东转让股权时的优先购买权。自益权是股东为了自己的利益而行使的权利。

（2）共益权

股东基于自己的出资而享有的参与公司经营管理的权利，如表决权、监察权、请求召开股东会的权利、查阅会计表册权等。共益权是股东为了公司利益，同时兼为自己利益行使的权利。

6.2 股权融资的企业形式

6.2.1 合伙企业

合伙企业，是指自然人、法人和其他组织依照《中华人民共和国合伙企业法》（以下简称《合伙企业法》）在中国境内设立的普通合伙企业和有限合伙企业。普通合伙企业由2人以上普通合伙人（General Partner，GP）（没有上限规定）组成，合伙人对合伙企业债务承担无限连带责任。有限合伙企业由2人以上50人以下的普通合伙人和有限合伙人（Limited Partner，LP）组成，其中普通合伙人至少有1人，当有限合伙企业只剩下普通合伙人时，应当转为普通合伙企业，如果只剩下有限合伙人时，应当解散。普通合伙人对合伙企业债务承担无限连带责任，有限合伙人以其认缴的出资额为限对合伙企业债务承担责任。无限连带责任即无限清偿责任，指投资人对企业债务不以其投入的资本为限，当企业负债摊到他名下的份额超过其投入的资本时，他除以原投入的资本承担债务外，还要以自己的其他财产继续承担债务。所以有限合伙人是只有知情权和监管权，没有决策权的。

（1）合伙企业的优点

一是合伙企业出资灵活。普通合伙人可以用货币、实物、知识产权、土地使用权或者其他财产权利出资，也可以用劳务出资，而有限合伙人不得以劳务出资。二是享受税收优惠。合伙企业的生产经营所得和其他所得，按照国家有关税务和《合伙企业法》规定，由合伙人分别缴纳所得税。我国创业投资企业选择有限合伙而不选择公司形式的其中一个重要原因是税收优惠。由合伙人自己缴税，避免双重税赋。分配机制灵活。有限合伙的收益或利润分配完全由合伙人之间自由约定，不受出资比例的限制。

（2）合伙企业的缺点

一是规模有限。合伙企业没有法人资格，不能发行股票和债券，这使得合伙企业的规模不可能太大。二是普通合伙人风险大。普通合伙人需承担无限连带责任，风险极大，也决定了有限合伙人无实际决策权。通常会通过有限责任公司担任普通合伙人来回避普通合伙人的无限连带责任风险。三是存续期限存在不确性。任何一个合伙人破产、死亡或退伙都有可能导致合伙企业解散。四是出资股份转让难度大。任何一个合伙人要对外转让出资，需要全体合伙人同意。

6.2.2 有限责任公司

有限责任公司，又称有限公司。有限责任公司指根据《公司法》规定登记注册，由50个以下的股东出资设立，每个股东以其所认缴的出资额对公司承担有限责任，公司以其全部资产对其债务承担责任的经济组织。有限责任公司是初创企业最常见的形式。股东可以只有一个人，这时被称为一人有限责任公司，也简称“一人公司”“独资公司”或“独股公司”。但是，如果法人代表无法解释个人资产与公司资产的相关性，也需要担任无限连带责任。

（1）有限责任公司的优点

一是有限责任公司的设立程序比较简单。设立方式有发起设立和募集设立两种，通常采用发起设立。二是有限责任公司的组织结构比较简单。有限责任公司股东人数有最高数量的限制。由于有限公司的股东人数比较少，有时仅有两个或者更少，所以，并不要求有限责任公司必须设立股东会。三是有限责任公司的信息披露稍为缓和。财务状况通常只需对公司股东公布，而无须对社会公众公布。四是有限责任公司的决策权归属可以由股东自主协商决定。

（2）有限责任公司的缺点

一是出资转让难度较大。有限责任公司的股东出资转让需要经一半以上的股东同意才可以，且原合伙人具有优选购买权。二是默认决策权按出资决定。如果股东协议和公司章程没有另外约定，公司决策权则完全由出资比决定。三是存在一定道德风险。有限责任公司由于采用有限责任制度，难免会出现个别股东滥用公司形式逃避责任和风险。

6.2.3 股份有限公司

股份有限公司，又称股份公司，是指根据《公司法》规定登记注册，具有 2 人以上 200 人以下为发起人，其全部资本分为等额股份，股东以其所持股份为限对公司承担责任，公司以其全部资产对公司的债务承担责任。目前，我国股份有限公司多数都是上市公司。股份有限公司要求发起人至少 2 人，同时须有半数以上的发起人在中国境内有住所，股东人数不得少于法律规定的数目，股东人数最少为 7 人。非公众股份公司要转换为公众上市股份公司，股东不可以超过 200 名。正常情况下，企业处于初创期，是不太可能选择股份有限公司的。如果创业公司有较为成熟的人员配备和资金实力，目标上市，股份公司是比较好的选择，这样可以节省有限责任公司转换为股份有限公司的成本。

（1）股份有限公司的优点

一是股份公司同股同权。根据我国《公司法》的规定，股份有限公司同股同权，即一个股份一个表决权。中国内地 2019 年之前和中国香港 2018 年之前公开的资本市场是不允许同股不同权的股权公司挂牌交易的，但许多科技创新企业，特别是互联网企业，发展早期需要大量资金投入，初创企业必须用股权置换外部资本。但是为了牢牢掌握企业的管理控制权，企业会采用同股不同权的股权架构模式，管理层以少量的股份获得大量的投票权。因此将公司股票分高、低两种投票权利，低投票权的股份称为 A 类股，1 股只有 1 票甚至 0 票投票权。高投票权的股份称为 B 类股，每股具有 N 票（一般为 10 票）的投票权。B 类股主要由管理层持有，流通性较差，一旦交易转手，B 类股会转化为 A 类股，所以同股不同权的模式又称为 AB 股模式。美国的公开证券交易所是允许 AB 股权架构模式的公司上市的，这就是中国诸多著名的互联网企业在美国上市的原因。2014 年，阿里巴巴在美国二次上市，上市募集资金超过 200 亿美元，是当时全球最大的首次公开募股（IPO）交易，为纽交所带来了持续不断的丰厚回报。本来阿里巴巴上市首选地是香港联交所，但香港联交所以不接受 AB 股权架构公司挂牌为由拒绝了阿里巴巴的上市。可是，金融创新服务科技创新是历史的必然趋势，2018 年香港联交所终于修改了上市规则，小米公司成为香港联交所首只“同股不同权”挂牌科技企业。当然可喜的是，阿里巴巴终于在 2019 年再次在香港联交所挂牌上市。中国内地在 2019 年推出上海科创板，同股不同权的公司也可以在中国内地上海科创板挂牌上市。二是股份有限公司可以借助资本市场挂牌公开募资，从而突破股东数 200 人的限制。三是股份有限公司股权转让自由。公司股东向他人转让自己所持有的股权无须其他股东同意，其他股东没有优先购买权。四是节约改制成本。股份有限公司完全规避了有限责任公司改制为股份有限公司的净资产出资问题。

（2）股份有限公司的缺点

一是股份有限公司的人员和机构运维成本较高。股份有限公司至少需要 5 名董事，3 名监事，董事会、监事会一年需开会两次，股东大会至少一年一次。由于公开涉众融资，都依规按时进行财务信息披露，这都需要一定的成本。二是股份有限公司有被恶意收购的风险。公司股东向他人转让自己所持有的股权无须其他股东同意，第三方有机会通过各种方式收集公司股份而达到控制公司的恶意收购目的。“宝万股权之争”就是典型的恶意收购案例。三是股份转让有限制期规定。比如，公司成立一年内股份不得转让，如果公司挂牌上市，董事、监事、高管任职期间股份转让有限制等。四是小股东的利益具有不确定性。股份有限公司小股东虽然持有公司股份，但却极少获得有效的表决权，其利益容易被大股东侵蚀。

6.3 不同主体的持股比例与控制权

创始人通常是企业运营过程中付出资金和精力最多的人。创始人只有拥有相应的企业控制权才能决定公司发展的方向和成长速度。创始人如果没有企业相应的控制权，不但根本无法实施创始人制定的企业发展战略，导致企业无法顺利融资，还有可能使企业陷入无休的内耗，甚至失去享受企业发展成果的权利。

6.3.1 合伙企业的持股比例与控制权

（1）普通合伙企业的控制权规则

普通合伙企业中每个合伙人都对合伙企业债务承担无限连带责任，所以每个合伙人都有一样的表决权，合伙人对合伙企业有关事项作出决议，按照合伙协议约定的表决办法办理。合伙协议未约定或约定不明确的，实行合伙人一人一票并经全体合伙人半数通过的表决办法。一般情况下，普通的初创企业由于承担风险太大不会选择普通合伙企业，所以普通合伙企业的控制权与持股比例没有直接关系。在国内知名的普通合伙制企业都是服务性第三产业，比如律师事务所、会计师事务所，它们又被称为特殊的普通合伙企业，不过责任承担与普通合伙企业存在较大的差异。

（2）有限合伙企业的控制权规则

有限合伙企业由普通合伙人和有限合伙人组成，但是普通合伙人对有限合伙企业拥有决策权和运营权，哪怕普通合伙人只拥有合伙企业1%的股份。这是因为普通合伙人对合伙企业债务承担无限连带责任，有限合伙人以其认缴的出资额为限对合伙企业债务承担责任。有限合伙人是基于对普通合伙人的信任才出资到合伙企业中。有限合伙企业是企业创始人解决控制权问题的一种有效方式。有限合伙企业的控制权与持股比例没有任何关系，普通合伙人对有限合伙企业具有完全控制权，有限合伙人只有自益权没有共益权。很多创投基金公司都是采用有限合伙企业，既可以摆脱资金决定决策权的问题，还可以避免缴纳公司所得税，这也是大多数的股权众筹投资主体组织形式都采用成立有限合伙企业的原因。表6－1是浙江蚂蚁小微金融服务集团股份有限公司部分发起人组织形式，其中有不少是有限合伙企业。

表6－1　浙江蚂蚁小微金融服务集团股份有限公司部分发起人组织形式

序号	发起人名称	发起人类型	证照/证件类型	证照/证件号码
1	上海祺展投资中心（有限合伙）	企业法人	其他	
2	春华景信（天津）投资中心（有限合伙）	企业法人	其他	
3	人保资本投资管理有限公司	企业法人	其他	
4	北京创新成长企业管理有限责任公司	企业法人	其他	
5	北京京管投资中心（有限合伙）	企业法人	其他	

6.3.2　有限责任公司的持股比例与控制权

有限责任公司是人合和资合的组织主体，股东是基于相互信任而组织在一起创业，股东间关系较为紧密，股东结构具有明显的闭合性的特点，因此《公司法》给股东通过股东协议和公司章程设计治理规则的空间很大。但是，一旦股东持股的比例确定，其享有的自益和他益权利也就确定了。表6－2是有限责任公司持股比例线及其常用名称和享有的权利。

表6－2　有限责任公司持股比例线及其常用名称和享有的权利

持股比例线	常用名称	享有的权利
67%	完全控制线	完全控制股东会所有决策权
51%	绝对控股线	除股东会7类重大事项外，拥有决策权
34%	反向否决线	对股东会7类重大事项拥有否决权
25%	外资待遇线	外方出资比例高于25%，方可享受外商投资企业待遇
20%	重大影响线	股东须按“权益法”对该投资进行会计损益核算
10%	意愿申请线	申请法院解散公司和召开临时股东会的权利
1%	代表诉讼线	当董事高管侵害公司利益时，有权提起诉讼

（1）完全控制线

完全控制线是股东持股超过公司总股份的三分之二，即占有公司66.7%以上的股权，股东协议和公司章程另有约定的除外。该股东完全控制股东会所有决策权。换句话说，该股东可以以一己之力决定公司的所有决策事项，包括公司的7类重大事项（分别为修改公司章程、增加注册资本、减少注册资本、公司合并、公司分立、公司解散和变更公司形式）。完全控制线通常用股份67%标识。

（2）绝对控股线

绝对控股线是股东持股超过公司总股份的50%以上的股权。“绝对控股”并不表示股东拥有绝对话权和决策权，仅仅是相对于“相对控股”的概念。根据《公司法》的规定，控股股东是指其出资额占有限责任公司资本总额50%以上或者其持有的股份占股份有限公司股本总额50%以上的股东；出资额或者持有股份的比例虽然不足50%，但依其出资额或者持有的股份所享有的表决权已足以对股东会、股东大会的决议产生重大影响的股东。后面持股比例不足50%的“控股股东”通常被称为“相对控股”。一个股东占有公司50%以上的股权，但未达到完全控制线，就通常称这个股东达到绝对控股线，绝对控制了公司的一般决策。换句话说，该股东可以以一己之力决定公司的一般决策事项。一般决策事项是指除修改公司章程、增加或者减少注册资本的决议，以及公司合并、分立、解散或者变更公司形式的决议以外的事项，如更换法人、股份转让、更换分红方案、公司对外担保及其他日常经营及活动的决策。绝对控股线其实只要股东持股超过50%即可，通常用股份51%标识。

（3）反向否决线

反向否决线是股东持有公司总股份的三分之一的股权，即占有公司33.3%以上的股权。一个股东占有公司33.3%以上的股权，但又未达到绝对控股线，就称这个股东反向控制该公司。换句话说，该股东可以一己之力否决公司的7类重大决策事项。公司的7类重大事项，反向否决线通常用股份34%标识。

（4）意愿申请线

意愿申请线是股东持有超过公司总股份的10%以上的股权。一个股东占有公司10%以上的股权，《公司法》就赋予了这个股东在公司处于内耗僵局、经营管理发生严重困难时救济的权利，可以向法院立案申请解散和清算公司，以保护自身权益。同时，股东还具有召开临时股东会的权利。意愿申请线用股份10%标识。

6.3.3 股份有限公司的持股比例与控制权

股份有限公司是纯粹的“资合公司”，资本起着决定性作用，以出资为条件，强调资本的结合。股份有限公司是开放型股权结构，股份转让没有限制。当然，由于股东之间并不像有限责任公司那样关系密切，所以股份有限公司股东持股的权利更为细致，义务也更为清晰。主要原因是股份有限公司可以公开涉众融资，公司必须符合和遵守治理和监管规则。股份有限公司可分为非公众性股份有限公司和公众性股份有限公司，公众性股份有限公司在我国又可分为新三板挂牌股份有限公司和上市股份有限公司。

上市股份有限公司，又称上市公司，是指其股票在公开的证券交易所上市的股份有限公司。中国内地的证券交易所包括深圳证券交易所和上海证券交易所。深圳证券交易所又分为主板、中小板和创业板三大板块。主板公司是大型蓝筹公司，代码以000开头，如代码为000001的平安银行。中小板公司是中型稳定发展，但是未达到主板挂牌要求的企业，代码以002开头，如代码为002001的新和成。创业板公司以快速成长的科技型企业为主，挂牌上市营收和净利标准都低于主板和中小板，代码以300开头，如代码为300001的特锐德。上海证券交易所分为主板和科创板。主板是大型蓝筹公司，代码以600、601和603开头，如代码为600000的浦发银行、代码为601000的唐山港、代码为603000的人民网。科创板是中国证券历史上的一项重大改革和创新，是上交所为降低科技创新型公司上市而新设立的一个板块。科创板挂牌上市采用注册制而不是像其他板块的审核制，而且科创板还允许亏损、AB股权架构、红筹科创公司挂牌上市，代码以688开头，如代码为688001的华兴源创。

新三板是全国中小企业股份转让系统（简称全国股转系统）的俗称，主要是为高科技产业园区内的创业企业融资服务的股份转让交易场所，是经国务院批准，依据《证券法》设立的继上交所、深交所之后的第三家全国性证券交易场所，也是我国第一家公司制运营的证券交易场所。目前我国新三板市场交易挂靠深圳证券交易股东名下，但与沪深交易所没有从属关系，因为两者性质不同。新三板属于场外交易市场，沪深交易所属于场内交易市场。随着新三板的改革，特别是加流新三板流动性和活跃性的如做市商制度、分层制度、直接转板、降低投资者准入门槛等一系列措施的出台，新三板的发展非常值得关注和期待。新三板证券代码以430（又称为老三板，2014年5月19日之前做市商改革之前上市的）或830开头（2014年5月19日之前做市商改革之后上市的），如代码为830771的华灿电讯。

虽然股份有限公司与有限责任公司有诸多不同，但是总体来讲有限责任公司持股比例与控制权也适用于股份有限公司，不过股份有限公司持股比例更为细致，权责更加分明。股份有限公司也分为非公众性股份公司和公众性股份公司。非公众性股份公司和公众性股份公司持股比例与控制权多数一致，但是不同分类的公司也存在与之对应的特别规定。表6－3是股份有限公司的持股比例及权利与义务。

表6－3　　股份有限公司的持股比例及权利与义务

持股比例线	常用名称	享有的权利	义务备注
67%	完全控制线	完全控制股东会所有决策权，新增重大重组、重大担保、股权激励重大事项	
51%	绝对控股线	除完全控制线的“7＋3”重大事项外，拥有决策权	
34%	反向否决线	对完全控制线的“7＋3”重大事项拥有否决权	

续表

持股比例线	常用名称	享有的权利	义务备注
30%	实控要约线	股东实际支配上市公司表决权的30%，拥有控制权	股东持有已发行股份的30%，如继续增持股份，须采取要约方式增持
25%	外资待遇线	外方出资比例高于25%，方可享受外商投资企业待遇	首次IPO总股本低于4亿元，需达到公司股份总数的25%以上
	首发股比线		
20%	重大影响线	股东可按“权益法”对该投资进行会计损益核算	科创板上市公司股权激励总量不能超过总股本的20%
10%	意愿申请线	申请法院解散公司和召开临时股东会的权利	首次IPO总股本超过4亿元，首发股比为10%；公司回购本公司的股份不超过已发行股份的10%；非科创板上市公司股权激励总量不能超过总股本的10%
	4亿元首发股比线		
	股份回购线		
5%	关联认定线	持股5%以上的股东被认定为关联方和内幕信息知情人	拟IPO公司持股5%以上股东需披露，持股5%以上股东通过竞价交易减持需预披露；持股5%时将触碰举牌红线并需要报告公开；持股5%以上股东禁止短线交易；外国投资者持股比例超5%须备案
1%	代表诉讼线	当董事高管侵害公司利益时，有权提起诉讼；可以提出独立董事的候选人	任一激励对象累计获授股票不超过总股本的1%；大股东3个月内集中竞价减持不超过1%
	独董提议线		

6.4　初创企业股权分配的原则

创业是一场漫长而坚苦的战斗，创业合伙人因梦想走在一起，缔造和实现梦想的载体和动力就是股权。所以，创业合伙人之间的股份安排是最重要也是最复杂的事项，其涉及人性的美好与贪婪，涉及对贡献的认知与评估，还涉及对不确定收益和风险的预期。如果对股权的本质没有正确的认知，没有掌握股份分配的基本逻辑和原则，即使创业过程中合伙人能同心同德、同甘共苦、同舟共济，也极有可能随着创业发展因股权分配设置不合理导致合伙人之间对利益分配产生分歧，从而引起内耗和内斗，最终演化为离心离德、同室操戈，甚至互相揭短沦为阶下囚。因此，掌握初创企业股权分配的原则非常有必要。

6.4.1　股权是合伙人的责任权重

创业的过程就通过合伙人共同努力把项目做成功，利益不断增加、股权价值不断膨胀的过程，但是这个过程既曲折又持久。所以说，对于创业合伙人来讲，股份最主要的是责任，把企业不断带向成功的责任。如果创业项目不能成功，合伙人的股权可能一文不值，也没有任何意义。因此，在股权分配时最重要的是体现合伙人的责任担当而不是感情或者其他因素，最能领导团体走向成功的合伙人的股权理应最大。这就是风险投资通常希望公司有一个占较多股权的主要创始人的原因——这个主要创始人有能力承担最大的责任。

6.4.2 股权的各种安排应预先确定

初创企业在创业过程会遇到各种各样的情况，为了未来不会因股权问题给企业的发展带来麻烦或障碍，股权的各种安排应预先确定下来，包括股份比例、调整方式、退出机制、兑现机制等。比如，创业合伙人在公司的股权按在公司服务年份逐步兑现；如果创业合伙人中途离开，必须以事先安排的价格把已兑现股份出售给指定的创始人或企业。

6.4.3 股权的架构须体现控制权

一个创业团队一定需要一个有话语权的股东，这个股东就是团队的领头人，当创业过程中重大事项合伙人之间僵持不下时，就需要领头人出来决定，只有这样才能保证事业继续向前发展。这就需要企业股权的架构中有一个股东对公司实现完全控制或绝对控股，为实现这个目的股权的架构就应当体现领头人的控制权。2 人合伙公司股权比较合理的股权架构是 70%:30% 或者 80%:20%（老大清晰，快速决策），应避免的股权结构是 50%:50%（均分股权）、65%:35%（一票否决，博弈类型）或 98%:2%（独享类型）；3 人合伙公司股权设计基本原则是：大股东股比 > 二股东股比 + 三股东股比，比较合理的股权架构是 70%:20%:10%、60%:30%:10%、67%:18%:15%（老大清晰，快速决策）或者 51%:34%:15%（老大绝对控股，合伙人意见一致有反向否决权），应避免的股权结构是 33.3%:33.3%:33.3%（均分股权）、35%:36%:29%（博弈类型）、95%:3%:2%（独享类型）；40%:40%:20%（以小绑大）或 49%:47%:24%（以小绑大）；4 人及以合伙公司股权设计基本原则是：二股东股比 + 三股东股比 + 四股东股比 > 大股东股比 > 二股东股比 + 三股东股比。设计比较合理的股权架构有 70%:20%:5%:5%（老大清晰，快速决策），34%:20%:16%:15%:15%（创始人有反向否决权，但需要慎重考虑合伙人的一致意见），应避免的股权结构有 25%:25%:25%:25%（均分股权）、95%:2%:2%:1%（独享类型）。

6.4.4 股权调整的灵活性

在股权分配过程中，当上述三点原则冲突时就需要灵活地安排和调整股权。比如，一个初创企业团队，创业发起人希望完全或绝对控股，但是另外两个创始人要求必须各持有 30% 的股权才愿意与创业发起人一起创业。那么这个项目需要注意的是，通过公司章程或股权架构灵活设计，把 40%:30%:30% 管理控制权转换成 60%:20%:20% 或70%:20%:10%，进而回避预期风险。

6.5　企业成长的融资阶段

6.5.1　企业的生命周期

世界上任何事物的发展都存在生命周期，企业也不例外。企业生命周期如同一双无形的巨手，始终左右着企业发展的轨迹。企业的生命周期，是指企业诞生、成长、壮大、衰退甚至死亡的过程。美国著名管理学家爱迪斯在《企业生命周期》中把企业生命周期分为孕育期、婴儿期、学步期、青春期、盛年期、稳定期、贵族期、官僚化早期、官僚期、死亡十个阶段，如图6－2所示。

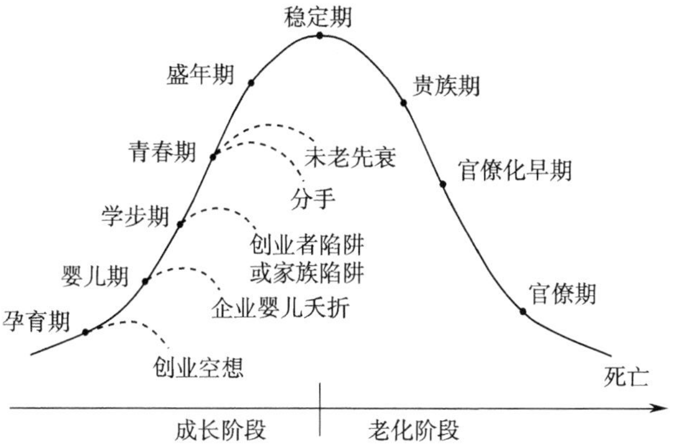

图6－2　企业的生命周期

（数据来源：伊查克·爱迪斯. 企业生命周期［M］. 王玥，译. 北京：中国人民大学出版社，2017）

从企业融资视角看，企业生命周期主要划分为种子期、初创期、发展期、扩张期和成熟期，如表6－4所示。

（1）种子期

种子期的标志是创业团队完成初步的商业计划。在这个阶段，投资人的关注点是创业团队提出的商业创意，创始人及合伙人的人品、能力和经验，初创企业的产品或服务的市场需求。

（2）初创期

初创期的标志是进入市场获得收入。在这个阶段，投资人的关注点是初创企业是否根据真实市场需求切入市场，通过初创企业提供的产品或服务的样品（DEMO）证明产品研发和制造是否可行，制定和执行业务计划是否可行，创业团队成员能力是否超群和互补。

（3）发展期

发展期的标志是规模收入并高速成长。在这个阶段，投资人最关注的是企业的财务指标，如企业的营收能否快速增长，是否建立了现代化的公司管理体系，是否掌握了一些战略性资源及合作，制定的中期战略是否清晰，管理团队是否能进一步优化。

（4）扩张期

扩张期的标志是规模或利润构建起了明显的竞争优势。在这个阶段，投资人最关注的是企业的财务指标，除企业的营收能否快速增长，用户的规模、净利率、毛利率和是否盈利都是关注的重点，另外还有企业战略的有效性是否能通过规模扩张和壁垒性竞争优势体现出来，企业能否实现体系驱动，创始人是否能把经营性质业务通过授权管理等。

（5）成熟期

成熟期的标志是成为行业的主导者之一。在这个阶段，投资人的关注点是企业的投资回报率是否稳定，能否借用资本市场的手段进行扩张和上下游整合，能否根据时代的发展和行业的变化进行正确的战略转移。

表6－4　融资视角下的企业生命周期

生命周期阶段	种子期	初创期	发展期	扩张期	成熟期
标志	初步的商业计划	进入市场获得收入	规模收入并高速成长	规模或利润建立了竞争优势	成为行业的主导者之一
投资关注点	• 创意 • 创始人的人品、能力和经验 • 产品或服务的市场需求	• 确认市场需求切入市场 • 产品研发和制造 • 制定和执行业务计划 • 组建创业团队	• 财务指标 • 管理体系建立 • 战略性资源和合作 • 制定中期战略 • 提升管理团队	• 财务指标 • 战略的有效性（规模扩张和取得竞争优势） • 体系驱动 • 创始人授权	• 投资回报率 • 借用资本的手段扩张 • 战略转移

6.5.2　企业生命周期的融资方式

企业在种子期、初创期、发展期、扩张期和成熟期各个阶段融资时投资的主体和规模都不同，如图6－3所示。

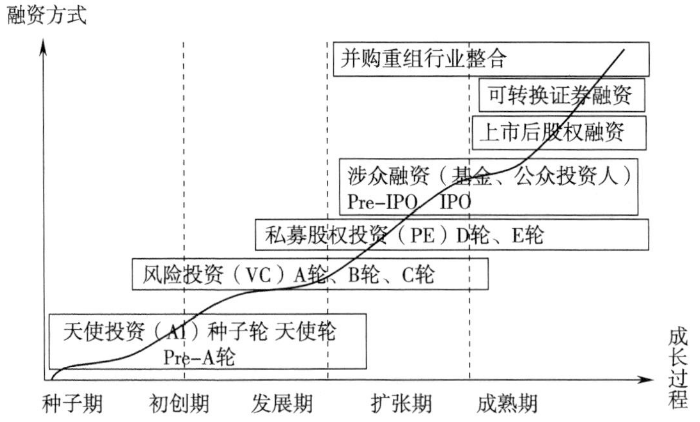

图6－3　企业在不同发展阶段的不同融资主体和方式

（1）种子轮

种子轮阶段时，由于项目创业团队只有一个想法或点子，没有具体的产品，除了创业者自筹，此外就是众筹投资人或专注于种子团队的投资人。通常投资于种子轮和天使轮的投资人被称为天使投资人（Angel Investor，AI）。这主要是因为初创企业的项目做成功的概率很低，估值无法评测，风险难以预测，融资人在缺乏资金的情况下遇到投资人与遇到天使的感觉是一样的。但是，由于发展前景存在极强的不确定性，种子轮的融资量级通常在 10 万元至 300 万元。

（2）天使轮

天使轮阶段时团队核心成员组建完毕，项目或产品的样品趋于成型，此阶段商业模式初步成型，对于未来如何盈利有规划，甚至小范围内积累了一定数量的核心用户。投资方为众筹投资人、天使投资人或天使投资机构。天使轮是种子轮从书面计划至实际产品的跨越阶段，但是成功的不确定性仍然极高，融资量级没有太大的改变，通常在 100 万元至 500 万元。

（3）Pre－A 轮

Pre－A 轮阶段时团队基本组建完毕，项目或产品已成型，具有较强的市场竞争优势，且有良好的用户数据或增长趋势明显，但尚未达到 A 轮融资标准。A 轮的投资机构要求产品达到一定的用户量、业务数据，显然 Pre－A 更有利于优胜劣汰，促进创业生态的健康发展。投资方主要为天使投资机构，融资量级通常在 1000 万元左右。

（4）A 轮

A 轮阶段时团队搭建完毕，公司正常经营，并有完整详细的商业及盈利模式，在行业内有一定地位和口碑，项目或产品基本成熟同时做好大规模面向市场的准备。但此时公司可能尚未盈利，社会知名度欠缺。但项目成功的概率比前几轮明显提高，投资方主要是风投机构（Venture Capital，VC），融资量级通常在 1000 万元至 1 亿元。风险投资，简称风投，也称为创业投资，主要是指向初创企业提供资金支持并取得该公司股份的一种融资方式。风险投资是私人股权投资的一种形式。风险投资公司为专业的投资机构，由一批具有科技及财务相关知识与经验的人组成，经由直接投资获取投资公司股权的方式，提供资金给需要资金者（被投资公司）。之所以称为风险投资，是因为在风险投资中有很多的不确定性，存在很大的风险。一般来说，风险投资都是投资于拥有高新技术的初创企业，这些企业的创始人都具有很出色的技术专长，但是在公司管理上缺乏经验。另外一点就是一种新技术能否在短期内转化为实际产品并被市场所接受，这也是不确定的。还有其他的一些不确定因素导致人们普遍认为这种投资具有高风险性，但是不容否认的是风险投资的高回报率。风险投资一般采取风险投资基金的方式运作。风险投资基金的法律结构是采取有限合伙的形式，而风险投资公司则作为普通合伙人管理该基金的投资运作，并获得相应报酬。

（5）B 轮

B 轮阶段时创业公司商业模式和盈利模式得到充分检验并完善，同时对未来发展有详细的战略规划。公司在拿到 A 轮融资后，积极扩大其知名度和影响力，快速积累用户，公司已经开始盈利。投资方可能是A轮VC、新入VC和私募股权投资（Private Equity，PE）。融资量级通常在2亿元以上。私募股权投资是指通过私募基金对非上市公司进行的权益性投资。在交易实施过程中，PE会附带考虑将来的退出机制，即通过公司首次公开募股（IPO）、兼并与收购（M&A）或管理层回购（MBO）等方式退出获利。简单地讲，PE投资就是PE投资者寻找优秀的高成长性的未上市公司，注资其中，获得其一定比例的股份，推动公司发展、上市，此后通过转让股权获利。在中国，PE主要指对已经形成一定规模的，并产生稳定现金流的成熟企业的私募股权投资部分。

（6）C轮至Pre-IPO轮

C轮阶段时公司已经非常成熟，随时可能上市，进行到C轮时，公司除了拓展新业务、补全商业闭环，更有上市意愿。投资方通常是上轮的PE、VC和新入的PE、VC，融资量级在10亿元左右。

（7）IPO

IPO（Initial Public Offerings）阶段时公司经过层层审核，至少在形式上已经是标准化的现代股份制公司，团队完善。公司IPO可能有多种目的，但是IPO确实是前期风投退出最理想的渠道。投资方主要有各类公募基金、大型机构、国家基金、公众投资人（股民），融资量级通常在5亿元以上。首次公开募股（IPO）是指一家股份有限公司第一次将它的股份向公众出售，即股份首次向社会公众公开招股的发行方式。

6.6 股权融资的主要交易流程

股权融资本质就是创业公司通过股份出售的方式向投资方寻求资金支持，投资方向公司投资一笔资金并获得公司股份，公司的股东按比例稀释出出售比例的股权。从定义上看，股权融资似乎非常简单，但是由于股权融资的风险较高，公司发展不确性较大，股权投资方对股权投资非常谨慎，通常情况下一笔股权投融资的交易从接触到投资资金转至融资方账户最长可达12个月。接下来，本书具体介绍股权融资的主要交易流程。

6.6.1 展示商业计划书

创业项目要融资首先需要把商业计划书递交给投资人。商业计划书（Business Plan，BP），是融资人为获得投资人投资根据一定的格式和内容的具体要求而编辑整理的一个向投资者全面展示公司和项目目前状况、未来发展潜力的书面材料。一个好的商业计划书是获得贷款和投资的关键因素之一。商业计划书篇幅一般控制在2000字左右，主要包括以下几项内容：公司概述、研究与开发、产品或服务、管理团队和管理组织情况、行业及市场、营销策略、融资说明、财务计划与分析、风险因素和退出机制。商业计划书递交的渠道有发邮件、参加路演、熟人推荐或购买“新型投资银行”（Financial Advisor，FA，也称财务投资人）服务。投资人收到融资人商业计划书后，如果对项目感兴趣则会联系投资人并进行尽职调查。

6.6.2　接受投资人的尽职调查

尽职调查，又称尽调，是指在投资人对目标公司的资产和负债情况、经营和财务情况、法律关系以及目标企业所面临的机会与潜在的风险进行的一系列调查。尽职调查是投资人投资过程中最重要的环节之一，也是投资过程中重要的风险防范工具。调查过程中通常利用管理、财务、税务方面的专业经验与专家资源，形成独立观点，用以评价并购优劣，作为投资决策支持。尽职调查中投资人重点关注以下五个方面：

（1）团队是否健全强大、和谐互补

投资人会调查每位团队成员的智力、忠诚度、优点、弱点、团队合作和管理风格等；调查团队功能是否健全，或者创始团队成员中是否有领头羊，成员之间能力是否互补，关系是否和谐融洽等。

（2）产品或服务是否有缺陷或瑕疵

投资人会调查工程技术人员和产品营销人等从多方面评估产品或服务的情况，以核实产品和服务的功能和质量能否达到市场或客户的要求，以及整个团队和研发过程能否保证产品实现批量规模生产。另外，投资人还要确认是否存在知识产权纠纷。

（3）市场需求和大小是否真实准确

投资人会从创业者提供的市场人群参考表中找一些潜在的客户，并通过他们了解投资项目真实的市场需求情况。当然，投资人还会联系与企业项目相关的技术专业人员和业内人士进一步验证获得的市场需求相关信息。

（4）项目是否具有可持续和壁垒性竞争优势

投资人需要竭尽全力找出融资人事先没有预想到的竞争，通过充分的行业分析来确认创业者所拥有的差异确实是独一无二的，目前没有强力潜在的竞争者，即使未来出现创业企业，也可以将时间优势转换成壁垒性竞争优势。

（5）公司和财务是否健康合规

投资人会查验融资企业的历史融资、估值、股权结构和财务状况等记录，其中，融资人是否存在财务混乱、估值过高、股权不清或债务诉讼等情况都是尽职调查的重点。

6.6.3　协商投资条款

投资人在完成尽职调查后，如有意向投资项目就会给融资方发送一份投资条款，不过有些情况下，投资人在尽调的同时也会将投资条款一起发送给融资人。投资条款（Term Sheet of Equity Investment，简称 Term Sheet，也称为投资条款清单），是指投资人与融资企业就未来的投资交易所达成的原则性约定。投资条款中除约定投资人对融资企业的估值和计划投资金额外，还包括融资企业应负的主要义务和投资人要求得到的主要权利，以及投资交易达成的前提条件等内容。投资人与融资企业之间未来签订的正式投资协议中将包含合同条款清单中的主要条款。理论上讲条款清单并没有法律约束力，但一般双方从信誉角度上考虑都要遵守诺言。投资条款清单主要包括投资额、作价和投资工具，公司治理结构，清算和退出方法三个方面的内容，正式签订投资协议时将就这些条款清单做进一步的细化。表 6 – 5 为投资条款的一个样本。

表 6 – 5　　投资条款的样本

投资条款清单

本条款清单（以下简称本清单）由投资人________与被投资公司____________（以下简称公司）及公司创始股东________和________共同签署。

本主要条款是基于公司提供的商业计划书以及其他相关信息而作出，除“保密及排他性”的条款外，其他条款对各方均无任何约束力。

被投资公司：___________________，一家成立于________的有限责任公司。

投资人：____________。

投前估值：人民币________万元。

投资金额：人民币________万元。

投资方式：投资人投资上述金额，取得本次增资后充分稀释基础上公司________% 的股权。

投资人权利：

1. 创始股东股权成熟。创始股东股权自正式增资（投资）协议签署之日起分 4 年成熟，每年成熟 25%。若创始股东主动从公司离职，或因自身原因不能履行职务，或因故意、重大过失被解职，创始股东应以人民币壹元的价格强制转让给其余创始股东和投资人。

2. 创始股东股权锁定。公司在合格资本市场首次公开募股（IPO）前，未经投资人书面同意，创始股东不得以转让、赠与、质押、置换等任何方式进行处分，因公司实施股权激励计划的除外。

3. 优先认购权。公司如需要进一步融资，则投资人有权基于其持股比例享有相应的优先认购权。

4. 优先购买权和共同出售权。在公司 IPO 前，未经投资人事先书面同意，现有股东不得出售其持有的公司股权。若投资人同意现有股东向第三方提议出售其全部或一部分股权，其应首先允许投资人自行选择：以和拟受让方同等的条件购买全部或部分该等股权，或以和拟受让方为购买股权而提出的同等条件等比例地出售投资人持有的股权。

5. 股东的知情权与检查权。投资人享有对公司的法定知情权，及对公司的检查权。

6. 投资人清算优先权。若公司发生任何清算、解散或终止情形，在公司依法付清清算费用、职工工资和劳动保险费用，缴纳所欠税款，清偿公司债务后，投资人有权优先于公司的其他股东取得相当于投资款 120% 的金额，以及对应的未分配利润，剩余部分由全体股东按各自股权比例进行分配。

7. 优先投资权。若公司进行清算，投资人未收回全部投资款的，自清算发生之日起 3 年内，创始股东从事新项目的，投资人有权优先于其他人对该新项目进行投资，创始股东有义务予以促成。

8. 投票权和董事席位。投资人依照公司章程享有公司股东会投票权。公司董事会应由 3 名董事组成，投资人应提名其中 1 名董事。

9. 保护性条款。经各方协议一致的对于投资人股权或对公司有重大影响的事项，须经投资人或投资人委派的董事书面同意方可实施。

10. 股权激励池预留。在现有股东持有的股权中，另行提取增资后公司股权总额的 22% 作为公司员工激励股权。

11. 全身心投入、竞业限制及禁止劝诱。创始股东应当全职尽责在公司工作，在其自公司离职后两年内，不得参与和公司主营业务有竞争关系的业务。不劝诱、聘用公司员工。

续表

12. 保密及排他性。本主要条款均为保密信息，公司和现有股东不得向任何第三方披露。公司和创始股东应于本主要条款签订后30日内排他性地与投资人合作，不得与投资人以外的任何第三方洽谈或实行融资交易。 ____________有限公司 签署日期： 年 月 日 创始股东： 签署日期： 年 月 日 创始股东： 签署日期： 年 月 日 投资人： 签署日期： 年 月 日

不过即使投资人和融资企业签署了投资条款，投资人也不一定就会对项目进行投资。据统计，大约只有1/3签署投资条款的投资人会正式签署投资协议。

6.6.4 签署投资协议

投资协议（Investment Agreement），就是投资人与融资企业以及融资企业的股东之间签署的关于投资的权利义务关系的法律文件。协议就投资价格、付款、投资方的特殊权利、被投方的经营管理等各方面内容进行约定，可以说投资协议是融资企业在融资过程中最核心的一个法律文件。表6-6为投资协议的一个样本。

表6-6　　投资协议样本

投资协议样本 投资项目：________有限公司 投资方：________ 合作期限：由______年______月______日到______年______月______日 项目地址：____________ **一、合作条款** 双方本着互利互惠与共同发展的原则，经各方充分协商，决定由________发起，由________作为本项目的天使投资人，联合投资以下创业项目，特订立本投资合作协议。 1. 投资计划 创业型企业：________有限公司，是以________为主营业务，预计初期（头____个月）投资额约为________万元。 2. 股权投资及股东分工 本项目目前由______位股东组成，______年前的投资预算为______万元。 （1）由______作为天使投资人，出资______万元占该项目______%的股份。出任企业战略及投融资顾问，主要负责项目的整体战略规划和对外融资。其只参与运营过程监管，不直接参与日常管理运营。无薪酬。享有______个董事投票席位。协议期内，其将授权委托______代为行使本项目的股东权利和义务，出任监事职务，负责企业的运营、财务、采购和行政等方面监管事务，不直接参与项目的日常管理运营，无薪酬。

续表

（2）由________出资________万元占该项目________%的股份。出任执行总监（CEO）兼企业法人代表，全盘负责项目的统筹运营和行政管理事务，无薪酬。享有________个董事投票席位。

（3）由________出资________万元占该项目________%的股份。出任运营总监（COO），主要负责________事务，无薪酬。享有____个董事投票席位。

（4）由________出资________万元占该项目________%的股份。出任技术总监（CTO），主要负责________等事务，无薪酬。享有一个董事投票席位。

3. 利润分配和风险承担

（1）利润分配

利润－纳税－提留基金（发展基金30%＋员工与管理层奖金5%）＝红利（按股份比例分配）

（2）风险承担

各股东对企业债务的承担，是以其当期在本企业拥有的股份比例为限。

二、特别约定条款

1. 保护条款

以下事项须经董事会讨论通过且须获得天使投资方的赞同票方能通过：

（1）导致公司债务超过____万元的事由；超过____万元的一次性资本支出。

（2）公司并购、重组、控股权变化和出售公司部分或全部资产。

（3）公司管理层任免、工资福利的实施计划。

（4）新的员工股票期权计划。

（5）公司购入与主营业务无关的资产或进入非主营业务经营领域；进入任何投机性、套利性业务领域。

（6）公司给第三方的任何技术或知识产权的转让或许可。

（7）公司给管理者或员工的任何借款；任何与公司发起人或员工有关的关联方交易。

（8）________位创始人股东必须承诺全职担任上述职务最少________年。如属其个人原因在____年任职期间退出有关职务的，除属股东会决议的正常职务调动或不可抗力事项，其应向公司无偿移交其持有股份的50%，并支付其退出时该职务所需的工资福利，作为聘请新的职务替代者，直至支付至余下的任职期。退出职务的股东，可保留董事席位，但要取消董事投票权。

（9）如项目在三个月内结束运营而解散的，在处分公司清算后的剩余资产时，天使投资方占70%，在6个月内结束运营而解散的，天使投资方占50%。

2. 增资扩股条款

（1）为保证公司股权安全及长远发展，在增资扩股时需引入战略性股东。公司将来在引入股东增资扩股时，由股东各预留一个推荐新股东席位。新股东的加入必须符合公司利益最大化和战略投资性股东的定位，且必须得到天使投资人同意。

（2）除公司章程另有规定外，原则上各股东应先按其当期拥有的股份比例进行减持，以迎合新的战略性股东加入。日后，任何股东若有出让股权行为，在同等价格下必须优先出让给现有公司股东，由现有股东先按股份比例自愿认购。

（3）为保护公司利益和原股东权利，根据《公司法》及公司章程规定，任何股东都有权就引入新股东而要求召开股东会，以投票方式进行表决，未获得超过五分之四董事席位投票同意的视为无效，具体安排由股东会议决议。

（4）共售权：本轮次投资完成后，公司原股东欲出让股权给第三方时，投资方可以同等条件将所持股权出售给第三方，第三方拒绝购买投资者持有的被投资方股权的，出售方亦不得出售其股权。

3. 防稀释条款

（1）项目在将来增资扩股过程中，原始股东的股权将不可避免会因新股东的加入或多轮股权融资而被稀释。为提前应对这些可能出现的情况，现股东一致同意：如日后出现以上情形，股东会确保天使投资方在本项目的最低持股为15%。此为原始股东的最低股权额度保证，期间股东可以根据其个人意愿，将股份减持低于上述规定的百分比。

续表

（2）为保证原始股东的最大利益及公司控制权的安全，各原始股东出让的股权，必须优先由其他原始股东按其同期持有的股权比例购买。如在公示期仍无原始股东购买，方可向外界出让其所持有的股份。 （3）任何一方股东，在公司年度计划中需要增资扩张时，需尽力募集股权比例规定该期股东应投入的资金。如有股东在当年财务结算年度未能足额出资，该年度股份比例则自动递减到其实际出资额的比例。其他感兴趣的股东可优先按其持有股份的比例出资填充，获得当年的股权分红收益。 （4）上年度未完成增资额的股东，在第二个财务结算年开始，可重新注入上年尚欠部分的增资额。 4. 股权激励 （1）管理层分红 为体现全职股东及高管所担当职务对公司作出的贡献，股东一致同意：在每年的税后净利润中，向CEO额外配发3%，向COO、CTO分别额外配发1.5%的分红作为职务奖励。有关职务奖励直至其出现职务调动、自愿离职、合作期满或公司出现自发的清算结业行为为止。 （2）期权池 公司将来如果出现股权融资行为，为激励管理层提升企业效益和管治能力，帮助员工从职业规划过渡到事业规划，确保优秀的人才不会流失，各股东一致同意：为非股东的项目执行团队管理层预留当期企业股权总额的5%，作为期权池让他们优先认购。 5. 其他约定 **三、股东权利与义务** 1. 股东权利 （1）作为股东，各方可随时查阅和监管来自采购和运营方面的财务数据。为保证企业内部运营管理的高效和廉洁，每月企业的会计账目、货款结算和单笔超过100元的开支报销项目，必须提交给各方股东共同签署批准后方能入账。 （2）根据《公司法》和公司章程的规定，各股东均具有对企业内部的重大决策方面的表决权利，有参与制定和行使股东会股东决策的权利。 2. 股东义务 （1）各股东应尽心尽力，克己奉公，勤勉负责，为企业创造最大效益。 （2）保守公司商业秘密，一切以本企业利益和声誉为重。 （3）各股东一旦签订本协定书，就必须严格执行有关协议书所列条款，行使股东权利和承担股东出资及其他法定义务。 **四、违约责任** 1. 竞业禁止条款：为避免与公司的核心利益产生冲突，在合作期内，所有股东无论在职或离职期间，均不得直接或间接从事与公司主营业务有关的行业，否则将视为严重违约。违约方应即时清退出股东会，并将其当期所有股权的50%无偿出让给公司作为违约金。 2. 任何一方股东未按本协议依期如数缴纳出资额的，每逾期10日为一个阶梯，违约方应向公司缴付其应出资额的2%作为违约金，直到出资完毕为止。 3. 由于股东任何一方违约，造成本协议不能履行或不能完全履行时，除应按出资总额20%支付违约金外，守约方有权终止协议并要求违约方赔偿全部经济损失。如双方同意继续履行协议，违约方应赔偿其违约行为给公司造成的损失。 4. 初创企业在运营过程中需要股东临时增加投资以应付开销，各方股东再按股份比例进行增资的，各股东应克尽本分，努力在出资期限内完成出资任务，不得拖欠，否则根据以上规定按违约处理。 **五、注意事项** 1. 本协议书为公司章程的有效组成部分，如与公司章程有关条款有冲突的，以本协议书内容为准。本协议书内容如要修改，需按公司章程和《公司法》适用条款实施。

续表

2. 以《公司法》和公司章程为本协议书的补充文本，如以上条款有与《公司法》抵触的情况，以《公司法》有关条款为准。 3. 本协议如有未尽事宜，合作双方再行友好协商一致，以补充条款方式载明。 4. 各股东在履行协议中如发生纠纷，应由各方友好协商解决，协商不成的，双方可选择向签约地法律机构提出仲裁和诉讼。 5. 本协议正本一式三份，各股东各执一份，企业存一份，同具法律效力。本协议自签订后即时生效。 各股东签字： 日期：________年________月________日 签订地点：

从上面投资协议样本中可以看出，投资方通过增资扩股保障性条款和防稀释条款等最大限度地保护所有自身的投资权益，确保未来拥有按股份比例增资和获得股权收益的权利。

6.6.5 工商股权变更

投资协议签署完成后，接下来的事项一个是股东工商变更，另一个就是投资人将投资款转入融资企业账户。通常情况下，投资人希望融资企业先做工商股权注册变更，然后将投资款再转入融资企业账户。当然，融资企业希望投资人先将投资款转入融资企业账户，然后再做工商股权注册变更。还有另外一种情况就是投资人先将部分投资款转入融资企业账户，融资企业进行工商股权注册变更后，投资人再将部分剩余的投资款转入融资企业账户。在实际股权融资项目中，以上三种情况都有存在。

6.7 创业企业从种子期到IPO的股权融资轮次案例

下面通过一个创业企业从种子期到IPO股权融资案例来讲解创业企业在各个阶段的股权结构、企业估值、注册资本和投资收益的变化，从而比较形象地解释众筹投资于初创期企业为什么会受到高风险投资人的关注和欢迎。

6.7.1 A公司注册成立

甲、乙、丙三人毕业于某大学，共同创办了一家从事石墨烯研发和生产的新能源科技公司（以下简称A公司）。A公司注册资本100万元，甲、乙、丙三人分别实缴60万元、20万元和20万元，并进行了工商注册登记。在这个阶段，A公司的股东为甲、乙、丙三人，注册资本分别为60万元、20万元和20万元，持股比例分别为60%、20%和20%，如表6-7所示。

表 6-7　　A 公司注册成立阶段的股权比例

A 公司的融资成长过程	原始股东
总股本（股）	
每股价值（万元）	
股东名单	股份比例（%）
创始人甲	60.00
创始人乙	20.00
创始人丙	20.00

6.7.2　A 公司天使轮融资

A 公司处于研发攻关的关键期，公司的石墨烯电池产品的样品基本完成。A 公司发展急需资金，准备出让 20% 的股权，以股权众筹方式开展天使轮融资 500 万元。B 天使投资机构和 20 名众筹投资人成立 C 有限合伙企业共同出资受让 20% 的 A 股权，B 天使投资机构作为 GP 领头投资 100 万元，其余 20 名众筹投资人作为 LP，每人出资 20 万元共 400 万元。融资成功后，甲、乙、丙三人持股比例分别为 48%、16% 和 16%，C 有限合伙企业的持股比例为 20%，如表 6-8 所示。这时企业真正估值是 2500 万元。A 公司在工商变更股东和注册资本，注册资本变成 125 万元，即 500 万元的投资款中 25 万元成为 A 公司的注册资本，正常情况下注册资本比例就是公司股权的比例，那么剩下 475 万元成为 A 公司的资本公积。A 公司与 C 有限合伙企业协商后将公司的总股本确定为 12500 股，每股价值 2000 元。总股本的确定有多种方法，但是最终 IPO 时，通常注册资本的总额就是总股本数量，每股的面值为 1 元。

表 6-8　　A 公司天使轮融资阶段的股权比例

A 公司的融资成长过程	天使投资			
总股本（股）	12500			
每股价值（万元）	0.200			
股东名单	投资额（万元）	股份（股）	股份比例（%）	股权价值（万元）
创始人甲		6000	48.00	1200
创始人乙		2000	16.00	400
创始人丙		2000	16.00	400
天使投资	500	2500	20.00	500
融资前估值（万元）	2000			
融资后估值（万元）	2500			

6.7.3　A 公司首轮股权激励

A 公司为了激励员工以促进公司获得更快的发展，全体股东同意设立一个 2500 股的公司职工持股股权激励计划（Employee Stock Ownership Plans，ESOP）。由于股权激励并没有新的投资人进入，A公司的估值没有发生变化，所以，每股的价值降低了，原有股东股权被稀释了，如表6-9所示。B天使投资机构的利益损失比较明显，但是，B天使投资机构让步的根本原因是希望公司的发展和业绩都取得突破性的进展。只要能把股权价值蛋糕成倍做大，这点损失就不值一提了。

表6-9　　A公司首轮股权激励前的股权比例

A公司的融资成长过程	天使投资后增设ESOP			
总股本（股）	15000			
每股价值（万元）	0.167			
股东名单	投资额（万元）	股份（股）	股份比例（%）	股权价值（万元）
创始人甲		6000	40.00	1000
创始人乙		2000	13.33	333
创始人丙		2000	13.33	333
天使投资		2500	16.67	417
员工持股计划（ESOP）		2500	16.67	417
融资前估值（万元）	2000			
融资后估值（万元）	2500			

ESOP计划达到预期的效果，公司的产品研发、市场份额、营收规模和净利规模都实现了既定的目标，股权激励的股份部分发放给员工，甲、乙、丙三人分别获得股份数为500股、200股和200股，其他核心员工获得1100股，ESOP股权激励池中还剩余了500股，如表6-10所示。

表6-10　　A公司首轮股权激励后的股权比例

A公司的融资成长过程	ESOP部分发放给员工			
总股本（股）	15000			
每股价值（万元）	0.167			
股东名单	投资额（万元）	股份（股）	股份比例（%）	股权价值（万元）
创始人甲		6500	43.33	1083
创始人乙		2200	14.67	367
创始人丙		2200	14.67	367
天使投资		2500	16.67	417
员工持股计划（ESOP）		500	3.33	83
公司员工实际持股		1100	7.33	183
融资前估值（万元）	2000			
融资后估值（万元）	2500			

6.7.4 A公司A轮股权融资

A公司发展势头强劲，上一个会计年度的营销规模是2000万元，盈利100万元。有一个VC机构非常看好A公司的发展，与A公司洽谈后，接受A公司10倍市销率的估值，出资5000万元认购A公司25%的股份，融资后估值为20000万元，但要求A公司增发ESOP股份占A公司融资后总股本的5%，同时VC机构不参与稀释。所以A公司总股本变为15000/（1－30%）股，即21428股，每股价值上涨为0.933万元，如表6－11所示。很显然，第二轮ESOP对A轮前所有股权进行了稀释，但是VC机构坚持要发5%的员工持股显然是为了进一步激发A公司员工的工作潜力，加速A公司的业绩增长。

表6－11 A公司A轮股权融资阶段的股权比例

A公司的融资成长过程	VC投资——A轮（融资后，增发ESOP）			
总股本（股）	21428			
每股价值（万元）	0.933			
股东名单	投资额（万元）	股份（股）	股份比例（%）	股权价值（万元）
创始人甲		6500	30.33	6067
创始人乙		2200	10.27	2053
创始人丙		2200	10.27	2053
天使投资		2500	11.67	2333
员工持股计划（ESOP）		500	2.33	467
ESOP增发——A轮		1071	5.00	1000
公司员工实际持股		1100	5.13	1027
VC资本——A轮	5000	5357	25.00	5000
融资前估值（万元）	15000			
融资后估值（万元）	20000			

6.7.5 A公司B轮股权融资

A公司发展继续保持强劲势头，上一个会计年度的营销规模是20000万元，盈利4000万元。A公司对股权激励如期进行了实施，股权吸引的战略性人才获得1000股，其他实际员工获得400股，第一次ESOP计划还剩余0股，第二次A轮ESOP还剩余171股。基于A公司光明的发展前景，A轮投资的VC机构和新加入的PE机构认为A公司的发展成熟稳健，未来IPO可能性很高，与A公司洽谈后，认可A公司30倍市盈率的估值，各出资7500万元认购A公司6.14%的股份，融资后估值为122140万元。所以总股本变为21428/（1－6.14%－6.14%）股，即24428股，每股价值为5万元，如表6－12所示。

表 6－12　　A 公司 B 轮股权融资阶段的股权比例

A 公司的融资成长过程	VC 投资——B 轮			
总股本（股）	24428			
每股价值（万元）	5.000			
股东名单	投资额（万元）	股份（股）	股份比例（%）	股权价值（万元）
创始人甲		6500	26.61	32500
创始人乙		2200	9.01	11000
创始人丙		2200	9.01	11000
天使投资		2500	10.23	12500
员工持股计划（ESOP）				
ESOP 增发——A 轮		171	0.70	857
公司员工实际持股		1500	6.14	7500
VC 资本——A 轮		5357	21.93	26785
VC 资本——B 轮	7500	1500	6.14	7500
股权吸引的战略性人才		1000	4.09	5000
PE 资本——B 轮	7500	1500	6.14	7500
融资前估值（万元）	107140			
融资后估值（万元）	122140			

6.7.6　A 公司股份制改造

A 公司的各项指标要求基本已经达到 IPO 的标准，为了 IPO，A 公司就必须进行股份制改造，即改制成股份有限公司。A 公司通过资本公积、利润转增资本的方式，使注册资本达到 24428 万元，转为股份有限公司后总股本为 24428 万股，每股面值为 1 元。根据股权的比例，实际上是每个股东的股份数量扩大了 1 万倍，根据 B 轮融资后的估值，每股价值为 5 元，如表 6－13 所示。

表 6－13　　A 公司股份制改造后的股权比例

A 公司的融资成长过程	VC 投资——B 轮			
总股本（股）	244280000			
每股价值（元）	5.000			
股东名单	投资额（万元）	股份（股）	股份比例（%）	股权价值（万元）
创始人甲		65000000	26.61	32500
创始人乙		22000000	9.01	11000
创始人丙		22000000	9.01	11000
天使投资		25000000	10.23	12500
员工持股计划（ESOP）		0		
ESOP 增发——A 轮		1714000	0.70	857

续表

股东名单	投资额（万元）	股份（股）	股份比例（%）	股权价值（万元）
公司员工实际持股		15000000	6.14	7500
VC资本——A轮		53570000	21.93	26785
VC资本——B轮		15000000	6.14	7500
股权吸引的战略性人才		10000000	4.09	5000
PE资本——B轮		15000000	6.14	7500
IPO（股民）				
总计				
融资前估值（万元）	107140			
融资后估值（万元）	122140			

6.7.7 A公司IPO

A公司通过自身努力和投资人助力终于IPO了。A公司上市前一个会计年度的净利润是26000万元，每股收益是1.06元，A公司与市场沟通后决定以23倍市盈率将IPO价格定在25元/股，采用增资扩股老股不转让的方式公开发行19.72%的股权，共6000万股，融资15亿元人民币。融资后公司的股本为3.04亿股，市值为76.07亿元，IPO发行完成后，各股东持有的股份数量和股权价值如表6－14所示。对于A公司的股东们而言，A公司IPO是投资成功的重大标志，距离丰厚的投资回报只剩下股票交易解禁期了。如果投资人的股份全部以25元/股套现，创始人甲将获得16.25亿元，是其创业投资金额60万元的2708倍；B天使投资机构将获得6.25亿元，是其投资金额500万元的125倍，其中每位众筹投资人如果不考虑其他费用将获得2500万元；A轮的VC机构将获得13.39亿元，是其投资金额5000万元的27倍；B轮的VC机构和PE机构将各获利3.75亿元，是其投资金额7500万元的5倍，如图6－4所示。由此可见，股权投资虽然风险很高，但是一旦投资成功回报丰厚，特别是越早期的股权投资者，回报越丰厚，当然风险也越高。

表6－14　　A公司IPO后的股权比例

A公司的融资成长过程	IPO			
总股本	304280000			
每股价值（元）	25.000			
股东名单	投资额（万元）	股份（股）	股份比例（%）	股权价值（万元）
创始人甲		65000000	21.36	162500
创始人乙		22000000	7.23	55000
创始人丙		22000000	7.23	55000
天使投资		25000000	8.22	62500
员工持股计划（ESOP）				
ESOP增发——A轮		1714000	0.56	4285
公司员工实际持股		15000000	4.93	37500

续表

股东名单	投资额（万元）	股份（股）	股份比例（%）	股权价值（万元）
VC 资本——A 轮		53570000	17.61	133925
VC 资本——B 轮		15000000	4.93	37500
股权吸引的战略性人才		10000000	3.29	25000
PE 资本——B 轮		15000000	4.93	37500
IPO（股民）	150000	60000000	19.72	150000
融资前估值（万元）	610700			
融资后估值（万元）	760700			

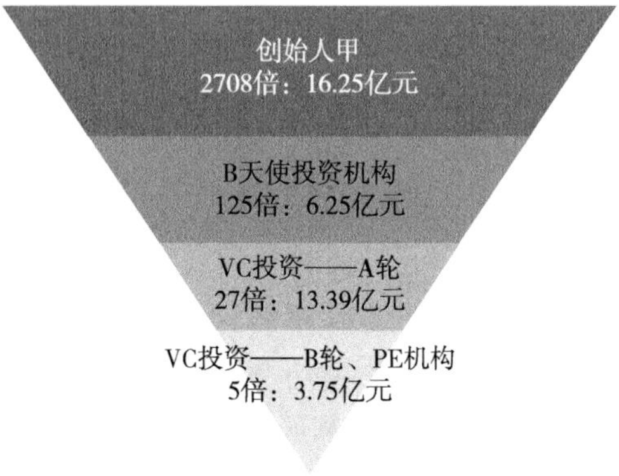

图 6－4　A 公司上市套现后各股东的获利情况

回顾小结

本章介绍了股利的定义和两项股权，讲解了股权融资的合伙企业、有限责任公司、股份有限公司三种企业形式及其这三种企业主体的持股比例与控制权，讨论了初创企业股权分配的四个原则，分析了股权投融资视角下，企业生命周期的融资方式，阐述了股权融资的主要交易流程，最后以一个创业企业从种子期到 IPO 的股权融资成长案例说明了股权投资的经济价值。

动动脑、动动手

1. 股权主要有哪些权利？
2. 初创企业应该选择哪种企业形式？为什么？
3. 三个合伙人一起创业，合理的股权分配结构有哪些？应回避的股权分配结构又有哪些？
4. 股权融资主要有哪些交易流程？
5. 企业在不同的发展阶段分别有哪些融资轮次及投资主体？

第7章

股权众筹基础

知识要点

✓ 股权众筹的概念
✓ 股权众筹的发展背景
✓ 股权众筹的价值
✓ 股权众筹的类型
✓ 股权众筹交易模式与架构
✓ 股权众筹的盈利模式
✓ 我国股权众筹的发展现状

案例导读

美微创投股权众筹被叫停

2012年10月5日，淘宝网出现了一家店铺，名为"美微会员卡在线直营店"。该店铺店主是美微传媒的创始人朱江，他曾经在多家互联网公司担任高管。消费者可通过在淘宝店拍下相应金额的会员卡，但这不是简单的会员卡，购买者除了能够享有"订阅电子杂志"的权益，还可以拥有美微传媒的100股原始股份。从2012年10月5日到2013年2月3日中午12:00，美微传媒共进行了两轮募集，一共1191名会员参与了认购，总数为68万股，总金额为人民币81.6万元。至此，美微传媒两次一共募集资金120.37万元。

美微传媒的众募模式试水在网络上引起了巨大的争议，很多人认为有非法集资的嫌疑。果然还未等交易全部完成，美微的淘宝店铺就于2013年2月5日被淘宝网官方关闭，阿里对外宣称淘宝平台不允许公开募股。而证监会也约谈了朱江，最后宣布该融资行为不合规，美微传媒不得不向所有购买凭证的投资者全额退款。按照《证券法》规定，向不特定对象发行证券，或者向特定对象发行证券累计超过200人的，都属于公开发行，需要经过证券监管部门的核准才可。

随后美微传媒表示，在淘宝网出售会员卡募集资金的行为不合适，原因是现阶段美微传媒为“有限责任公司”，因而不具备公开募股的主体条件，美微传媒将有序地通过淘宝等渠道退回公开募集所得款项。

图 7-1　美微传媒创始人朱江

在淘宝网站上通过卖凭证和股权捆绑的形式来进行募资，可以说是美微创投的一个尝试，但主要问题在于股权众筹目前在中国受到法律法规的限制，并有非法集资的嫌疑，所以美微传媒股权众筹被证监会叫停。美微传媒股权众筹让大家看到了股权众筹的优点及强劲的市场，同时监管层没有对美微传媒股权众筹进行非法定性，所以，未来股权众筹在我国合法性发展的趋势清晰可见。

7.1　股权众筹的概念

股权众筹（Securities - based Crowdfunding）融资模式起源于美国，与非股权众筹不同，它是一种风险较高、期限较长的投资行为，在我国公开性证券融资的体系中处于金字塔的底部，如图 7-2 所示。广义的股权众筹是指通过中介机构撮合融资企业和投资者的权益性融资方式。狭义的股权众筹是指初创企业通过众筹网络平台（以下简称众筹平台）将所需融资项目情况、融资需求及出让股份公布在众筹平台上，由注册的合格投资者认购股份，支持创业项目的发展，投资者获得一定的股权（而非实物）作为回报。互联网股权众筹降低了融资成本，但是作为一种创新性的融资模式，由于整体制度缺失，存在诸多的不确定性，值得深入地讨论和研究。故本书所称的股权众筹（除非特殊说明）特指狭义的股权众筹。

由于互联网金融风险频发，监管层果断收紧了股权众筹的监管，股权众筹的法律地位仍不明确，监管细则尚未出台，行业的股权众筹平台纷纷将股权众筹业务改称为互联网非公开股权融资。2018 年 12 月，中国互联网金融协会发布《互联网金融　信息披露　互联网非公开股权融资》的团体标准公告，该公告将互联网非公开股权融资

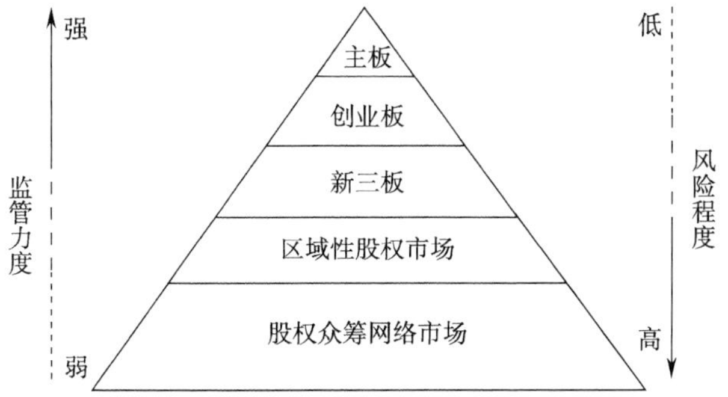

图7－2　我国公开性股权市场结构

(Internet Non－public Equity Financing）定义为以互联网为主要信息渠道向特定对象开展的股权融资业务活动，将股权众筹平台称为从业机构（Intermediary Institution)。显然，互联网非公开股权融资与狭义的股权众筹定义在本质上没有区别，不过互联网非公开股权融资突出了投资人为特定对象，且在投资人的数量规模上受到明显限制。根据《证券法》的规定，一般有限公司向特定对象发行证券累计不能超过200人；特定投资人的投资门槛也很高，根据《私募投资基金募集行为管理办法》对特定投资的认定标准，特定投资人的最低投资门槛是100万元人民币。不过值得注意的是，互联网非公开股权融资中特定投资人数量并未突破《证券法》规定的200人的上限，但是特定投资人的最低投资门槛通常都在30万元以下，明显低于《私募投资基金募集行为管理办法》的认定标准。通常，特定投资人的投资门槛是由互联网非公开股权融资平台和融资人共同协商决定。

7.2　股权众筹的发展背景

7.2.1　消除金融排斥需要股权众筹

股权众筹在英国等西方国家已经发展多年，其开放、灵活和便捷的融资模式为许多初创企业提供了更丰富的金融资源和发展机遇。我国开展股权众筹有利于缓解间接金融体系下存在的严重的金融抑制，促进我国小微企业的发展。2014年3月28日，证监会新闻发言人表示，股权众筹模式对于完善多层次资本市场体系、支持创新创业活动具有积极的意义，证监会要对股权众筹模式进行调研，适时出台股权众筹相关意见。证监会2018年度立法工作计划把《股权众筹试点管理办法》列入重点项目。由此可见，以股权众筹为代表的互联网金融服务可作为传统金融的重要补充，也有助于解决我国小微企业金融抑制的功能得到监管层的认可。

7.2.2　“大众创业、万众创新”的时代需要股权众筹

2012年以来，我国经济增长进入下行通道，经济也进入新常态。政界、学界和企

业界均认识到依靠传统的以粗放的投资驱动的经济增长模式的空间已经越来越小，未来的经济增长必须培育市场主体的创业创新意识，通过创新来调整我国经济结构，因此创新成为我国经济持续较快发展的必然选择。2015 年 6 月，国务院正式发布《关于大力推进大众创业万众创新若干政策措施的意见》，我国正式进入了“大众创业、万众创新”的新时代。当前我国广泛存在小微企业融资难、融资贵问题，特别是初创型企业只能通过自融资来解决资金困境，大力发展股权众筹有利于为初创型企业提供宝贵的资金支持。我国主要融资模式对融资主体的选择如图 7－3 所示。

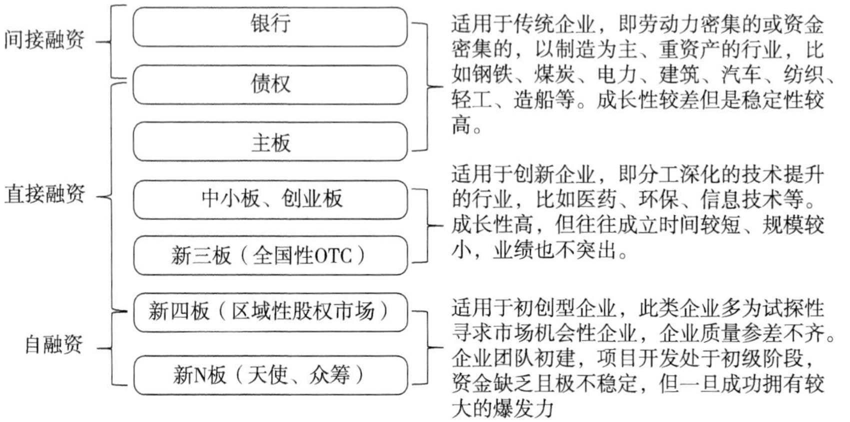

图 7－3　我国主要融资模式对融资主体的选择

2019 年，我国继续推进产业升级，新兴产业蓬勃发展，科创板开板和新三板精选层的设立并大幅降低了准入门槛，进一步激发了“大众创业、万众创新”的热情。目前，我国日均新设企业超过 1.8 万户，市场主体总量超过 1 亿户。面对国际贸易摩擦和科技限制，我国保持信心和定力，坚持实施稳健的货币政策，引导金融支持实体经济发展，并通过积极的财政和货币政策刺激消费和投资，降低企业成本。显然，在“大众创业、万众创新”时代的大背景下，股权众筹行业发展具有良好的经济基础。

7.2.3　去杠杆防风险需要大力发展股权众筹

根据数据统计，2014 年底，我国非金融企业负债与 GDP 的比率为 115%，这一杠杆比率已经远超英国、美国、日本等 10 个发达国家的非金融企业平均负债水平。我国非金融企业杠杆比率持续上升而利润增速持续下滑，这意味着高负债削弱了企业的净资本回报率，导致实体经济的发展后劲不足，发展环境恶化。同时，高杠杆还意味着企业经营风险过度向商业银行体系集中，增加了我国金融体系潜在的风险。党的十九大明确提出了增强金融服务实体经济能力，健全金融监管体系，守住不发生系统性金融风险的底线，打好防范化解金融风险攻坚战。因此，股权众筹对化解企业杠杆比率、降低企业负债水平、防范金融风险有深远的社会意义。

7.2.4 国际的示范效应推动我国股权众筹的发展

21世纪初，欧美涌现出一批服务小微企业融资的股权众筹平台。为使股权众筹持续健康发展和有效保护投资者的利益，2013年12月，美国证券交易委员会（SEC）全票通过延宕日久的基于JOBS法案中的第三篇众筹法案为基准的众筹监管法规，新法规使得初创公司和小企业通过众筹方式向普通美国公民发行股票融资进入实施阶段，再次引起了全球对股权众筹融资的高度关注。2014年3月，英国金融行为监管局（FCA）发布了《关于众筹及类似行为的监管方法》与《关于互联网众筹及通过其他媒介发行不易变现证券的监管方法》，明确清晰规定了股权众筹相关业务活动的基本规则和要求。由此可见，股权众筹作为一种初创企业的新兴的互联网融资工具，在欧美已初具规模，促进小微企业发展、活跃社会经济、繁荣资本市场的作用日益明显。在我国，股权众筹发展的环境并不成熟，但在巨大的民间投融资需求和国际示范效应下，2013年，我国股权众筹开始蹒跚探路，并在与相关政策和法规的不断博弈中缓慢发展。

7.3 股权众筹的价值

7.3.1 推动普惠金融发展

在传统的融资体系中，由于高不可及的门槛和信息不对称等因素，普通个人投资者被排除在初创企业股权投资之外，也无法分享初创企业的成长收益。但同时，初创企业多囿于风险投资单一的融资渠道，成功的概率较低。具有明显普惠性质的互联网金融的发展为缓解小微企业融资难提供了一条新途径。2013年8月，国务院办公厅发布的《关于金融支持小微企业发展的实施意见》指出，要“充分利用互联网等新技术、新工具，不断创新网络金融服务模式”。股权众筹作为互联网金融的核心模式之一，是一种依托众筹平台、针对高成长预期的小微企业初创期的独立于正规金融体系之外的一种新兴的投融资形式，其最大的创新在于完全打破了传统证券融资的体系和流程，普通民众可以通过众筹平台直接参与初创企业的股权投资，与企业共担风险、共享收益。同样，初创企业借助众筹平台通过互联网直接融资，其融资渠道被有效拓宽，融资成功率明显提高。由此可见，股权众筹对有效促进金融公平、推动普惠金融发展、增进社会公平感具有重大的社会价值。

7.3.2 促进小微创新企业发展

我国正处于经济结构调整和转型升级的特殊时期，2013年6月，国务院出台了《关于金融支持经济结构调整和转型升级的指导意见》，其中提出“用好增量、盘活存量”的金融业方针和政策，引导大量民间金融资源转向支持实体经济的发展，特别是新经济的发展。小微企业是新经济增长点的重要潜在元素，更是深化改革的主要推动力量。但是由于小微企业的先天性缺陷，很难从银行等正规金融渠道以合理价格获得融资。股权众筹作为一种专门针对创新型小微企业的互联网权益融资形式，打开了“微天使”的大门，给普通个人投资创新型小微企业创造了机会和渠道。从创业板、科创板和新三板的发展来看，存量资金明显钟爱于对创新型小微企业的投资。根据全国股转公司的披露，截至2019年6月末，新三板挂牌公司存量共9921家，总市值达3.25万亿元。在融资方面，2019年上半年，全市场融资数额为174.15亿元，其中非金融企业融资158.25亿元。并购重组61.76亿元，二级市场成交385.75亿元。在科创板方面，有40家新三板挂牌或曾挂牌公司申报科创板获受理，占科创板受理总量的26.85%，这进一步拓展了股权众筹发展的空间，吸引了更多投资人投资。股权众筹极大地降低了初创企业的准入门槛，激发了小额闲散民间资金对新型小微企业的投资热情，大幅提高了小微企业股权融资的成功率。同时，由于股权融资不需要定期支付利息和本金，小微企业没有负债压力，能将全部募集的资金投入产品创新之中，有利自身快速发展，提高创业的成功率，进而促进经济结构转型升级。因此，股权众筹一定程度上对推动我国从储蓄型社会向投资型社会转变，加速中国制造向中国创造转变，提高国家竞争能力，促进经济市场繁荣，具有重要的战略价值和经济价值。

7.3.3 激发全民创新创业

俗话说，“万事开头难”，创业者在创业初期的融资尤其困难。通常，创业者虽然拥有很好的商业思路，但商业计划和融资需求只能在行业内的天使投资人和风险投资等圈子里小范围传播。受困于融资渠道的匮乏和高额的融资成本，许多创业项目在筹措到资金前就已经夭折。而股权众筹通过互联网技术以更加迅速、直接和社会化的融资方式，既拓宽了创业者的融资渠道，有效解决初创企业“融资难”和“融资贵”的困扰，也让每一个普通人都可以基于情感、喜好或商业眼光参与创业投资。同时，让更多的投资人为创业企业提供除资金以外的其他资源（智力资源、客户资源、人力资源等）帮助，有效降低创业风险，提高创业的成功率。显然，股权众筹能明显改善创业环境，营造浓厚的创业氛围，也将造就一大批新的创业企业家，新的企业家自然会感染、鼓励和支持年轻一代创新与创业，进而使我国逐渐构建一个创新创业的良性循环生态。

7.4 股权众筹的类型

按照投资人在融资企业中的股东性质，股权众筹可以分成以下三类。

7.4.1 个人直接股东模式

个人直接股东模式是出资者直接在众筹平台上浏览列出的可投资项目，挑选认为有潜力的项目进行投资。筹资项目成功后，出资者通过众筹平台的电子化程序签订包括转让协议、股权凭证在内的文件并在公司登记注册，在收到纸质的股权证书（通常分为 A 股和 B 股两种）、投资协议书等文件后，投资者则直接成为该融资企业的股东，持有 B 股的投资者对公司的决策具有投票权。这种模式主要集中在英国，比如股权众筹平台 Crowdcube 和 Seedrs。

7.4.2 基金间接股东模式

基金间接股东模式是投资人直接在众筹平台上浏览可投资项目，挑选认为有潜力的项目进行投资，资金并不经过众筹平台，而是转入到一家风投基金，由风投基金把所有投资人募集的资金注入项目公司，投资者是众筹平台中项目个股的基金持有者，基金的面值和项目公司股票的价值是等值的。在这种融资模式中，投资人是项目公司的间接股东，其所有投票权均由基金代理，投资人对融资项目公司基本上没有影响力。美国股权众筹平台 Fundersclub 即采用此模式。

7.4.3 集合直接股东模式

集合直接股东模式又被称为“领投 + 跟投”模式和辛迪加模式，该模式执行“领投人”（Leading Investor）制度，通常由众筹平台指定一名具备一定的行业资源、影响力大、投资经验丰富、风险承受能力强的人充当投资的领导者与协调人（相当于 VC 中的 GP），其他的投资人追随领投人进行投资（相当于 LP），领投人与跟投人（Following Investor）签订管理协议确定双方的权利和义务，领投人和跟投人都是公司的直接股东，但通常情况下由领投人担任项目公司重要股东并参与管理，跟投人作为出资方也享有重大事项的投票权，但不用参与一般性事务。集合直接股东模式的股权众筹平台有美国的 AngeList、澳大利亚的 ASSOB。

7.4.4 投资主体间接股东模式

在我国，股权众筹主要的投资模式也是“领投 + 跟投”模式，不过我国的“领投 + 跟投”模式不同于集合直接股东模式，而是投资主体间接股东模式。根据《互联网金融 信息披露 互联网非公开股权融资》的团体标准公告的定义，投资主体（Investment Entity）就是在“领投 + 跟投”模式下，由投资人共同出资设立的，作为投资载体直接投资于融资方的主体，一般为公司或合伙企业。领投人是符合相关法律法规的规定、符合从业机构设定的资质条件且通过从业机构实名认证的机构或个人，并在融资项目投资中主导投资的机构或个人。领投人通过对融资项目进行投资分析、尽职调查等，帮助其他有意向的投资人了解融资项目的投资价值与投资风险，代表其他投资人与融资方进行投资谈判和交易达成，并承担融资项目的投资管理义务。跟投人是符合相关法律法规的规定、符合从业机构设定的资质条件且通过从业机构实名认证的机构或个人，以自有资金入股形式跟随领投人对融资项目进行股权投资，并对其投资行为承担投资风险。目前，我国股权众筹平台基本上采用的都是投资主体间接股东模式。

7.5 股权众筹架构与交易流程

7.5.1 股权众筹运行的主体架构

股权众筹在运营过程中至少有项目融资人（创业者）、公众投资人和众筹平台三个主体，大多数还有资金托管机构。

（1）项目融资人（Financier）。项目融资人一般是试图通过众筹平台为自主具有但缺乏资金支持的项目进行融资的小微企业创业者，其融资的项目具有高新技术、创新商业模式和市场高成长预期等特征，但还处于种子期或初创期。同时，项目融资人必须成立公司，遵循现代公司治理制度，建立可对外出售股权的制度，还必须具备众筹平台规定的条件，如国籍、年龄、资质和学历等，必须在众筹平台注册并签订服务合约，明确权利和义务之后，经众筹平台审核通过后才能进行项目融资。

（2）公众投资人（Accredited Investor）。公众投资人是在众筹平台上注册的众多的“草根天使”，他们通过众筹平台选取项目，但是投资之前，必须通过众筹平台的资格审核，成为合格的投资者后，才能对中意的项目进行规定额度内的投资并获得项目公司的对应股份，享受普通股东的权利，甚至对创业者的决策施加影响，公司如盈利，他们就能获得回报。

（3）众筹平台（Intermediary Institution）。众筹平台既是平台的搭建者和运营方，又是项目融资人的审核者、辅导者和监督者，还是公众出资人的重要利益维护者，同时还为投融双方提供如财务审核、技术咨询、法律文档、交易撮合等各种支持服务。因此，众筹平台的多重身份特征决定了其流程复杂、功能全面、责任重大。

（4）资金托管机构（Third - party Funds Custodian）。资金托管机构是众筹平台的战略合作伙伴，其功能类似于 P2P 中的资金托管机构，全程对公众投资人的资金进行第三方托管及分期支付，保障投资者的资金安全。目前，股权众筹资金托管机构主要还是第三方支付资金存管。根据中国互联网金融协会 2017 年对 40 个股权众筹平台的专项调查，60% 的股权众筹平台通过第三方支付进行资金存管，28.6% 的股权众筹平台通过传统银行业金融机构进行资金存管，11.4% 的平台还未实施资金存管。

7.5.2 股权众筹的交易流程

股权众筹的交易流程主要分为四步：第一步是发起人在众筹平台上发布创意项目，投资人在平台上选择感兴趣的创意项目，达到项目匹配的目的。第二步是发起人在众筹平台上设定筹资目标，投资人开始进行投资。第三步是众筹中项目发起人与投资人进行有效沟通，继续完善项目创意，以达到筹资的目标。第四步是项目达到筹资目标后，发起人使用资金运营实施项目，而投资人可以监管项目资金的使用情况。股权众筹的交易流程如图 7 - 4 所示。

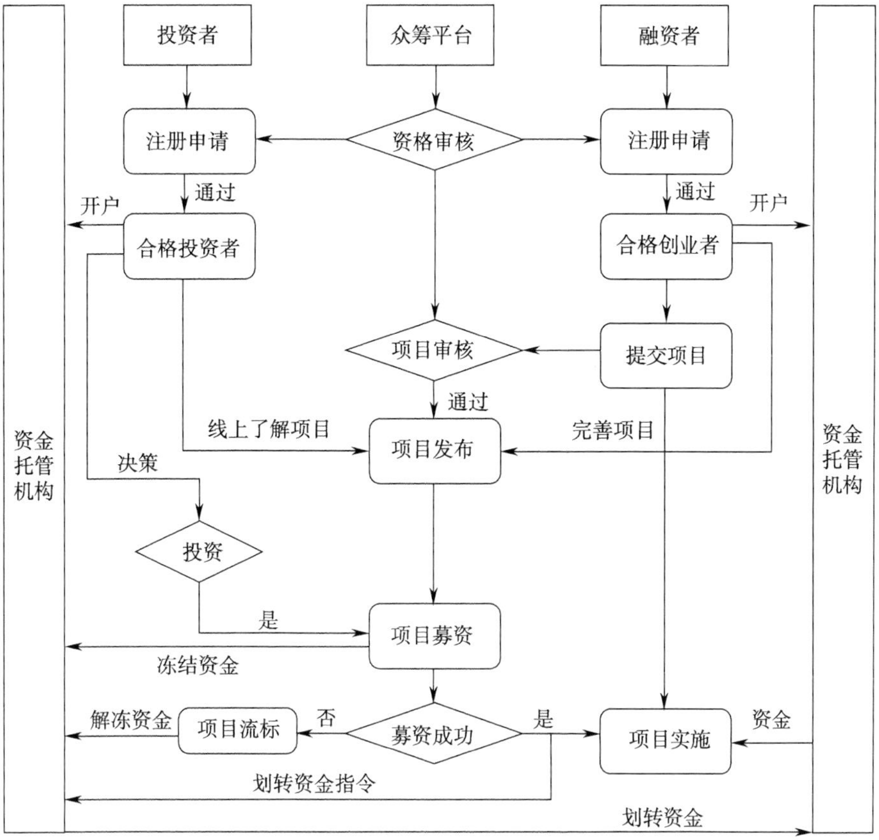

图7-4 股权众筹的交易流程

7.6 股权众筹平台的盈利模式

7.6.1 中介费模式

中介费模式是目前较为常见的盈利模式。在此模式中，平台在项目融资成功之后，向融资者收取一定比例的成交中介费（或称为佣金、手续费等），通常是融资额的3%~5%，视各家平台实际情况而定，没有固定比例。典型代表平台有京东东家、36氪、原始会、大家投、人人投。中介费模式的优点是能够获得现金回报，收益明确；而缺点是由于现阶段众筹的项目数量和融资规模都十分有限，仅仅依靠收取佣金、中介费，平台的收益都很少。

7.6.2 股权回报模式

股权回报模式是众筹平台获得在其平台上成功融资的项目的部分股权作为回报收

益，实际上是股权投资行为。有的平台不仅收取融资顾问费，还要求获得融资项目的部分股权。也有平台仅仅只获取股权回报，而不收取其他中介费用。大部分服务于种子期、天使期的平台往往采取这种模式。如天使汇、创投圈等平台收取融资项目1%的股权作为回报。股权回报模式的优势是不仅能够在佣金之外增加回报收益，而且能够以此分析企业的预期，项目一旦成功，平台获利空间会更大；缺点是由于采用此模式的平台多是类似初创型的公司，退出股权获得收益往往无法短期内兑现。

7.6.3 增值服务费模式

增值服务费模式是股权众筹平台为众筹融资方提供各项创业的增值服务并对这些服务收取费用，主要包括创业孵化、财务、法律等服务。增值服务费模式的优势是能够真正解决创业企业和项目的痛点。缺点是创业孵化服务的成本较高，现阶段平台难以支持。目前，足以支撑此成本的也就只有京东等资本雄厚的大平台。

7.6.4 后端收费模式

后端收费模式是股权众筹平台通过分享投资人的项目增值收益来盈利。典型的代表平台是投壶网。后端收费模式的优点是平台能将生存及发展支点放在“服务盈利”上，而非“流量盈利”上，平台的利益与投资人的利益相互绑定，促使平台在项目选择和投融服务上不遗余力；缺点是初创型企业股权退出的周期较长且不确定性大，需要平台自身有较强的资本实力。

7.7 国内外股权众筹的发展现状

7.7.1 我国股权众筹的平台数据

在“大众创业，万众创新”政策指引下，我国的股权众筹不断升温，也成为互联网金融的另一个“风口”，股权众筹亦为创业市场带来一种新的融资渠道和融资方式。2011年天使汇的成立，拉开了中国国内股权众筹行业的序幕，经过四年的孕育和培养，股权众筹行业在2014年迎来了爆发式的增长，2015年也被誉为股权众筹“元年”，京东、阿里、360等行业巨头也纷纷开始布局股权众筹，行业竞争更加激烈。

根据中国互联网金融协会、清科研究中心、人创咨询三家机构发布的众筹行业相关数据统计，2011年至2013年，中国股权众筹还处于萌芽起步阶段，共上线股权众筹平台12家。2014年，互联网金融快速崛起，股权众筹行业也得到迅猛发展，2014年和2015年的股权众筹平台上线数量开始井喷，京东、阿里巴巴在2015年都加入股权众筹行业的市场争夺。2015年，股权众筹平台累计上线数量达到125家，正常运营的股权众筹平台数量达到111家，正常运营平台占总上线平台的88.8%，如图7－5所示。截至2015年底，中国股权众筹平台累计成功众筹项目数达2338个，其中2015年成功众筹项目1175个，占全部众筹项目数的50%，股权众筹累计成功众筹金额近百亿元人民币，其中 2015 年成功众筹金额为 43.74 亿元人民币，约占全部众筹金额的一半。

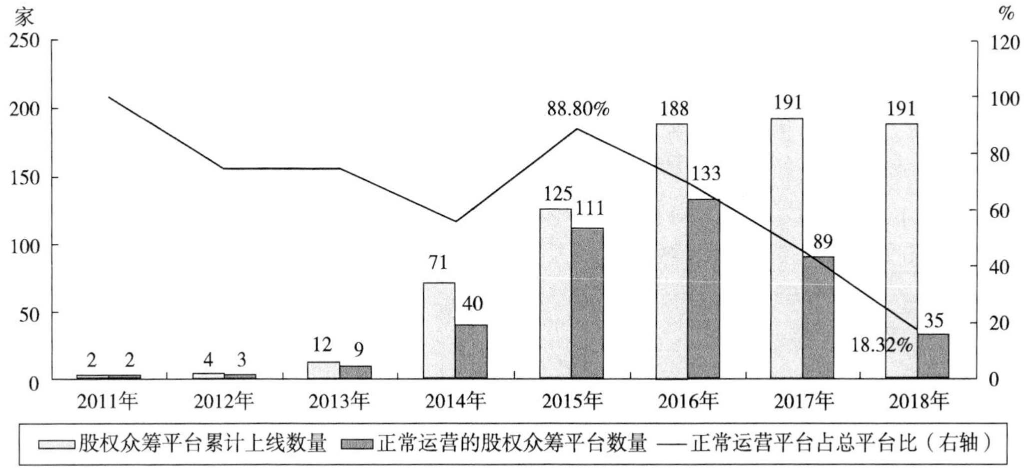

图 7 - 5　2011 年至 2018 年股权众筹平台上线年份分布

（数据来源：根据中国互联网金融协会、清科研究中心、人创咨询三家机构发布的众筹行业相关数据整理）

2015 年下半年，我国互联网金融风险开始逐步暴露并出现频发的势头，监管层开始收紧对互联网金融的监管，证监会在 2015 年下半年，针对股权众筹行业印发了《关于对通过互联网开展股权融资活动的机构进行专项检查的通知》，股权众筹的监管也随之收紧。股权众筹行业开始进入行业整理期，新增股权众筹平台数量和股权众筹正常运营平台数量在 2016 年下半年开始快速减少，截至 2018 年末，新增股权众筹平台基本暂停，正常运营的股权众筹平台数量为 35 家，占总上线平台之比大跌至 18.32%，如图 7 - 6 所示。

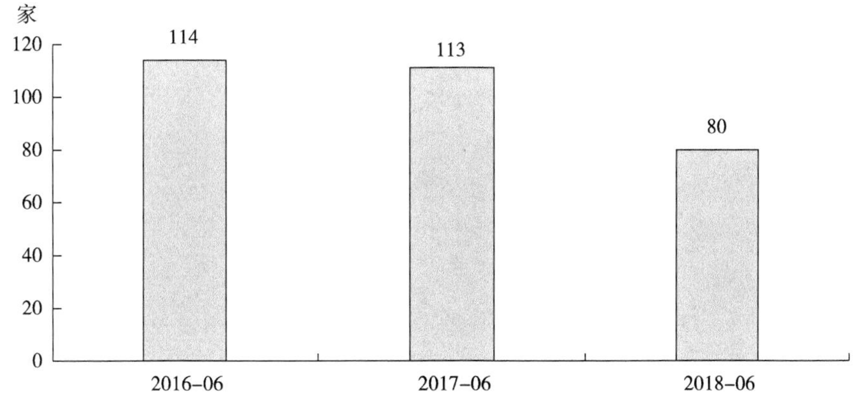

图 7 - 6　正常运营的股权众筹平台

（数据来源：人创咨询）

据人创咨询最新统计，2018 年上半年共有股权型众筹项目 875 个，其中有 253 个项目众筹成功，45 个项目众筹失败，577 个项目仍在众筹中，如图 7－7 所示。股权型成功项目的预期总融资额约 9.53 亿元，实际总融资额约 12.99 亿元，总投资人次约为 1.52 万人次，如图 7－8 所示。与 2017 年上半年相比，2018 年上半年股权型总项目数有所增加，不过成功项目数、实际总融资额、总投资人次均有所减少。成功项目数减少了 181 个，同比下降 41.71%；成功项目实际总融资额减少了 2.51 亿元，同比下降 16.19%；成功项目总投资人次减少了 1.84 万人次，同比下降 54.74%。2017 年上半年与 2016 年上半年相比，成功项目数、成功项目实际总融资额均有所减少，成功项目总投资人次几乎持平。成功项目数同期减少了 107 个，同比下降 19.78%；成功项目实际总融资额减少了 16.65 亿元，同比下降 51.79%；成功项目总投资人次增加 0.02 万人次，同比增长 0.60%。

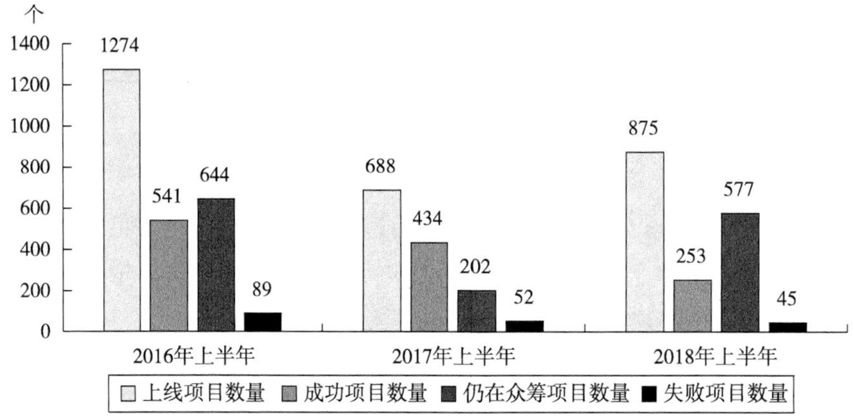

图 7－7　2016 年上半年至 2018 年上半年正常运营的股权众筹平台

（数据来源：人创咨询）

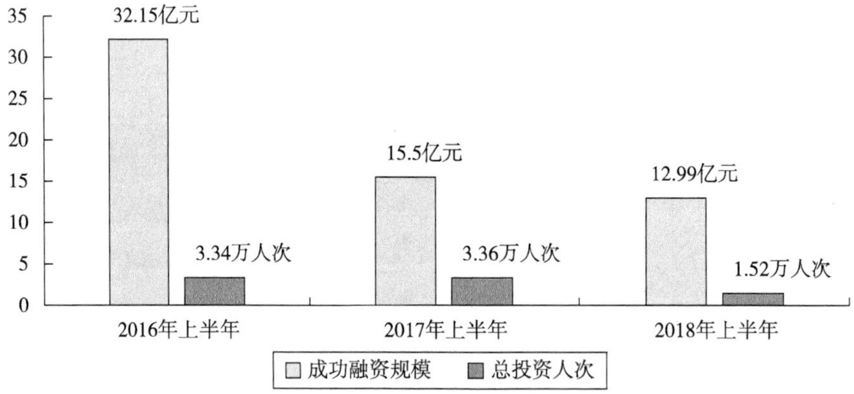

图 7－8　2016 年上半年至 2018 年上半年正常运营的股权众筹平台融资规模与总投资人次

（数据来源：人创咨询）

7.7.2 我国股权型众筹项目地域分布

将股权型项目发起平台按所在地进行划分，并对各地平台的股权型成功项目数进行统计，结果显示，2018 年上半年项目大多集中在北京和广东，其中北京最多，有 136 个项目，其次是广东，有 80 个项目。北京和广东两地平台的股权型众筹成功项目数占比 85.38%。对各地平台股权型成功项目实际总融资额进行统计，其中北京遥遥领先于其他地区，总融资额达 9.48 亿元，占比 72.98%；广东为 2.49 亿元，占比 19.21%。其余地区融资额较少，均不足亿元，如图 7－9 所示。

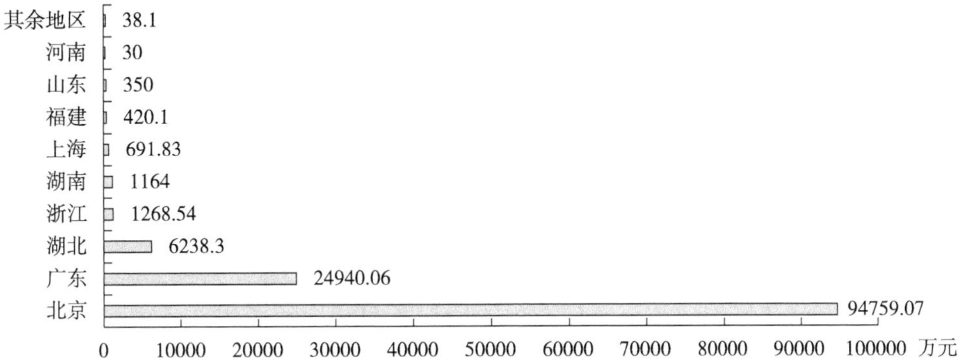

图 7－9 2018 年上半年各地区股权众筹融资规模

（数据来源：人创咨询）

7.7.3 我国股权众筹项目行业分布

从行业分析，股权众筹平台上的创业项目主要分布在移动互联、消费生活、智能硬件等细分行业。从众筹项目的受欢迎程度来看，众筹平台消费类项目更能吸引投资人，甚至出现“秒杀”的情况。由于生活消费类的项目更加贴近人们的生活，平台上的投资者可以更容易看懂项目，因此募资完成时间更短。但另一方面也说明投资人的不成熟。股权众筹平台上的投资人虽然大部分是经过平台认证的合格投资人，但相对于传统机构中的投资人其专业能力不足。股权众筹平台上投资人的不成熟还反映在对项目的估值选择上，一般情况下平台上的项目估值越低，参与众筹的投资人就越多，众筹成功率也就越高，对于相似创业公司，投资人大部分会选择估值较低的项目。从众筹项目的成功率来看，2016 年之前，众筹成功项目主要集中在众筹行业第一梯队的平台，众筹成功率都在 90% 以上，如天使汇、京东东家、36 氪和蚂蚁达客。36 氪股权众筹成功率达到了 97%，京东东家和蚂蚁达客甚至没有众筹失败的项目。但是，随着监管的收紧，许多第一梯队股权众筹平台都暂停了业务。据人创咨询最新统计，2018 年上半年总成功融资额前十的股权众筹平台如表 7－1 所示。

表 7-1　　2018 年上半年总成功融资额前十的众筹平台

平台名称	总项目数（个）	成功项目数（个）	成功融资额（万元）
多彩投	11	11	38255.00
分分投	24	23	12799.00
青春梦	4	4	10583.00
云投汇	2	2	10505.00
第五创	30	26	8556.71
迷你投	6	5	5862.00
人人投	31	26	5051.12
未名之光	9	8	4425.50
兴汇利	10	7	4088.30
投哪儿	7	7	3888.00

数据来源：人创咨询。

7.7.4　美国股权众筹的发展

美国是众筹模式的发源地，这与美国的创新文化和冒险文化息息相关。美国的股权众筹的产生要晚于权益众筹，金融危机是美国股权众筹迅速发展的推动力。2008 年国际金融危机爆发后，美国金融市场动荡，市场风险加剧，资金成本上升，小微企业，特别是初创企业，由于种种条件限制又无法从公开的资本融资。随着互联网技术的普及和金融科技的应用，股权众筹就成为小微和初创企业获得资金的全新模式，成为美国传统融资渠道的有益补充和多层次资本市场的一个重要组成部分。因此，美国较为知名的股权众筹平台都成立在国际金融危机之后，比如开创“领投+跟投”模式的股权众筹平台 AngelList 成立于 2010 年；采用机器学习算法对融资方进行估值和面向平台合格投资者进行融资的股权众筹平台 CircleUp 成立于 2011 年；依托于创业孵化器和创业者同伴社区来保证投资者和融资方质量发展模式的 Wefunder 股权众筹平台就成立于 2012 年；践行平台自身严选融资方和吸引天使投资、风险投资为投资方的股权众筹平台 SeedInvest 成立于 2012 年；吸引融资方为公司自由女性或少数族裔主导，融资方基本上是来自各国非合格投资人的股权众筹平台 StartEngine 成立于 2014 年。

根据《2017 年美洲另类金融行业报告》中的数据，美国股权众筹的融资规模与权益众筹基本持平。美国 2014—2016 年的股权众筹融资规模分别为 2.718 亿、5.909 亿和 5.491 亿美元，如图 7-10 所示。

美国股权众筹快速发展，为了保护投资者的利益和促进行业的健康发展。2012 年 4 月，美国出台了包含股权众筹相关监管的法律《JOBS 法案》（*Jumpstart Our Business Startups Act*），在法律层面上明确了股权众筹的合法定位。2013 年 10 月，美国证券交易委员会发布了关于落实《JOBS 法案》的具体监管草案。

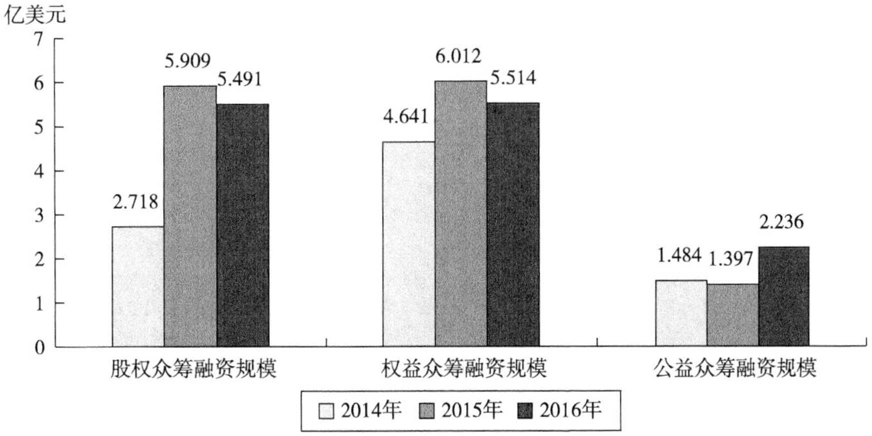

图7－10 2014—2016年美国股权型、权益型和公益型众筹类型的融资规模

（数据来源：袁毅，陈亮．中国众筹行发展研究2018［M］．上海：上海交通大学出版社，2018）

7.7.5 英国股权众筹的发展

虽然权益众筹模式最早发源于美国，但是英国债权众筹、股权众筹的发展都早于美国。这主要是因为英国监管机构对投资类众筹融资平台的审批是根据现行投资公司的相关规定进行特例审批，特别是股权众筹平台等新兴金融科技公司通过批准后，将其加入英国金融服务补偿计划项目（Finanaical Services Compesation Scheme，FSCS）。FSCS相当于投资者的一个保险机制，一旦金融科技公司出现倒闭、违约、欺诈等情况，投资者可以通过FSCS申请获得补偿。在此背景下，英国股权众筹获得了有利的发展条件，也涌现了一批较为知名的股权众筹平台，比如2010年10月在埃克塞特大学创新中心成立的股权众筹平台Crowdcube，在2013年被评为欧洲最热门的金融科技公司；2012年5月在东伦敦科技城成立的股权众筹平台Seedrs，是一家定位于投资欧洲初创企业和后期企业的股权众筹平台，2017年5月，Seedrs推出了二级市场，在平台中每月开放一周时间，使投资者可以在市场中交易私人股份；2011年4月成立的股权众筹平台Crowdfunder UK，采用多元融资项目和灵活的投资模式，是目前英国股权众筹成交规模排名第一的平台；2011年12月成立的英国房地产众筹平台The House Crowd，是英国最早专门从事房地产众筹的平台，多位投资者共同购买一处标的房产，标的房产可租可售，投资人共担风险，共享收享；甚至还有专门向大众提供赛马活动的股权众筹平台Crowd Racing。

根据《2017年英国另类金融行业报告》中的数据，英国股权众筹的融资规模远远高于权益众筹。英国2014—2016年的股权众筹融资规模分别为0.85亿、2.48亿和27.2亿英镑，如图7－11所示。

随着股权众筹在英国发展日益蓬勃，英国对股权众筹的监管也不断进行了完善。在英国，股权众筹由金融行为监管局（FCA）监管，FCA于2014年3月发布了《关于众筹及类似行为的监管方法》与《关于互联网众筹及通过其他媒介发行不易变现证券

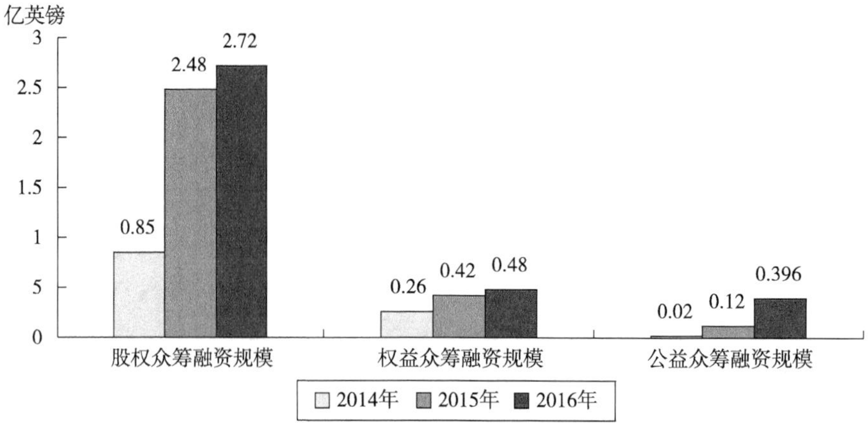

图 7－11　2014—2016 年英国股权型、权益型和公益型众筹类型的融资规模

的监管方法》，与美国一样在法律层面上再次明确了股权众筹的合法定位，为英国股权众筹的持续健康发展奠定了明确可循的监管框架和制度。

回顾小结

本章介绍了股权众筹的定义，分析了股权众筹发展的四个背景，讨论了众筹的三个价值，总结了股权众筹的四种类型，探讨了股权众筹架构并拆解了股权众筹的交易流程，最后，阐述了国内外股权众筹的发展现状。

动动脑、动动手

1. 股权众筹发展的背景有哪些？
2. 为什么初创型企业更需要股权众筹的服务？
3. 为什么美国的股权众筹市场规模远高于中国的股权众筹市场？
4. 我国股权众筹的盈利模式有哪些？
5. 浏览一个股权众筹平台，进行注册并讲述其盈利模式。

第8章

股权众筹成功的核心因素

知识要点

✓ 平台的视角看股权众筹成功的因素
✓ 项目融资人的视角看股权众筹成功的因素
✓ 投资人的视角看股权众筹成功的因素

案例导读

京东“天天有余”股权众筹项目10分钟融资860万元

2015年7月，在京东股权众筹平台最新上线的“天天有余”项目，其领投人为知名投资人宋宇海。宋宇海有20多年的创始投资、天使投资及风险股权投资和国内外投资银行经验，目前为京东商城投资人，远特科技、安美数字等公司创始人。宋宇海作为京东商城早期的天使投资人，曾对刘强东的经营决断能力及敏锐的市场嗅觉给予了充分肯定。而后，京东上市创造了资本市场的一个神话，这也让宋宇海成为幕后的赢家。此次宋宇海再次携手京东股权众筹，加入个人领投人梯队，领投“天天有余”项目，引起业内的极大关注。天天有余计划融资目标为860万元，10分钟即满标，一天融资额达到1067万元，超出计划的24%。

图8-1 京东“天天有余”股权众筹项目

宋宇海领投“天天有余”项目，主要是基于对未来中国POS贷①业务极有可能出现爆发式增长的预期，以及对目前行业痛点的把握。数据显示，截至2015年，中国有中小企业5000万余家、小微企业4000万余家、个体工商户3000万余家，而POS商户有1600万余家。近三年POS终端复合增长率达50%，但POS贷转化率不足5%。而这其中，很多是因为借贷双方信息不对称、交易成本过高所致，其中征信业务存在缺口是重要一环。小微企业POS贷融资难题亟待像“天天有余”这样的第三方金融服务平台的出现。“天天有余”专注于POS贷信用评级，通过支付金融和互联网大数据技术，为金融机构和小微商户提供金融服务，依托互联网大数据，该公司已实现POS流水评级自动化和贷后POS流水监控自动化。

天天有余在京东股权众筹平台“东家”上线，又有京东商城早期投资人宋宇海领投，同时真格基金作为天使投资机构直接跟投，以上因素都为天天有余项目的成功奠定了良好的基础，诸多投资者在项目一上线就“抢购”也就不足为奇了。

8.1 从股权众筹平台的视角看股权众筹成功的因素

8.1.1 股权众筹平台必须具备挖掘好项目的能力

股权众筹是项目发起人通过股权众筹平台发布的以股权融资为目标的众筹项目。如果将股权众筹平台看作是一种特殊的电商平台，该平台销售的商品则为初创型公司的股权等金融产品。与电商平台不同的是，股权众筹平台产品质量的保证需要平台团队具备挖掘好项目的能力。换言之，就是股权众筹平台能够依靠自身的竞争力，在众多项目中找出有发展潜力、高增长且有价值的好项目。

在判别一个股权众筹项目是否属于好项目时，股权众筹平台通常从以下几个维度进行识别。

（1）融资项目为有潜力的朝阳产业或高增长行业。目前，股权众筹平台融资成功的项目大多来自电信、媒体和科技（Telecommunication、Media、Technology，TMT）行业或消费生活行业，均是政府在政策上支持或鼓励发展的行业。

（2）融资项目的商业模式有一定的创新性或有清晰的可行性。融资项目的商业模式相比于传统商业模式要有一定的创新性，如果没有创新则很难体现出优势。多数的融资成功项目之所以在TMT行业，是因为这些行业可以利用新技术、新媒体和新渠道构建新的商业模式，颠覆传统的商业模式。比如“互联网+”的行业创新，颠覆了传统的商业模式，不但取代了原有的市场地位，而且能以更低的边际成本和更高的效率服务用户。如果项目的商业模式创新性不强，那么商业模式必须是清晰可行的，而且

① POS贷是指放贷机构依据POS机收单商户一定期限内的经营性POS入账金额规模，给予其相应额度的信用贷款业务。

在项目盈利模式上要显示出比较优势。

(3) 创业团队结构合理、能力出色。只有结构合理、能力出色的创业团队才有可能创业成功。创业团队中需要有管理、技术、市场、财务和法律方面的人才，最好是有一些具有创业经验的团队成员，当然好的教育背景和年轻的创业团队更有成功的潜力。

(4) 创业项目的融资估值合理。融资公司的估值方法通常有 P/E、P/B、P/S 等。创业公司成长过程中通常会经历天使轮、A 轮、B 轮、C 轮、D 轮、E 轮、Pre－IPO轮、IPO 等融资阶段。但采用不同方法对同一阶段的公司进行估值时，公司的估值往往大不一样，这就要求众筹平台对创业项目基于自身的经验进行客观合理的估值。如果融资项目的股权价格估值过高，平台在发布项目时则要相当谨慎。

为了保证项目质量，股权众筹平台应当严把准入关，对融资者发布的项目进行尽职调查，从行业、财务及法律等角度对融资者准备众筹的项目进行严格的审核及筛选。对于达不到融资标准的项目坚决将其淘汰，确保发布的是优质的有潜力的好项目。虽然股权众筹平台是为投融资双方提供投融资信息服务的信息中介，其法律属性为居间服务，但是，股权众筹平台仍负有对项目进行审核的基本义务。从平台可持续的角度，平台必须把握好项目准入门槛，绝不能放纵低质量的项目发布，更不能与项目发起方有关联或利益捆绑。即便通过一时的欺骗成功，但公司项目在后续的实际运作中必将出现问题，就会严重影响平台的声誉和口碑，进而影响平台的生存。

8.1.2 股权众筹平台必须具有良好的投资人权益保障机制

投资人是股权众筹平台生存的基石，众筹平台只有为投资者提供良好的服务，切实维护好投资者的利益才能吸引更多的投资人，而投资人的增加有利于平台找到更多融资项目，进而提高为投资人提供优质项目的概率。众筹平台要想为投资方提供更好的保障、体验与服务，就要围绕投资者来构建股权众筹的体系与生态。目前，京东东家、大家投等股权众筹平台将投资人发展作为平台发展的核心因素，当拥有海量的投资人，特别是吸引到具有较强领投能力的投资人之后，也会吸引更多的优质项目来平台上融资，从而形成一个良性循环的局面。众筹平台可以通过以下措施来保障投资者的利益。

(1) 严格进行合格投资人的认证与审核。为了避免不具有早期项目股权投资经验与能力的自然人或机构成为平台注册的合格投资人，从而影响投资的质量与效率，平台应当设置好合格投资人的注册及认证门槛。如果平台盲目追求投资人的注册数量而不注重质量，这不仅与股权众筹监管的政策法规不相符，而且也会大大降低平台对具有领投能力的投资人或投资机构的吸引力；同时，如果投资人缺乏投资经验且风险意识较低，一旦项目出现投资风险，就很可能会引发纠纷，影响到平台的发展。因此，平台需要吸引高品质的合格投资人入驻平台，并使其成为股权众筹平台的活跃用户。

(2) 必须对投资者资金进行银行托管。投资者在股权众筹平台进行投资时，资金的安全性是一个不小的顾虑。为了打消投资者的顾虑，股权众筹平台必须将投资者的资金存放在传统银行业金融机构进行第三方托管及结算服务，这也符合监管要求。同时，股权众筹平台自身的IT系统要安全可靠，从而为用户提供良好的、安全的资金操作体验。

（3）严密监督投资者的资金投向。大多数投资者最为担心的问题是投资资金被融资者中途更改资金用途或任意使用，甚至卷款跑路。因此，股权众筹平台应当与项目融资方在银行开立共管账户，约定具体的资金拨付条件，并要求项目融资方提供资金具体使用凭据，从而对融资方实际使用资金的情况进行全程监管。一旦发现融资方资金投向不明，或明显违背约定资金使用投向并且无合理逻辑，平台方有义务通知投资人并共同采取有效措施进行制止。

8.1.3 股权众筹平台必须具有快速撮合投融意向的模式

基于互联网平台的股权众筹的特点就是股东分散、投资小额，且投资人之间多数是不认识、不熟悉，投资素养、风险偏好、投资能力也不尽相同。所以，如何提高项目融资方与投资人之间的投融意向并快速进行撮合就非常关键和重要，这就涉及投融模式的设计与安排。股权众筹平台通常可以采用以下主要模式。

（1）直接股东模式。直接股东模式是投资人直接在股权众筹平台与项目融资方签约，投资人以自然人的名义进入融资公司并成为融资公司的股东。这种模式手续简单直接，从投资人的角度来看，绝大多数投资人最愿意采用此模式，因为自己的股东权益能在融资公司的相关登记中直接体现，在主张股东权益时不受第三方的影响。比如人人投的项目就采用直接股东模式。但是，从平台和融资人的角度来看，直接股东模式则并不是理想的选择，因为股东众多会给融资公司的治理带来一定的难度，比如股东大会如何召开，相关的公司登记手续办理比较麻烦。另外，根据我国的《公司法》，在融资公司上市之前股东的总人数不能超过200人，所以，如果股权众筹的人数众多，这种模式则无法操作。

（2）股权代持模式。股权代持模式通常在熟人之间开展，陌生人之间由于信任成本过高则很难采用此模式。但是若股权众筹投资人在投资后，经过接触、交流和沟通，在一定程度的熟悉情况下，也可以采用股权代持模式。但是，如果公司能发展到IPO融资阶段，代持模式将会成为上市的法律障碍之一。因此，在IPO之前必须解除代持。

（3）合投模式。合投模式是由众多的投资人成立一个或几个投资主体进行投资的模式。采用合投模式可以有效降低交易成本，提高投资效率，有利于权益保障，在实际操作中通常有两种法律模式。

①设立有限合伙企业。投资人通过有限合伙企业作为投资主体投资融资公司。在合伙体中，要选定一位具有投资经验和投资能力的投资机构或个人作为领投人，也是合伙体中的普通合伙人（GP），GP受合伙体中的有限合伙人（LP）的委托在投资后参与融资公司的管理，其余的投资人为LP。在该模式中，为了有效调动GP的积极性，合伙体要采取一种合理的激励机制，通常有两种方式：一种是由融资公司给予GP更为优惠的投资价格或一定的股份；另一种是LP给予GP一定比例的投资收益，比如合伙

体投资收益的20%归GP所有。但是，有限合伙企业的股东人数不能超过50人。

②设立持股公司。投资人通过持股公司作为投资主体投资融资公司。在公司治理结构和管理安排上，由具备一定的行业资源、影响力、投资经验丰富的领投者代表公司参与投资后融资公司的管理，也就是由领投人或机构作为持股公司的管理人。有限责任公司的众筹股东实际人数也不可超过50人。采取公司作为投资主体模式，需要缴纳双重税，即公司缴纳所得税后在股东分配投资收益时需再缴纳个人所得税，而有限合伙模式只需缴纳股东个人所得税的20%，即一层征税。

8.1.4　股权众筹平台必须具有清晰可行的运营规则

清晰可行的运营规则不但是股权众筹平稳持续运行的制度保障，也是投融双方义务和权利的准则，一旦平台与投资方、投融任意一方或投资方和融资方双方发生民事纠纷或法律纠纷，运营规则是重要的权利主张依据。因此，股权众筹平台必须设立明确的运营规则，该规则一旦确立，就不得随意改动。股权众筹平台的运营规则至少要包括以下几个部分：

（1）平台管理规则。平台管理规则中应明确规定众筹平台的服务宗旨、签约主体、服务内容、规则的适用范围、平台的权利及义务、投融双方行为规范、服务佣金标准、违约责任、知识产权归属、协议终止及争议解决、保密约定、不可抗力说明等主要条款。

（2）投资人管理规则。投资人管理规则中应明确规定投资人实名认证流程、合格投资人认证流程、领投人的权利及义务、股权认购规则、《投资意向书》与《投资协议》细则、投资保证金及违约情形、投资人承诺等主要条款。

（3）融资人管理规则。融资人管理规则中应明确规定融资人的标准、禁止行为、融资人应当向平台承担的义务、融资人应当向投资人承担的义务、服务佣金标准、不可撤销的融资要约、投资协议的履行、接受平台及领投人监督及质询的承诺、股权退出、投融资双方线下协议的变更和罚则等主要条款。

（4）融资人信息披露规则。在对融资人的管理规则中应明确规定融资人的信息披露义务、融资项目上线前的信息披露义务、融资项目上线后的信息披露义务、平台的督导作用、信息披露起止日期等主要条款。

（5）风险揭示书。风险揭示书主要包括重要提示和风险提示。风险提示书一定要充分说明股权众筹的特点，对股权众筹的高风险进行充分揭示，把投资适当性做好做实。

8.2　从项目融资人的视角看股权众筹成功的因素

股权众筹项目和传统融资项目一样，都需要向投资人披露商业计划书，不同的是，股权众筹项目是面向大众募集，因此在信息披露方面须更加完整、更加规范。在融资公司发起股权众筹之前，融资人应该了解投资者看重一家初创企业的核心因素，站在投资者的立场上思考，才能更好地展示公司，也能吸引有经验的投资者，但这并不容易实现。虽然信息披露对于股权众筹企业是必需的，但若想要更有效地通过众筹募集资金，还必须做更多更好的信息披露。因此，融资人要想成功地进行股权众筹的募资，需要从以下 7 个方面来考虑。

8.2.1 引人的聚焦点

为提高股权众筹的成功率，项目融资人必须深入挖掘项目闪光点，在投资者衡量一个初创企业的投资价值时起到吸引投资的作用。融资公司可以通过他们已建立的客户或产品来吸引投资者，从而展示项目的可信度、成长性和未来潜力。投资者会关注融资人的成长历程，而不仅仅关注于短期数据。尽管如此，近期的数字和数据也是非常重要的。

8.2.2 合理的管理团队

一些投资者会回避首次创业者，除非他们有一个稳定的业务模式或经验丰富的管理团队。具有丰富经验的创业企业更容易吸引投资者，因为投资者希望他们投资的项目被有能力的人管理着。对于投资者和初创型公司来说，建立彼此尊重和信任的关系十分重要。

8.2.3 翔实的财务数据

初创企业需要在他们的资金计划和跟踪记录方面花费大量的时间。过去支出和未来目标之间必须建立一个清晰的联系，这样投资者才能更加放心地进行投资。在财务报告中，初创公司必须说明他们的收入和支出现金流，尤其是公司内部的支出与收入（包括工资）。投资者根据给定的数据来估计其投资利润率，所以财务细节须尽可能详细。同时，初创公司要为自己设立一个合理的估值依据。

8.2.4 合理的融资额范围和融资期限

融资公司除了确定融资额度和出让股份外，还需要定义众筹成功的融资目标范围。股权众筹因其面向大众，所以最终的融资额有可能少于 100%，也有可能超过 100%。在融资额少于 100% 的情况下，达到融资目标的多少比例是可接受范围，低于多少比例视为募资失败，这些是需要在股权众筹设计时说明的。传统融资项目商业计划书一般都不对外公开，因此在融资时间上没有特定的要求，融资方案可以根据时间的推移和项目进展随时调整内容。然而，通过股权众筹的方式，其信息资料在有限的时间内一般都不允许被更改，因此通常需要设定募资时间（众筹期限一般为正式对外公布后的 2 个月内），同时还需要说明的是，在时间到期而募资额未完成的情况下，是否支持延长众筹时间，延长的期限为多久，等等。

8.2.5　明确的领投人和跟投人要求

我国股权众筹入股项目公司的方式通常为全部投资人共同成立一个合伙企业，由合伙企业持有项目方的股权。执行合伙人将代表有限合伙企业进入项目企业董事会，履行投资方的投后管理责任。执行合伙人一般是众筹项目的领投人，项目说明书上可以对其提出条件要求，例如领投人必须是某领域专家、某认证协会会长、上下游某公司总裁等。除此之外，对领投人的认筹比例也可以设定一个范围值。除领投人之外的众筹投资人都称为跟投人，我国《合伙企业法》规定，有限合伙企业由2个以上50个以下合伙人设立，因此跟投人不能超过49人。但在实际操作中，融资公司会根据自身情况来设定投资者的人数范围，以及每位投资者可以认筹的额度范围。例如，对于传播性要求较高的消费类项目，可以将每份认筹额设定低一些，投资者多，有利于传播。对于整合性要求较高的资源类项目，可以将每份认筹额设定得高一些，这样投资者虽然少了，但相对专业些。这些都可以根据具体情况来设定。

8.2.6　透明的诚信管理机制

投资人在确定了投资意向后，可能需要对项目进行多轮访谈，项目方也可以对投资人进行筛选，此时就涉及投资人的优先权重问题。在签订了合伙企业协议之后，投资人才会将投资款打入相应账户中，从意向到打款的整个周期较长，也会出现投资人变动等问题。诚信管理有效地解决了此类问题，大大增加了整个众筹过程的效率和规范性。不同股权众筹平台有不同的诚信管理机制，如诚信评分机制、保证金制度。某些平台使用的是保证金制度，在众筹产品设计时可以设定缴纳保证金的投资人的优先权机制以及保证金的退还机制等。

8.2.7　优先认筹投资人的权益

投资人之所以投资股权众筹项目，除了实现财务投资的目的外，往往也是融资项目的忠实粉丝，他们一般会带着浓厚的兴趣参与到项目中来，成为前期种子客户或者VIP会员客户，或者提供特别的资源对接与帮助，这是股权众筹除了筹措资金之外极为重要的一方面。因此，如何有效地运用首批资源，给予众筹投资人特定权益，也是众筹产品设计时最引人注目的一部分。例如，产品试用权、服务终生免费权、网站金牌会员、代理分销权等。

8.3　从投资人的视角看股权众筹成功的因素

8.3.1　投资人准确把握融资项目的行业前景

投资人必须准确把握融资项目的行业前景，并针对不同情况给出相应的投资策略。在判断上，既要重视行业前景，也必须关注企业素质。那些在行业萧条期末端仍有良好现金流、极具竞争能力的企业在大量同类企业纷纷陷入困境之时极具潜在的投资价值。另外，判断行业拐点或需求拐点是关键，如国内钢铁行业；还要关注新旧势力的平衡关系，代表新技术、新生产力的企业将脱颖而出，其产品和服务将逐步取代甚至完全取代旧的产品，如新能源汽车和 VR 手机的创新对汽车和手机行业产生冲击。

8.3.2 投资人深刻认识融资项目的商业模式

商业模式是指企业提供哪些产品或服务，企业用什么途径或手段向谁收费来赚取商业利润。比如，制造业通过为客户提供实用功能的产品获取利润；销售企业通过各种销售方式（直销、批发、网购等商业模式）获取利润等。通常来说，投资者应尽可能投资那些用一句话就能说明白商业模式的企业。商业模式进一步分析涉及企业所处的产业链的地位如何，处在产业链的上游、中游还是下游，整个产业链中有哪些不同的商业模式，关键的区别是什么，哪些是最有定价权的企业，为什么？企业与客户的关系是否具备很强的黏性，等等，这些决定了该商业模式的成功与否。

8.3.3 投资人准确把握融资项目的核心竞争力

核心竞争力是一个企业能够长期获得竞争优势的能力，是企业所特有的、能够经得起时间考验的、具有延展性，并且是竞争对手难以模仿的技术或能力。商业模式谁都可以模仿，但是核心竞争力却无法模仿。任何优秀的公司都构筑了与其商业模式相对应且独有的核心竞争力。核心竞争力的内容包括股东结构、领军人物、团队、研发、专业性、业务管理模式、信息技术应用、财务策略、发展历史等，主要表现在以下三个方面。

（1）专一性。“专一”并不等同于“单一”，而是指企业在某一领域具有深度挖掘和扩展产品或服务的能力。例如双汇，在肉制品上做到绝对专一，除肉制品之外的行业均不涉及。其产品线丰富，在热鲜肉、冷鲜肉、冻肉、肉肠和其他肉类加工产品方面有深入挖掘和拓展的能力。相比之下，同样是肉制品龙头企业的雨润食品涉足房地产、旅游等非主业，管理层精力分散，多年来业绩不佳。因此，专一性决定了企业的主攻方向和发展战略，坚持不懈必有成就。

（2）创新能力。优秀的研发团队，已经获得的能够提供高标准产品和服务的先进的工艺、流程或发明专利等。纯粹的技术并不构成永久的核心竞争力。但是某一领域的技术壁垒（如专利技术）却能在一段时期内保持企业的领先优势。此外，技术优势会带来生产效率以及生产成本的优势，有技术优势的企业就能够获得高于行业平均水平的回报。创新能力可以通过企业的研发费用与收入的比值关系获得量化结果作出逻辑判断。

（3）管理者优势。融资公司的管理能力为投资者带来超额收益。融资公司的领导者及其管理团队的素质关系到企业的整体素质，关系到企业能走多远、能做多大，“投资要投人”正是这个意思。在这方面，重点要考察领导者和管理团队成员的背景，通过观察他们的言行（通过新闻、招股说明书或董事会报告、社交网络）获取企业的发展方向、行业战略、用人机制、激励措施等方面的信息。投资者需要判断他们的人品、视野和价值观，这些因素都会潜移默化地影响一个企业的前途，也会间接地影响到投资者的回报率。实践证明，一流的人才做三流的生意，有可能把三流做成一流。相反，三流的人才做一流的生意，很可能把一流做成不入流。在企业核心竞争力的诸多条件中，对人的因素的考察极其重要。

8.3.4 投资人全面了解融资项目的市场壁垒

市场壁垒通常用来形容企业抵御竞争者的诸多保障措施。核心竞争力是市场壁垒的重要组成部分，但不是全部。投资者可以通过以下几个条件来确定一个企业市场壁垒的强弱。

（1）回报率。从历史上看，企业是否拥有可观的回报率，能在一定程度上反映市场壁垒的强弱。回报率主要指毛利润、股东权益回报率（ROE）、总资产回报率（ROA）和投入资本回报率（ROIC）。这几种回报率指标分别适用于不同的商业模式。重点是要从商业逻辑上判断，企业的高回报率是由哪些方面构成的，决定因素有哪些，能否持续，企业采取了何种措施以保证高回报率的持续性。一般采用的主要分析方法有杜邦法、波特五力法和SWOT法。

（2）转化成本。融资企业的产品或服务是否具备较高的转化成本？转化成本是指用户弃用本公司产品而使用其他企业相类似产品时所产生的成本（含时间成本）与继续使用本公司产品所产生的成本差值。较高的转化成本构成排他性，如微信和易信，易信在本质上与微信差别不大，但对于用户来说弃用微信而用易信存在诸多不便，存在较高的转化（重塑）成本，微信因为先发优势具有较强的生命力和商业价值。如果能让用户不选择竞争对手的产品，说明融资企业的产品对用户来说有黏性和依赖性，那么这家企业就拥有比较高的转化成本和排他性。了解融资企业的转化成本必须从消费者和使用者的角度考虑，依据常识、使用习惯和商业逻辑来判断。转化成本不具备永久性，须结合实际情况综合研判。

（3）网络效应。融资企业通过哪些手段销售产品？具体地说，是通过人力推销、专门店销售、连锁加盟还是网店销售？各种销售手段分别为融资企业带来多少销售额？融资企业的网络规模效应如何？网络效应通常是指融资企业的销售或服务网络，这些网络的存在为用户提供了便利，以用户为中心的便捷性就能产生黏性。随着用户数量的增加，企业的价值也逐渐随着网络和规模的扩大而不断提升。比如，就全国范围来说，工商银行的营业网点遍布全国大街小巷，甚至在国外主要城市也有网络分布。相比地区性银行而言，它具有更大更广的网络效应，因此，工商银行的用户更多，其企业价值也相对更高。

（4）成本。融资企业的成本构成是怎样的？融资企业成本的决定因素有哪些？融资企业的成本能否做到行业最低？如何做到？单位成本能不能随着销售规模的扩大而下降？融资企业要想长久地保持成本优势并不容易，它需要有优于对手的资源渠道（原材料优势）以及更优越的生产工艺（流程优势），更优越的地理位置（物流优势），更强大的市场规模（规模优势），甚至是更低的人力成本。低成本的另一面就是高毛利，高毛利就是一种强势竞争力的体现，高毛利的企业通常具有定价权。

8.3.5 投资人合理采用融资项目估值方式

投资人应当具备基本的公司估值知识和能力。通常情况下，重资产型企业（如传统制造业）以净资产估值方式为主，盈利估值方式为辅；轻资产型企业（如服务业），以盈利估值方式为主，净资产估值方式为辅；互联网企业以用户数、点击数和市场份额为远景考量，以市销率为主；新兴行业和高科技企业以市场份额为远景考量，以市销率为主。无论采用哪一种估值方式，市值都是最有效的参照物。有时天使阶段的融资公司的估值根本无法量化计算，有时采用多种估值方式对融资项目进行评估结果可能大相径庭。我们来看一个例子。某互联网创业公司的发展历程如下：第一阶段，公司由一个连续创业者创办，公司从一个新概念开始，还没有出来产品和用户数。第二阶段，1 年后，公司月活跃用户（Monthly Active Users，MAU）达到 50 万人，单用户贡献（Average Revenue Per User，ARPU）为 0 元，收入为 0 元。第三阶段，公司用户数发展迅猛，半年后公司 MAU 达到 500 万人，ARPU 为1 元。在这个阶段公司开始有一定的收入（500 万元），是因为开始通过广告手段获得少量的流量变现。第四阶段，1 年后公司 MAU 达到1500 万人，ARPU 为5 元，公司收入达到7500 万元。在这个阶段 ARPU 不断提高，是因为公司已经在广告、游戏等方面找到了有效的变现方法。第五阶段，公司 MAU 为 3000 万人，ARPU 为 10 元，公司在广告、游戏、电商、会员等多种变现方式多点开花。公司此时收入达到 3 亿元，公司已经开始盈利，假设有 20% 的净利率，盈利为 6000 万元。如果投资人以 50 倍市盈率（PE）、10 倍市销率（PS）和月活率（PMAU）100 元为标准的三种估值方式对公司五个阶段的估值进行计算：

以市盈率方式的公司估值：公司价值 = 公司的利润 × 市盈率

以市销率方式的公司估值：公司价值 = 公司的营业收入 × 市销率

以月活率方式的公司估值：公司价值 = 公司的月均活动用户数 × 月活率

那么按照上述公式分别对公司进行估值：

第一阶段：PE = 无法量化估值 PS = 无法量化估值 PMAU = 无法量化估值

第二阶段：PE = 无法量化估值 PS = 无法量化估值 PMAU = 50 × 100 万 = 0.5 亿元

第三阶段：PE = 无法量化估值 PS = 500 × 10 万 = 0.5 亿 PMAU = 500 × 100 万 = 5 亿元

第四阶段：PE = 无法量化估值 PS = 7500 × 10 万 = 7.5 亿 PMAU = 1500 × 100 万 = 15 亿元

第五阶段：PE = 6000 × 50 万 = 30 亿元　PS = 30000 × 100 万 = 30 亿元　PMAU = 3000 × 100 万 = 30 亿元

所以，采用不同的估值方式，公司的估值可能会有巨大差异。从上面的例子可以看出，种子期融资的公司很多财务指标都不确定，如活跃用户数、营收、净利润、增长率等，所以初创期融资企业的估值无法量化估值，投资人更多是依靠经验来判断。

依靠经验来判断主要有两大估值方法。一个是成本推算法，是指需要多少资金的投入把项目做到一个相应的标准。比如一个科创项目初创企业把掌握的核心技术转化成具体的应用样品需要 100 万元资金的投入，那么初创企业对自身估值就是 100 万元的 N 倍。投资人也会对实现这个企业标准而投入的资金进行估算，如果投资方具有相关领域专业的了解，投资方的估算应当与 100 万元资金相差不大。那么投融双方只需对 N 的取值进行议价了。另一个是项目比较法，就是将标的项目与相同或类似的、相同阶段且融资成功的项目进行比较，进而得出比较准确的项目估值。不过采用项目比较法的重点在于投资人能否准确地获取与标的项目相同或类似的、相同阶段且融资成功项目的融资金额，因为融资成功项目在对外公布时通常会夸大融资的规模，因此需要投资人挤掉其中的水分。

回顾小结

本章分别从平台、项目融资人、投资人三个不同维度详细地讨论了股权众筹成功的核心因素。

动动脑、动动手

1. 从平台的视角看股权众筹成功的因素有哪些?
2. 从项目融资人的视角看股权众筹的成功因素有哪些?
3. 从投资人的视角看股权众筹成功的因素有哪些?
4. 为什么初创公司的天使期投资很难量化估值? 通常会采用什么办法?
5. 查阅 Facebook 和腾讯两个公司的 IPO 招股说明书，找出这两个公司的活跃用户数，并按 IPO 时公司的市值计算每个活跃用户的价值。

第9章

股权众筹的风险监管

知识要点

✓ 国际股权众筹的监管模式
✓ 国际股权众筹的监管现状
✓ 国际股权众筹平台的法律定性
✓ 国际股权众筹平台的监管细则
✓ 我国股权众筹的监管政策及演变

案例导读

股权众筹第一案判决“人人投”平台胜出

2015年9月15日，北京市海淀法院对北京飞度网络科技有限公司（是“人人投”众筹平台的运营公司，以下简称飞度公司）诉北京诺米多餐饮管理有限责任公司（以下简称诺米多餐饮）合同纠纷一案进行公开宣判，股权众筹平台人人投胜诉，纷纷扰扰了4个月的“股权众筹第一案”终于尘埃落定。

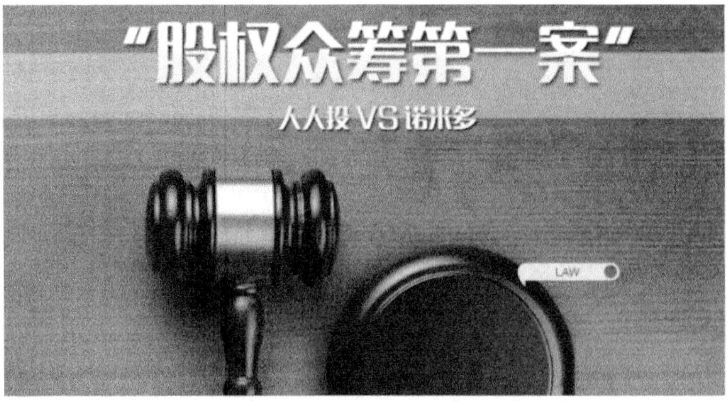

图9-1 股权众筹第一案“人人投VS诺米多”

人人投与诺米多餐饮之间的纠纷可谓一波三折。起因是诺米多餐饮计划在北京金宝街开一家餐馆，但资金不够。于是2015年1月诺米多餐饮与飞度公司签订《委托融资服务协议》，委托飞度公司在网络上融资88万元（其中包含诺米多餐饮自身投资的17.6万元），用于设立有限合伙企业开办“排骨诺米多健康快时尚餐厅”。最终86位投资者认购了总额为70.4万元的股权融资。在装修期间，飞度公司提出诺米多餐饮承租的房屋存在诸多问题，包括租赁房屋中的“平房”变成了“三层楼房”、租金过高等，飞度公司以此为由拒绝付款。人人投和诺米多餐饮彼此均认为对方违约，互相起诉。在审判过程中，法院认为，本案中的投资人均是经过人人投众筹平台实名认证的会员，且人数未超过200人上限，从鼓励创新的角度来看，未违反《证券法》。飞度公司在取得营业执照、电信与信息服务业务经营许可证等手续的情况下开展业务，目前也无法律法规上的障碍。故法院认定《委托融资服务协议》有效。在究竟谁违约的问题上，法院表示，本案合同无法履行的关键在于诺米多餐饮承租的房屋可能存在违建等隐患，投资人与飞度公司有权要求诺米多餐饮进一步提供信息。人人投对项目方融资信息的真实性实际负有相应的审查义务。诺米多餐饮提供的相关证件难以完全排除可能的交易风险，因此飞度公司解除合同具有相应依据。

最终，北京海淀法院宣布，原告飞度公司胜诉，并判被告方诺米多餐饮需支付给原告委托融资费用2.52万元、违约金1.5万元，飞度公司返还诺米多餐饮出资款16.72万元。

虽然“股权众筹第一案”的宣判已经尘埃落定，但围绕股权众筹这一新兴产业，法律、监管、政策仍有许多未明确的空白地带。相比于P2P网络借贷领域出现的问题，众筹融资领域出现的问题相对较少，但风险不容忽视。主要体现在两个方面：一是众筹融资交易模式不规范导致的违法违规风险；二是在具体交易中融资方恶意违约的风险。

9.1　各国股权众筹监管的现状

股权众筹是一种完全突破各国原来的证券公开发行模式的新型证券公开融资模式业务，在各国都处于发展初期。与其他新兴事物的发展初期一样，必然存在诸多不足和弊端。由于股权众筹是一种高风险的金融活动，对投资者利益影响最大，而各国金融监管的核心之一就是保护投资者利益，故股权众筹在各国都是监管机构监管的重点。

各国对于股权众筹的态度可分为三种，第一种是禁止股权众筹，第二种是虽允许股权众筹但设置了很高的进入壁垒，第三种是任何投资者皆能介入股权众筹，但为了保护投资者利益，对股权众筹中的发行人、中介机构和投资者实行严格的监管。时至今日，美国、意大利、英国、新西兰、法国等国家已颁布了股权众筹的相关立法。其他一些国家，如加拿大、澳大利亚等也正在对股权众筹的监管进行建议和征求意见。从总体上看，各国对股权众筹的监管有如下五种模式：（1）监管不做改变。（2）只有小规模的个人要约才能豁免公开发行须遵循的相关义务。（3）股权众筹仅限于向有限的人群发出要约，如成熟的和有经验的或专业的投资者。（4）股权众筹对所有投资者开放，但不单独为股权众筹立法，仅对现有的监管构架做出有目标和针对性的修改。（5）股权众筹对所有投资者开放，且单独对股权众筹建立一套自我约束的法律框架。美国、法国、新西兰和加拿大安大略省证券委员会（OSC）选择了第五种监管模式，专门针对股权众筹制定新的立法。法国和新西兰主要侧重于对中介机构的监管，而美国和加拿大安大略省 OSC 的监管则覆盖了股权众筹的全部内容，包括发行人、中介机构和投资者。英国则选择了第三种监管模式，将股权众筹仅局限于成熟投资者（Sophisticated Investors）和特定种类的普通投资者。

在具体的监管措施上，美国和新西兰的立法以及加拿大安大略省 OSC 的建议较为类似，有以下共同点：建立“众筹豁免”，通过股权众筹方式作出的要约豁免需要提交招股说明书；股权众筹可向任何投资者作出（但投资者有限制）；股权众筹只能通过在线被许可的中介机构作出；对发行人在 12 个月内能通过股权众筹筹集的资本额有限制。澳大利亚公司和市场咨询委员会（CAMAC）的监管建议大致沿用了这个思路。法国也规定了通过众筹平台进行的证券发行豁免招股说明书的提交义务，对发行人的筹资额度也有限制，但对投资者未设定任何门槛，相对来说监管较为宽松。英国则采取另外一种不同的监管措施，即通过股权众筹方式作出的要约仍需提交招股说明书；股权众筹只针对特定投资者（成熟投资者和特定种类的普通投资者）；股权众筹可通过在线或线下获得许可的中介机构作出；对发行人在任何时间从合格的公众处筹集的资本没有任何上限。

9.2 各国股权众筹平台的法律定性

众筹平台的运作模式不尽不同，有些平台只是给发行人和投资者提供一个会面的场所，但有些平台则在促进两者的联系中起到积极的作用。因运作模式之不同和法律制度的差异，世界各国对股权众筹平台的法律地位认识不一，总结起来主要有以下五种。

9.2.1 股权众筹平台为经纪交易商

采取此观点的主要有美国和加拿大。在美国，股权众筹平台需要在证券交易委员会（SEC）注册为经纪交易商或专门的“集资门户”（Funding Patrol）才能从事股权众筹交易。由于“集资门户”是美国《初创企业促进法案》（以下简称 JOBS 法案）专门为股权众筹这种融资方式创造的一种全新的接受 SEC 监管的组织，因此可以说，在美国，股权众筹平台具有类似于经纪交易商的特征和地位。在加拿大，除安大略省以外的地方目前均允许注册的交易商通过互联网向公众出售证券时免于提交招股说明书，从事股权众筹活动的主要是注册交易商中的“豁免型市场交易商”（EMD），而安大略省则要求股权众筹平台注册为受限交易商（Restricted Dealer）。

9.2.2　股权众筹平台为投资咨询机构

法国的《参与性融资条例》将股权众筹平台作为一种新的咨询机构——参与性投资咨询机构（CIP）来注册，其受金融市场监管局（AMF）的监督，类似于金融投资咨询机构。咨询机构没有资本要求，但不能从事其他活动。

9.2.3　股权众筹平台为金融市场交易所

在股权众筹中，中介机构控制提供给发行人的融资机会和提供给投资者的投资机会，因而，中介机构可被视作一种"交易所"。根据澳大利亚现行公司法，常规发行金融产品（股票或债券或计划份额）的股权众筹网站运营商被视作从事金融市场运营，因此需要获得澳大利亚的市场许可。

9.2.4　股权众筹平台为金融服务或投资服务提供者

在澳大利亚现行公司法下，如果股权众筹平台安排业务的方式不是常规发出要约或邀请，而更多的是从事金融服务业务的中介组织，那么其需要获得澳大利亚金融服务许可（AFSL）。另外，法国的众筹立法除了允许股权众筹平台注册为参与性投资咨询机构以外，也允许股权众筹平台注册为投资服务提供商（PSI），当然投资服务提供商与参与性投资咨询机构提供的服务范围不同，受监管事项和要求也不同。

9.2.5　股权众筹平台为特殊的专门机构

虽然美国允许在SEC注册的经纪—交易商从事股权众筹业务，但毕竟股权众筹平台的业务与一般的经纪—交易商不同，故美国JOBS法案为股权众筹业务专门创造了一种新的组织"融资门户"（Funding Portal）作为股权众筹中介机构。新西兰的众筹立法要求中介机构应被许可从事"众筹服务"（Crowd funding Service），其定义的"众筹服务"就是对公司的股票要约提供设施，该设施的主要目的是便利希望筹资的公司与寻求投资的投资者之间进行匹配。意大利除了允许投资公司（Investment Company）和银行作为股权众筹平台的经营机构以外，也允许具备一定条件的经过证券监管机构（CONSOB）注册的其他公司运营股权众筹平台，这些具备条件的其他公司提供的就是为初创企业通过在线平台筹资这种专门服务。

各国对于股权众筹平台的性质认识不一，这既与一国的金融或证券法律有关系，也与众筹平台的运营模式不同有关系。但无论如何界定，股权众筹平台从事的业务均包括在金融业务或证券业务中，或者至少与金融业务或证券业务有关。事实上，股权众筹只不过是基于互联网的一种融资模式，其本质还是一种金融活动。

9.3　各国股权众筹的监管细则

各国对股权众筹平台的具体监管主要围绕融资人、平台自身以及投资者三方面进行。

9.3.1 对融资人的监管

（1）融资人的资格

在股权众筹的融资人资格方面，多数国家都要求在本国设立，有的国家还要求为上市公司，有的国家则排除基金公司作为股权众筹的融资人。在此方面有特殊规定和建议的是意大利和澳大利亚。

在美国，JOBS 法案规定的众筹条款仅适用于在美国设立的融资人，且不包括投资基金公司。SEC 还建议排除那些没有特定营业计划或其营业计划仅是并购其他组织的公司。在信息披露方面，发行人根据发行规模的不同承担相应的报告要求。在英国，在对股权众筹发行人的规制上，众筹监管规则相较于其他国家比较宽松，并没有对融资人的资格进行特别性限制。在法国，融资人的资格与英国类似。在加拿大，安大略省合格的股权众筹融资人必须在加拿大设立，其总部在加拿大，大多数董事必须是加拿大居民，且安大略省 OSC 建议也排除投资基金享受股权众筹招股说明书的豁免。对融资人资格要求比较特殊的是意大利的立法。意大利的股权众筹仅限于“创新性初创企业”（Innovative Start - ups），且创新性初创企业必须得到商业部的认可。比如它必须投资研发活动或雇用研究人员，公司目的应当明确包括“高技术附加值产品或服务的开发和商业化”。初创企业要求其成立不超过 48 个月。在澳大利亚，能进行股权众筹的仅限于在澳大利亚成立的融资人，也必须是上市公司。但是，为了克服现行立法对发起人成立上市公司的不利影响，公司和市场顾问委员会（Companies and Markets Advisory Committee，CAMAC）建议创造一种新的上市公司形式即“豁免型上市公司”（Exempt Public Company）。合格的融资人可以选择成为上市公司或者豁免型上市公司。豁免型上市公司只存在于有限的期间内，但在存续期内免于上市公司的通常管制和义务。

（2）对融资人筹资额的限制

为了避免引发系统性风险，限制融资人一年内通过股权众筹筹集的资金数额是一种办法。当然，在对待是否需要限制融资人的筹资额，最高限额为多少，各国的规定或建议并不相同。在美国，根据 JOBS 法案的规定，创业企业在以众筹方式发行证券前的 12 个月内，向投资者出售的包括在该次交易中的募资总额不得超过 100 万美元。创业企业在一个合规的中介监督下进行融资可以免于在 SEC 注册。在英国，对股权众筹融资人的筹资额没有限制。但是，融资人必须根据筹集的资金数额来公布招股说明书或其他披露文件，根据英国金融行为监管局（FCA）制定的《关于网络众筹和通过其他方式发行不易变现证券的监管规则》，如果融资额达 500 万欧元时所涉不合格投资者少于 150 人的或者均为合格投资者不需要提供招股说明书，融资额不超过 10 万欧元的也不需要提供招股说明书。在法国，股权众筹发行人筹资上限为 250 万欧元。在加拿大，12 个月内“融资人集团”通过股权众筹筹集的资金限额为 150 万加元，融资人集团包括融资人、融资人的附属公司以及与融资人或融资人的任何附属公司从事共同事业的融资人。在意大利，合格的创新性初创企业通过股权众筹方式一年可筹集的最大资金额度为 500 万欧元。澳大利亚拟与新西兰采取同样的限额，即一年融资人募集的资金总额不超过 200 万澳元（新西兰为 200 万新西兰元）。法国的立法规定是单个融资人 12 个月内的总发行额不能超过 100 万欧元。

9.3.2　对股权众筹平台的监管

（1）股权众筹平台的注册或许可

众筹的各方参与者对众筹拥有持续信心的根本原因在于，中介机构任何时候都以一种专业的方式进行活动，因此世界各国都要求从事股权众筹业务的中介机构在有关金融监管或证券监管机构注册或获得许可。

①实行注册制的国家主要有美国、法国、意大利和加拿大。在美国，从事股权众筹的中介机构必须在 SEC 注册为经纪交易商或“融资门户”。在法国，法国政府在 2014 年发布的《关于众筹的新的法律框架》和《参与性融资条例》规定两种中介可以从事股权众筹服务的：一种是基于法国原有的金融监管法规中提供证券投资类金融中介的“投资服务提供者”（PSI）。PSI 的注册门槛过高，在一定程度上并不适合具备微金融属性的股权众筹。因为 PSI 要求至少 5 万欧元的注册资本，而且获取 PSI 资质需要由法国金融审慎监管局（ACPR）许可，其监管主体为 ACPR 和法国金融市场监管局（AMF）。另一种是为股权众筹专门设立的“证券众筹顾问”（CIP）。CIP 更适应股权众筹的特点，法国众筹条例对 CIP 的注册资本未做过多要求，但是获取 CIP 资质需先在法国金融中介人员登记机构（ORIAS）注册，后要通过 AMF 的检验和监管。AMF 主要从进行资质准入检验和年度披露义务两个方面对 CIP 进行规制。在意大利，股权众筹门户的经营机构（Portal Manager）可以是在意大利证券交易委员会（Commissione Nazionale Per Le Societa e La Borsa，CONSOB）注册为创新性初创企业筹集资本提供服务的投资公司和银行，也可以是在 CONSOB 注册的符合一定条件的其他公司。在加拿大，股权众筹平台必须通过注册为受限交易商的在线中介机构进行。

②实行许可制的国家有英国、新西兰等国。在英国，股权众筹中介机构必须获得 FCA 的许可才能向合格的投资者销售非变现证券，不论是通过互联网还是其他方式；在新西兰，规定申请人如果提供“众筹服务”必须向金融市场局（FMA）申请获得许可；在澳大利亚，公司和市场顾问委员会（CAMAC）认为单纯的注册及依赖于行业自律并不能足以确保融资人和大众投资者对中介机构的持续信任，故建议获得澳大利亚证券和投资委员会（ASIC）的许可是中介机构在其网站上从事股权众筹业务的前提条件，而且 CAMAC 建议针对股权众筹应特别制定一种许可体制。

无论是注册还是许可，除了美国的 SEC 不建议为融资门户设定条件以外，股权众筹平台或其运营机构普遍都被要求具备一定的条件，这些条件通常包括适当性、能力、运营基础设施、财务资源、治理结构以及赔偿保险等方面的要求。比如，在适当性和运营基础设施方面，新西兰的立法规定中介机构必须拥有提供服务所需的公平、有序和透明的制度和程序，必须规定反欺诈政策和公平交易政策并有实施这些政策的制度和程序，要有充分的披露安排以保证投资者能及时获得信息；在财务资源以及保险赔偿方面，加拿大安大略省 OSC 建议中介机构最低要有 5 万加拿大元的净资本，并至少投保5万加拿大元的忠诚保证保险（Fidelity Bond）以预防可能发生的投资者的资金损失；在治理结构和能力方面，意大利要求众筹门户经营机构的控制股东（如果控制股东是公司组织，则指的是该组织中的董事、总经理以及控制公司的自然人）必须是正直的（即正直性要求，Integrity Requirements），对中介机构中履行经营管理和监督职能的人除了有此要求外，还有职业要求。

（2）股权众筹平台的义务及禁止行为。对于股权众筹平台或其运营机构，各国也规定了信息披露、尽职调查、投资者警示和教育、保密、记录保存、禁止利益冲突等方面的义务或行为要求。比如，美国JOBS法案禁止股权众筹中介机构从事以下的活动：①提供投资意见或建议。②通过劝诱性的购买、销售或者发行方式吸引人购买网站或门户上发行或展示的证券。③对实施此类劝诱行为的员工、代理人或其他个人支付报酬，或者依据其门户上展示或推介的证券销售，给予员工、代理人或其他个人报酬。④持有、管理、占有或以其他方式处理投资者的资金或证券。意大利证券交易委员会（CONSOB）2016年出台的《众筹条例》规定：①股权众筹中介经营机构必须检查客户提出的每一份报价订单，确保客户有足够的经验和知识，以了解投资所涉及的基本特征和风险。如果股权众筹中介经营机构坚持认为该项目不适合客户，应当以电子通信的方式警告客户。②若门户经营机构并没有执行前述赋予的强制性义务，则适用对投资者投资限额的规定，即对个人投资者而言，单笔投资不得超过500欧元或年度总投资额低于1000欧元；对于合格投资者而言，单笔投资不得超过5000欧元或年度总投资额低于10000欧元。③门户经营机构必须在开始检查客户订单之前60天通知意大利全国公司和股票交易所委员会。④在信息披露方面，意大利要求众筹门户的运营机构提供有关门户经营管理、创新性初创企业的投资以及每次发行的信息。⑤众筹投融资相关文档的保管期限为5年。英国FCA规定：①股权众筹平台需充分收集有关投资人的投资知识、投资经验、财务状况等方面的信息。②股权众筹平台应评估金融业务对投资人是否适当，并对投资人说明股权众筹的风险，确保投资人能够理解投资项目风险。③为了平衡权益和风险，FCA建议股权众筹平台对发行人进行尽职调查，并将相关分析结果告知投资人。加拿大安大略省OSC建议众筹平台要对证券融资人及其董事、高管、发起人和控制人进行背景调查以确认他们的资质、荣誉和经营业绩，并对融资人在门户网站提交的信息进行审查以确保信息充分列举出证券的一般特征和结构、融资人的特殊风险、涉及的当事人以及可识别的利益冲突和资金的用途，众筹投融资相关文档的保管期限为7年。

从以上国际各国对股权众筹平台的禁止事项方面可以看出，各国股权众筹中介机构禁止与投融双方发生利益冲突，均要求股权众筹平台不得持有或处理投资者资金或证券，不得投资于融资人或在融资人处拥有利益等。

9.3.3 对投资者的监管

（1）对投资者监管限制的类型

除了英国股权众筹只限于成熟投资者和特定的几类投资者外，其他国家的股权众筹均对大众投资者开放。为了限制普通投资者在股权众筹中可能遭受的损失，对于投资者投资股权众筹的限制方式有如下几种：①限制投资者一年内能投资的股权众筹融资项目数量。②限制投资者一年内能投资的单个股权众筹融资项目的资金数额。③限制投资者总计能投资的股权众筹融资项目的资金数额（不是每年）。④限制投资者投资的每一个股权众筹融资项目每一次发行的资金数额。⑤限制投资者一年内能投资的所有股权众筹融资项目的总金额，不考虑投资者的收入或净资产。⑥根据投资者的收入或净资产限制投资者一年内能投资的所有股权众筹融资项目的总金额。⑦限制投资者能投资的所有股权众筹融资项目的投资总额，而不论时间。

（2）对投资者监管限制的选择

美国根据 JOBS 法案采纳的是第六种方式，将投资股权众筹的投资人分为高净值和低净值两类，低净值投资人的年收入或净资产低于 10 万美元，对股权众筹的年度总投资额不超年收入或净资产的 5%（取两者中较大者），但投资额最高为 2000 美元。高净值投资人的年收入或净资产高于 10 万美元，投资者对股权众筹的年度总投资额不超过年收入的 10% 或净资产的 5%，但投资额最高为 10 万美元。英国采纳的是第七种方式和非限制性组合来确定可以投资股权众筹的资金。对于缺少专业投资知识或经验的普通投资人，在股权众筹业务中的投资不能超过其可投资资产净值的 10%（可投资资产净值不包括基本的居住条件、养老金和寿险保证等基本的生活条件）；对于专业的投资者、通过正规渠道（指受监管或被授权的投资管理服务提供者提供的信息）获得投资建议的投资人、与风险投资或公司融资有关联的投资人、得到认证或自我认定为成熟或高净值的投资人则无投资的规模限制。法国与美国一样采纳的是第六种方式，股权众筹投资人的投资上限为 2000 欧元。加拿大股权众筹投资人依据第四种和第五种方式投资，每位投资人投资每个融资项目每次不超过 2500 加拿大元，一年内对所有股权众筹融资项目的总投资额不超过 1 万加拿大元。澳大利亚公司和市场顾问委员会（CAMAC）采用混合第二种和第五种的监管方式，即每位投资人 12 个月内只能对每个融资项目投资 2500 澳元，对所有融资人的投资不得超过 1 万澳元。

由此可见，西方发达国家对股权众筹的监管各有特点，但是出发点都是在促进本国股权众筹健康持续发展的同时最大限度地保持投资人。从这个视角看，美国的股权众筹监管侧重于对融资企业和投资人进行筹资额和投资额双重限制，英国的股权众筹监管侧重于对投资人的限制性规定，意大利侧重于对融资企业的限制和对众筹平台的高门槛要求；法国在对融资企业的监管上与意大利类似，在对投资人的限制上与美国类似。

9.4　我国股权众筹的监管政策演变

9.4.1　股权众筹政策的鼓励宽松阶段

股权众筹政策的鼓励宽松阶段是 2013 年至 2016 年 9 月。2013 年，互联网金融在我国兴起，由于股权众筹对拓宽小微企业融资和促进实体经济发展有积极作用，互联网金融被认定为我国多层次资本市场的重要组成部分，股权众筹开始陆续被普通民众认识。2014 年，互联网金融健康发展首次被写入政府工作报告，证监会也开始对股权众筹模式进行调研，并着手制定其发展监管意见，鼓励股权众筹发展的相关监管政策和措施陆续出台。

2014 年 12 月，中国证券业协会起草并下发《私募股权众筹融资管理办法（试行）（征求意见稿）》，成为首个出台的股权众筹的行业制度，并把股权众筹定义为私募股权众筹，规定了参与股权众筹的合格投资人门槛，将股权众筹平台划定为私募股权众筹平台，明确了股权众筹平台的准入标准、相应职责及禁止行为等，对融资者的职责和禁止行业做出规范，设定了相对严苛的投资者的门槛，其中关键一条是“投资单个融资项目的最低金额不低于 100 万元人民币的单位和个人。”《私募股权众筹融资管理办法（试行）（征求意见稿）》对股权众筹的定义是存在较明显的偏差，所以在 2015 年被证券会否定。

2015 年 3 月，国务院发布《关于发展众创空间推进大众创新创业的指导意见》，明确提出“开展互联网股权众筹融资试点，增强众筹对大众创新创业的服务能力”，并将“开展股权众筹融资试点”写入《政府工作报告》。

2015 年 6 月，国务院发布的《关于大力推进大众创业万众创新若干政策措施的意见》，再次明确提出支持互联网金融发展，引导和鼓励众筹融资平台规范发展，开展公开、小额股权众筹融资试点，加强风险控制和规范管理。同月，证监会允许并通过京东东家、阿里蚂蚁达客和平安众筹三家股权众筹平台获得公募股权众筹试点资质。

2015 年 7 月，人民银行等十部委联合发布了《关于促进互联网金融健康发展的指导意见》，首次以书面形式明确了股权众筹的基本概念与要素，指出股权众筹融资主要是指通过互联网形式进行公开小额股权融资的活动，股权众筹融资方应为小微企业，投资者只能进行小额投资。

2015 年 8 月，证监会发布《关于对通过互联网开展股权融资活动的机构进行专项检查的通知》，通知强调未经国务院证券监督管理机构批准，任何单位和个人不得开展股权众筹融资活动，指出一些市场机构开展的冠以“股权众筹”名义的活动，是通过互联网形式进行的非公开股权融资或私募股权投资基金募集行为，不属于《关于促进互联网金融健康发展的指导意见》规定的股权众筹融资范围，要求各地方机构开展对股权众筹融资平台的检查工作。

2015 年 9 月，国务院发布《关于加快构建大众创业万众创新支撑平台的指导意见》，该意见提出充分发挥股权众筹作为传统股权融资方式有益补充的作用，增强金融服务小微企业和创业创新者的能力。稳步推进股权众筹融资试点，鼓励小微企业和创业者通过股权众筹融资方式募集早期资本。对投资者实行分类管理，切实保护投资者合法权益，防范金融风险。

2015 年 12 月，国务院发布《推进普惠金融发展规划（2016—2020 年）》。该规划提出引导各类普惠金融服务主体借助互联网大数据、云计算等现代信息技术手段，降低金融交易成本，延伸服务半径，拓展普惠金融服务的广度和深度。规划要求网络支付、网络借贷平台、股权众筹融资平台、移动金融工程发挥促进普惠金融发展的有益作用。

2016 年 2 月，国务院发布《关于进一步做好防范和处置非法集资工作的意见》，该意见提出尽快出台非存款类放贷组织条例，规范民间融资市场主体，拓宽合法融资渠道；尽快出台 P2P 网络借贷、股权众筹融资等监管规则，促进互联网金融的规范发展。

在政策鼓励阶段，股权众筹的本质是互联网上的公开股权融资，带有“私募”性质的股权融资不再属于股权众筹融资范畴，特别是《关于对通过互联网开展股权融资活动的机构进行专项检查的通知》指出的通过互联网形式进行的非公开股权融资也不属于股权众筹。但是，股权众筹的具体业务细则和法律性质并不明确，其中最主要的原因是股权众筹涉及公众募资和公开发行证券，这与我国《证券法》相冲突。我国《证券法》第十条规定：“公开发行证券，必须符合法律、行政法规规定的条件，并依法报经国务院证券监督管理机构或者国务院授权的部门核准；未经依法核准，任何单位和个人不得公开发行证券。证券发行注册制的具体范围、实施步骤，由国务院规定。有下列情形之一的，为公开发行：（一）向不特定对象发行证券的；（二）向特定对象发行证券累计超过二百人的；（三）法律、行政法规规定的其他发行行为。非公开发行证券，不得采用广告、公开劝诱和变相公开方式。”但股权众筹还是获得了较快的发展，这主要得益于政策的鼓励和包容。

9.4.2　股权众筹政策的整治收紧阶段

股权众筹政策的整治收紧阶段是 2016 年 10 月至 2020 年 2 月。我国互联网股权众筹行业在政策的鼓励下，在 2014 年和 2015 年得到了快速发展。但随着 2016 年上半年互联网金融的风险开始暴露，2016 年下半年监管层开始对互联网金融行业进行风险专项整治，股权众筹整治的一系列政策陆续出台，监管政策明显处于收紧态势。在这个阶段，股权众筹平台风险显露增加，自身合规风控加强，股权融资开始出现大幅萎缩趋势。

2016 年 10 月，国务院办公厅发布《互联网金融风险专项整治工作实施方案》，同月，证监会等 15 部门联合发布《股权众筹风险专项整治工作实施方案》，该方案的目标是规范互联网股权融资行为，惩治通过互联网从事非法发行证券、非法集资等非法金融活动，切实保护投资者合法权益。整治重点包括：一是互联网股权融资平台（以下简称平台）以“股权众筹”等名义从事股权融资业务；二是平台以“股权众筹”名义募集私募股权投资基金；三是平台上的融资者未经批准，擅自公开或者变相公开发行股票；四是平台通过虚构或夸大平台实力、融资项目信息和回报等方法，进行虚假宣传，误导投资者；五是平台上的融资者欺诈发行股票等金融产品；六是平台及其工作人员挪用或占用投资者资金；七是平台和房地产开发企业、房地产中介机构以“股权众筹”名义从事非法集资活动；八是证券公司、基金公司和期货公司等持牌金融机构与互联网企业合作，违法违规开展业务。该方案严禁股权众筹平台及平台上的融资者进行互联网股权融资时从事以下活动：一是擅自公开发行股票。向不特定对象发行股票或向特定对象发行股票后股东累计超过200人的，为公开发行，应依法报经证监会核准。未经核准擅自发行的，属于非法发行股票。二是变相公开发行股票。向特定对象发行股票后股东累计不超过200人的，为非公开发行。非公开发行股票及其股权转让，不得采用广告、公告、广播、电话、传真、信函、推介会、说明会、网络、短信、公开劝诱等公开方式或变相公开方式向社会公众发行，不得通过手机APP、微信公众号、QQ群和微信群等方式进行宣传推介。严禁任何公司股东自行或委托他人以公开方式向社会公众转让股票。向特定对象转让股票，未依法报经证监会核准的，股票转让后公司股东累计不得超过200人。三是非法开展私募基金管理业务。根据《证券投资基金法》《私募投资基金监督管理暂行办法》等有关规定，私募基金管理人不得向合格投资者之外的单位和个人募集资金，不得变相乱集资，不得向不特定对象宣传推介，不得通过分拆、分期、与资产管理计划嵌套等方式变相增加投资者数量，合格投资者累计不得超过200人，合格投资者的标准应当符合《私募投资基金监督管理暂行办法》的规定。四是非法经营证券业务。股票承销、经纪（代理买卖）、证券投资咨询等证券业务由证监会依法批准设立的证券机构经营，未经证监会批准，其他任何机构和个人不得经营证券业务，不得向投资人提供购买建议。五是对金融产品和业务进行虚假违法广告宣传。平台及融资者发布的信息应当真实准确，不得违反相关法律法规规定，不得虚构项目误导或欺诈投资者，不得进行虚假陈述和误导性宣传。宣传内容涉及的事项需要经有权部门许可的，应当与许可的内容相符合。六是挪用或占用投资者资金。根据《关于促进互联网金融健康发展的指导意见》，互联网金融从业机构应当严格落实客户资金第三方存管制度，对客户资金进行管理和监督，实现客户资金与自身资金分账管理。平台及其工作人员不得利用职务上的便利，将投资者资金非法占为己有，或挪用归个人使用、借贷给他人、进行营利或非法活动。

2016年下半年以来国家出台的股权众筹政策主要是《互联网金融风险专项整治工作实施方案》和《股权众筹风险专项整治工作实施方案》，《互联网金融风险专项整治工作实施方案》的出台屏蔽了股权众筹的公开性，所以2016年下半年之后，股权众筹的参与各方必须以非公开方式进行业务活动，那么在我国股权众筹的名称就被称为互联网非公开股权融资。但是互联网的特征之一就是公开性，为了解决这个矛盾股权众筹就对投资人进行合格投资者认定，只有认定为合格的投资者才能查看融资项目信息。在我国，对合格投资人进行认定主要是参考《私募投资基金募集行为管理办法》对合格投资者的相关规定。由于我国股权众筹的合格投资者制度缺失，各家股权融资平台按照自己的标准认定合格投资者，并且认定标准差别较大。多数平台对合格投资人的认定流于形式，所以存在法律风险，一些大型的股权众筹平台在《互联网金融风险专项整治工作实施方案》出台之后暂停了股权众筹的业务活动。政策对行业的影响，尤其是对行业各参与主体信心的影响是基础性的，股权众筹行业整体处于低迷期。2018年12月，中国互联网金融协会发布了《互联网金融　信息披露　互联网非公开股权融资》（T/NIFA 6—2018）的团队标准，该标准只规定了互联网非公开股权融资活动各参与方信息的披露基本原则、具体内容和要求，且只是行业标准，并未消除股权众筹面临的根本问题和风险。由此可见，股权众筹发展面临的根本性困境在于法律性质不明确和法规不完善，当然制度不健全和细则不清晰也是股权众筹亟待解决的问题。

回顾小结

本章首先介绍了国际股权众筹监管的现状和股权众筹平台的法律定性，阐述了欧美等国家对股权众筹平台的法律定性，然后讨论了国外股权众筹平台的具体监管政策细则，最后解析了我国股权众筹监管政策演变的两个阶段。

动动脑、动动手

1. 国外股权众筹平台的法律定性有哪几种？
2. 英国对股权众筹如何监管？
3. 美国 JOBS 法案中对投资人有哪些限制？
4. 我国股权众筹的监管政策是如何演变的？
5. 请观看“股权众筹第一案”的庭审全过程，你认为人人投平台在此次众筹活动过程中存在哪些不符合法律法规的风险？庭审视频地址：http：//finance. sina. com. cn/sf/zhuanti/2015/hdfy. html。

第10章

我国股权众筹的未来发展

知识要点

✓ 我国股权众筹发展缓慢的主要原因
✓ 我国股权众筹的定位方案
✓ 我国股权众筹的未来发展趋势

案例导读

公募股权众筹开始试点

2015年6月，京东金融的“东家”（以下简称东家）、平安集团旗下的深圳前海普惠众筹交易股份有限公司的“平安众+”（以下简称平安众+）和蚂蚁金服的“蚂蚁达客”（以下简称蚂蚁达客）三家平台率先获得公募股权众筹试点资质。这三家众筹平台已经对接中国证券登记结算有限公司（以下简称中证登）的系统，打开了非上市公司股票进行公开交易的可能性。

京东金融官网显示，京东目前涉足的众筹领域包括产品众筹、私募股权（创投板和消费板）、权益众筹、轻众筹、众筹社区等。其中，京东产品众筹总融资金额2015年9月突破101亿元，与淘宝众筹分庭抗礼。东家于2015年3月31日上线。8月3日，京东股权众筹平台公布了2015年上半年的数据，总融资金额已突破3亿元，总计为投资者呈现了38个创业创新项目，平均融资完成率高达111%。统计数据显示，截至2015年9月京东股权众筹平台总融资额已经突破7亿元，上线项目突破70个，东家也成为千万元级别项目聚集最多的私募股权众筹平台。

平安众+是平安集团互联网金融产业链的重要组成部分，于2015年9月上线公测。该平台产品包括非公开股权融资产品、公司债权众筹产品、特色金融众筹产品和非金融众筹产品四类。在这四类产品中，前两种为人熟知，而特色金融众筹产品专注于特定的金融细分行业，为投资人带来房地产、汽车和保险等平安深耕领域的优质项目。非金融众筹产品包括公益众筹产品和实物众筹产品，众筹成功的项目涵盖了影视娱乐、实物公益等领域。其中众筹金额最高的项目是融资金额为500万元的《诱狼》电影众筹。但就私募股权融资方面的表现，平安众+无论是在项目数量上还是融资金额上都没有明显的优势。

2015年11月21日，蚂蚁金服以一句“梦想还是要有的，万一实现了呢”（见图10－1）带来了蚂蚁达客测试版。与之前许多报道预测的一样，蚂蚁达客毫无例外地接入了支付宝系统，支付宝账户经过实名认证到V2级别后，系统会识别申请人的金融资产包括余额宝、招财宝、聚宝基金、支付宝账户余额，如果合计超过100万元即可成为合格投资人。低于100万元，申请人可充值至100万元或绑定一张额度为5万元以上的信用卡后继续进行认证。蚂蚁达客在合格投资人门槛上的要求要比东家和平安众+两家平台高。而首批公测的融资项目如连咖啡、零碳科技、芥末金融、人人湘都是千万元级别的项目，起投金额分别为7万元、25万元、20万元、15万元。尽管起投金额并不低，但这四个项目的融资目标都已达成，可见投资人对蚂蚁达客的喜爱。蚂蚁达客面世前，不少分析预测蚂蚁金服将会借助淘宝众筹积累下的坚实基础，大走智能硬件的风格。

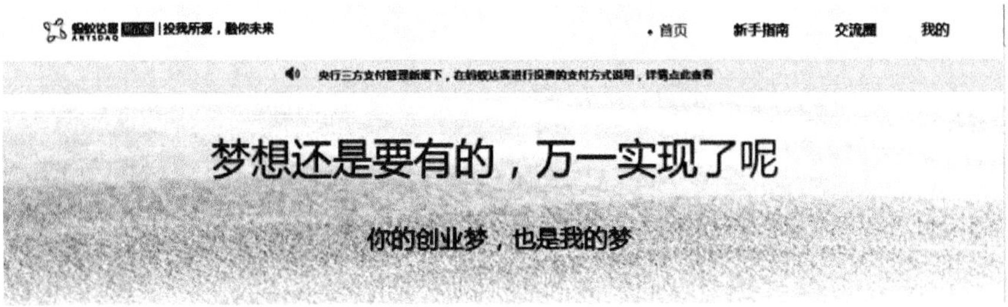

图10－1　蚂蚁达客首页面

英国和美国等股权众筹发展较快的国家，都将众筹行为界定为公募性质，众筹平台可向公众进行募集。互联网金融的重要特点便是“普惠”，核心是公开、小额。虽然股权众筹在我国还存在法律及其他因素的诸多不确定性，但是《股权众筹试点管理办法》的出台将成为股权众筹行业的里程碑和转折点。股权众筹将在缓解小微企业融资难、融资贵，推动大众“双创”和国家创新发展战略方面发挥更大的作用和力量。

10.1　我国股权众筹发展缓慢的主要原因

相比于欧美等发达国家，我国股权众筹发展比较缓慢，除了其本身是一种风险较高的新金融模式外，还因为国内存在诸多发展障碍。

10.1.1　行业法律地位亟须明确

股权众筹通过互联网平台面向大众进行融资，核心特征是小额、公众，即通过降低融资额度，达到汇聚大额资金之目的，其本质是公开发行股份。《中华人民共和国证券法》明确规定，“公开发行证券，必须符合法律、行政法规规定的条件，并依法报经国务院证券监督管理机构或者国务院授权的部门核准；未经依法核准，任何单位和个人不得公开发行证券”，并将未经核准“向不特定对象发行证券”等情形均纳入违规公开发行的范畴。此外，《中华人民共和国刑法》和《最高人民法院关于审理非法集资刑事案件具体应用法律若干问题的解释》将违规发行证券行为纳入“擅自发行股票、公司、企业债券罪”范畴进行处罚。中国证券业协会于2014年底在《私募股权众筹融资管理办法（试行）（征求意见稿）》中明确规定了融资者通过股权众筹时必须采取“非公开发行方式”，单个项目股权众筹的投资人不得超过200人；并规定“合格投资人”是投资单个融资项目的最低金额不低于100万元人民币的单位或个人，其中，单位的净资产不低于1000万元人民币，个人的金融资产不低于300万元人民币或最近三年个人年均收入不低于30万元人民币。2015年7月底，人民银行联合十部委出台了《关于促进互联网金融健康发展的指导意见》，明确规定“股权众筹”性质是通过互联网形式进行公开小额股权融资的活动；随后证监会颁布《关于对通过互联网开展股权融资活动的机构进行专项检查的通知》，对“股权众筹”与“互联网非公开股权融资活动”进行明确区分。事实上，截至2015年末，除了京东金融、蚂蚁达客、平安集团拿到了众筹公募牌照外，其他股权众筹平台均不符合要求，近年国内大部分股权众筹平台改名。因而书中提及的私募股权众筹平台是约定俗成的叫法，官方称呼实际上是“互联网非公开股权融资平台”。2016年，国务院印发了《互联网金融风险专项整治工作实施方案》，蚂蚁达客等股权众筹平台都暂停了股权众筹业务活动，根本原因就是股权众筹的法律地位不明确，导致市场参与各方主体的信心不足，行业处于整体萎缩的趋势。根据中国互联网金融协会的调查统计，2018年末，股权众筹平台不超过35家，多数平台方处于观望状态。

10.1.2 行业监管规则亟待完善

实体经济的健康发展是设计整体金融制度的依据，股权众筹对实体经济，特别是小微企业的融资成长具有显著的推动作用，正因如此，西方国家纷纷出台法律法规扫除其法律障碍并制定相应的落地业务管理细则。在我国，股权众筹的法律定位并不明确，业务管理细则也未出台。虽然股权众筹平台都改称为互联网非公开股权融资中介机构，融资活动只向注册和认证的投资人开放，但是，行业细则不完善也不清晰，如参与各方主体的权责、合格人的标准、资金存管方式、信息披露标准、投资人保护等。只有行业监管规则真正落地，行业的发展才能走向有规可依和有章可循的持续健康发展的道路。

10.1.3 行业基础设施有待健全

金融基础设施对任何一种金融业务的顺利开展都至关重要。股权众筹作为一种新兴金融业态，迫切需要健全的基础设施服务。目前，股权众筹在资金存管结算和征信服务方面均面临挑战。在资金存管结算方面，有些传统商业银行和第三方支付机构认为股权众筹平台的法律地位不明确，从合规角度考虑不愿对接平台的资金存管和清算结算业务，即使有些银行和第三方支付机构愿意为股权众筹平台提供资金存管结算服务，但收费也偏高，这也是一些股权众筹平台尚未实施资金存管的原因；在征信服务方面，征信体系不完善，对融资方在融资前进行项目欺诈、融资后进行不当管理与使用、信息披露不当，股权众筹平台串通项目融资方进行联合欺诈、尽调和管理失职，在“领投—跟投”模式中，领头人不负责和不作为等都没有相应的征信制度和体系进行束约，行业基础设施的不健全也是股权众筹未来健康发展面临的障碍。

10.1.4　投资者保护亟须加强

在股权众筹融资模式中，众筹平台取代传统中介并压缩和精简了传统金融市场严密完整的程序，融资的初创企业在财务审核和信息披露方面获得极大豁免，使初创企业融资更加开放、自由和高效。但是保护投资者利益的制度还未完全跟上，众筹平台和初创企业均存在较大的道德风险。众筹平台的收入完全依赖于成功筹资的创业项目，绝大多数的平台收取的费用为项目融资总额的5%。在经济利益的驱动下，缺乏合格项目的参照标准，又无监管约束，平台极易在主观上降低创业项目上线门槛，放行更多项目进入众筹平台募资，同时，不能排除平台与融资企业之间存在内幕交易、关联交易，甚至是“自融”行为的可能性。如果不能有效消除平台的道德风险，必将导致“柠檬市场”现象，对股权众筹的健康持续发展产生巨大的冲击。初创企业为了尽可能受到投资人的青睐，提高募资的成功率和公司估值，在项目的描述上将倾力包装，尽量回避项目的风险，采用一些极度乐观或是夸大和误导性的宣传以吸引投资者。当企业成功融资后，追求自身利益具有最大化的强大引力，同时有必要信息披露的豁免庇护，企业很可能不遵守契约，擅自更改募集资金的用途或者违规使用资金，从而损害投资者的利益。

10.1.5　行业活动教育仍需努力

股权众筹作为小微企业的种子期或天使轮次等企业创业早期的权益融资，是一种结合技术、管理与创业精神的特殊投资方式，具有周期长、流动性差、风险程度高的特征，其投资理念、风险控制与股票投资有着本质的区别，广大投资者对其还比较陌生。我国的投资人群基数庞大，投资人的知识素养和金融认识参差不齐，不少投资人对股权众筹的风险识别、风险评估和风险承受存在较大偏差。融资人占有信息优势，在没有有效的约束机制下容易产生逆向选择风险和道德风险来攫取投资人的利益。因此，除了平台自身，全社会也需要投入人力、物力和财力进行股权众筹的行业教育，让整个市场能尽快理性地成熟起来。

10.1.6　行业行政程序有待优化

一方面，受限于公开发行的禁止性规定，大部分股权众筹平台不得不采取线上与线下相结合的方式，即领投人（作为普通合伙人）与跟投人（作为有限合伙人）设立合伙企业，以合伙企业的名义进行投资，故合伙企业的设立是整个众筹程序中的关键一环。但在实践中，工商部门完成合伙企业注册登记的时间较长，且程序烦琐，一家合伙企业从申请到完成注册，通常需要耗费一到两个月的时间，远远无法满足项目快速融资的需求。另一方面，在股权众筹融资项目退出难且退出渠道非常有限、衔接机制不顺畅的情况下，股权转让烦琐的工商登记、变更等手续和流程进一步加剧了项目退出和股权转让的困难程度，严重降低了投融资效率。另外，股权众筹的行业扶持和税收优惠等配套政策尚未落地，很大程度上影响了行业各主体的参与意愿。

10.2 我国股权众筹的发展定位

2015 年，我国《证券法（修订草案）》修改将股权众筹纳入立法，为股权众筹的规范发展预留了制度空间，提供了法律保障。同时，人民银行金融研究所互联网金融研究小组从股权众筹在我国多层次资本市场发展的定位出发，提出了股权众筹发展的“54321”方案（以下简称方案），此方案为我国股权众筹的发展定位指明了方向。

10.2.1 将股权众筹定位为新五板

“54321”方案中的“5”是指将股权众筹定位为中国的五板或新五板，作为多层次市场的一个延伸。股权众筹是帮助种子期、孵化期的企业进行融资服务，主板市场、创业板、中小板是为发展成熟期企业进行融资服务，现在已经蓬勃发展的新三板可能就是为快速发展期的小微企业进行融资。2019 年的政府工作报告也明确提出，要鼓励地方进行多层次的地方资本市场和产权市场发展。我国民营企业平均寿命仅 3.7 年，中小企业平均寿命更是只有 2.5 年，企业在种子期、孵化期时，死亡风险非常高，所以融资难度非常大。没有一个宽松的融资环境，企业存活的概率就更低了。所以把股权众筹定位为五板，专门为种子期、孵化期的企业进行融资服务，提高初创企业的融资概率，能让更多的初创企业成长起来，成为发展和繁荣实体经济源源不断的力量。

10.2.2 将股权众筹分为四种投资类型

“54321”方案中的“4”是指突破传统金融投资的公募和私募两种类型，在此基础上再进行重新分层，构建“公募、小公募、大私募和私募”四个层次的发行机制。目前，金融投资者分成公募投资者和私募投资者两类，普通自然人投资者要想成为私募投资者必须进行投资资格的认证，认证合格后又被称为合格投资者。合格投资者的门槛比较高，需要金融资产达到 300 万元以上或年收入连续三年超过 50 万元人民币，显然，多数自然人投资者无法达到上述要求。因此，金融投资可以突破原有的两个层次，重新划分为四个层次，保留传统的私募类型，增加大私募类型，降低资产门槛要求，扩大投资者的范围。该方案将大私募的投资者定义为“众筹合格投资者”，传统私募的投资者称为“私募合格投资者”。但是，众筹合格投资要获得合法的地位，就需要对《公司法》和《证券法》进行修订，比如非上市公司股东数的200人上限希望能上调至500人甚至更多。

10.2.3　将股权众筹划分为三个层次

"54321"方案中的"3"是指将股权众筹划分为三个层次，即种子层、成长层和发展层。种子层股权众筹服务于处于起步阶段的种子期融资企业，融资企业可能就是几个创业人，融资额度在100万元以下，只要提交商业计划书，不披露或披露少量的关键信息就可以进行种子众筹；成长层股权众筹服务于成长期融资企业，融资企业脱离了起步阶段，获得了一定的营业收入和市场份额，融资额在100万~300万元，披露少量的关键信息就可以进行天使众筹；发展层股权众筹服务于处于快速发展期的融资企业，融资企业的商业模式被成长期验证是可行的，拟进一步扩大市场份额和规模，或进行进一步技术创新，融资额在300万~1000万元，按新三板的要求披露关键信息就可以进行发展期众筹。从分层逻辑来看，融资企业融资规模越大，要求披露的信息越多，对融资企业的财务和法务要求越高，同时要求融资企业的管理和运营也更加规范。

10.2.4　股权众筹坚守两条底线

"54321"方案中的"2"就是指众筹平台不能搞资金池，平台不可作担保。底线是理性思维，众多创业企业在初创期的管理与运营并不规范，特别是互联网企业，具有很强的冒险精神和试错迭代文化，但金融业务如果失败意味着投资者的资金出现巨幅亏损，甚至血本无归。所以股权众筹应通过行业自律、市场监管，然后通过集体智慧尽可能地防范风险。因此，方案提出股权众筹平台的两条底线：一是平台不能搞资金池，不要使用非平台的钱。如果股权众筹平台可以使用投融双方的资金，万一平台经营出了问题，则完全有可能卷款跑路。同时，即使经营不存在风险，也存在道德风险，比如挪用投融双方的资金进行他用，一旦被发现就面临着法律的追究。二是平台不能做隐性担保或者显性担保，如果平台做了担保，平台就面临刚性兑付的压力。股权众筹本来就是高风险投资，风险根本无法预测，平台不可能有能力实现刚性兑付。所以，方案提出股权众筹平台坚持两个底线，就是行业自律底线，不搞资金池，不做任何显性担保或者隐性担保，防止出现刚性兑付危机。

10.2.5　股权众筹禁触一条红线

"54321"方案中的"1"就是众筹平台不能触碰一条红线，即不能突破目前《公司法》和《证券法》规定的200人的法律红线。股权众筹平台需要积极谋求发展，在《证券法》对股权众筹业务进行相关修订之前，一定要遵守股东人数不能超过200人的规定，包括不能通过各种形式代持，这个红线是不能逾越的。股权众筹平台单个融资项目超过200位投资人就属于非法融资。

10.3 我国股权众筹的未来发展趋势

10.3.1 法律定位和性质明确可期

由于法律法规需要面对过去，创新则多着眼于未来，因此股权众筹在各国或多或少与现存的法律法规存在冲突。但是实体经济的健康发展是设计整体金融制度的依据，股权众筹的发展契合“增强金融服务实体经济能力”和“提高直接融资比重”的新时代使命，有利于缓解中小微企业融资难、融资贵，有利于推动大众创业万众创新事业的发展，有利于国家创新发展驱动战略的实施。虽然在我国股权众筹的法律定位并不明确，行业发展处于低迷甚至萎缩状态，但可喜的是，证监会印发的 2018 年度立法工作计划对 2018 年全年的立法工作做了总体部署，其中特别明确指出“以服务国家战略为导向，提升服务实体经济能力”，进一步增强资本市场直接融资功能，改革完善发行上市制度，制定《股权众筹试点管理办法》。由此可见，股权众筹法律定位明确是非常值得期待的，一旦《股权众筹试点管理办法》出台，股权众筹行业将迎来里程碑和转折点，股权众筹面临的核心障碍必将扫除，市场信心将大幅提振，行业将被重新注入活力。

10.3.2 监管规则和制度逐步完善

西方经验表明，监管规则和制度的清晰完善，既有利于降低股权众筹潜在的信用风险，又有利于依法依规维护众筹平台的健康发展和金融稳定。虽然我国目前股权众筹的监管规则和制度还处于起步阶段，但随着《股权众筹试点管理办法》的出台，行业的具体细则也将同步建立，行业的信息披露、资金存管、平台备案、退出标准、合格投资人认证、资金存管、信息保存和欺诈惩罚将落地实施，征信体系、存管机构、股权转让体系和行业激励政策等一系列基础设施也将陆续健全。在此背景下，股权众筹的风险将得到有效防控，行业规范发展态势将更加明显，股权众筹将进入规范化和专业性的一个全新的发展阶段。

10.3.3 行业格局集聚和壁垒持续抬高

在政策和市场多重因素作用下，股权众筹行业经历了萌芽期、爆发期、洗牌期和萎缩期。在经历近三年艰难的洗礼之后，伪平台、乱平台和弱平台被迫转型或倒闭淘汰出局，市场份额将进一步向实力较强的优质平台集中，行业会呈现出头部集聚的格局，头部平台的综合服力能力和竞争力将进一步加强。一旦行业法律风险消除，监管政策明确，行业发展迎来转折点后，行业的优质平台就会利用互联网的马太效应特征和行业自律标准的方式进一步巩固自身先发优势，行业的进入壁垒也将持续抬高。处于观望状态或已暂时退出市场的平台，如果自身没有强大的综合实力，也很难在行业中继续生存。

10.3.4　平台生态和模式创新扩展

股权众筹平台为了生存和发展就必须适应政策变化和市场需求来不断探索和调整业务模式和商业模式。从历史实践来看，由于股权众筹的特点，匮乏的生态体系和单一的商业模式都难以支持平台的生存发展。股权众筹平台生态圈的构建方向是创投产业链的价值全生态扩展，构建从项目发现、孵化、融资、培育、交易到退出的全通道，构建完整的创投生态。比如，通过各种移动应用工具和社交媒介，打通原来的生态资源，导入应用场景，构建投融社群，全方位地发掘、吸引和凝聚领头人、跟头人和融资人并支持项目快速发展，同时，积极主动与国内外各类交易市场建立衔接，尽可能打通更多的股权退出通道，提升股权的流动性。

10.3.5　行业改造和升级科技化

科学技术和金融科技的发展日新月异，云计算、大数据、人工智能、区块链、5G通信、边缘计算、移动互联等新兴信息技术的应用不断普及。越来越多的股权众筹平台正在积极探索和尝试将新兴信息技术深度融合到股权众筹的全链条业务流程之中。目前，大数据分析和人工智能技术可以帮助平台和投资人以自动和智能的方式进行融资人的信用评估、项目前景预测、投前尽调、财务分析和投后跟踪管理。区块链技术可用于各参与主体的投中合同签订，投后的文档保真、争议解决和自动清算等方面。移动互联技术让参与各方全流程通过移动终端设备智能交互、远程协作，在提高效率的同时也可以降低成本。可以肯定，股权众筹与金融科技的深层次融合将越来越紧密，在科技驱动下行业将逐步地得到优化和升级，使股权众筹行业朝着投融资过程透明规范、投融资流程简便高效、投融资协作智能快捷、融资欺诈有效防控的目标方向发展。

回顾小结

本章首先分析了我国股权众筹发展缓慢的主要原因和存在的问题，接着讨论了我国股权众筹发展定位的“54321”方案，最后展望了我国股权众筹的未来发展趋势。

动动脑、动动手

1. 请简述我国股权众筹业务中的禁止性红线。
2. 股权众筹在我国发展的主要障碍有哪些？
3. 在我国股权众筹发展定位的“54321”方案中，为什么把股权众筹规划为新五板？
4. 请谈谈我国股权众筹的未来发展趋势。
5. 2019年，新三板再次进行了重大改革，整个板块分成基础层、创新层和精选层，精选层挂牌满一年达到标准就可以转板至科创板或创业板。请问新三板的分层和转板制度改革创新对股权众筹的发展有什么积极影响？

附录 1

网络借贷相关国家监管法规与政策

发布时间	政策名称	制定部门
2008 年 5 月	《关于小额贷款公司试点的指导意见》	银监会、中国人民银行
2011 年 8 月	《关于人人贷有关风险提示的通知》	银监会
2015 年 7 月	《关于促进互联网金融健康发展的指导意见》	中国人民银行等十部委
2015 年 8 月	《关于审理民间借贷案件适用法律若干问题的规定》	最高人民法院
2015 年 12 月	《推进普惠金融发展规划（2016—2020 年）》	国务院
2016 年 4 月	《P2P 网络借贷风险专项整治工作实施方案》	银监会
2016 年 4 月	《关于加强校园不良网络借贷风险防范和教育引导工作的通知》	教育部、银监会
2016 年 8 月	《网络借贷信息中介机构业务活动管理暂行办法》	银监会、工业和信息化部、公安部、国家互联网信息办公室
2016 年 10 月	《互联网金融风险专项整治工作实施方案》	国务院
2016 年 10 月	《网络借贷信息中介机构备案登记管理指引》	银监会、工业和信息化部、工商总局
2016 年 10 月	《关于进一步加强校园网贷整治工作的通知》	银监会、中央网信办、教育部、工业和信息化部、公安部、工商总局
2017 年 2 月	《网络借贷资金存管业务指引》	银监会
2017 年 5 月	《关于进一步加强校园贷规范管理工作的通知》	银监会、教育部、人力资源和社会保障部
2017 年 8 月	《网络借贷信息中介机构业务活动信息披露指引》	银监会
2017 年 12 月	《关于做好 P2P 网络借贷风险专项整治整改验收工作的通知》	P2P 网络借贷风险专项整治工作领导小组办公室

续表

发布时间	政策名称	制定部门
2017年12月	《关于规范整顿“现金贷”业务的通知》	互联网金融风险专项整治工作领导小组办公室、P2P网络借贷风险专项整治工作领导小组办公室
2018年5月	《关于规范民间借贷行为维护经济金融秩序有关事项的通知》	银保监会、公安部、市场监管总局、人民银行
2018年8月	《关于开展P2P网络借贷机构合规检查工作的通知》	P2P网络借贷风险专项整治工作领导小组办公室
2018年8月	《网络借贷信息中介机构合规检查问题清单》	P2P网络借贷风险专项整治工作领导小组办公室
2018年8月	《关于报送P2P平台借款人逃废债信息的通知》	互联网金融风险专项整治工作领导小组办公室
2018年9月	《关于加强P2P网贷领域征信体系建设的通知》	互联网金融风险专项整治工作领导小组办公室、P2P网络借贷风险专项整治工作领导小组办公室
2018年9月	《关于进一步做好网贷行业失信惩戒有关工作的通知》	互联网金融风险专项整治工作领导小组办公室
2018年12月	《关于做好网贷机构分类处置和风险防范工作的意见》	互联网金融风险专项整治工作领导小组办公室、P2P网络借贷风险专项整治工作领导小组办公室
2019年1月	《关于进一步做实P2P网络借贷合规检查及后续工作的通知》	互联网金融风险专项整治工作领导小组办公室、P2P网络借贷风险专项整治工作领导小组办公室
2019年11月	《关于网络借贷信息中介机构转型为小额贷款公司试点的指导意见》	互联网金融风险专项整治工作领导小组办公室、P2P网络借贷风险专项整治工作领导小组办公室

注：以上监管法规与政策全文可参阅微信公众号“金苑金融科技”。

附录 2

股权众筹相关国家监管法规与政策

发布时间	政策名称	制订部门
1998 年 12 月	《中华人民共和国证券法》	全国人民代表大会常务委员会
2014 年 12 月	《私募股权众筹融资管理办法（试行）（征求意见稿）》	中国证券业协会
2015 年 6 月	《关于大力推进大众创业万众创新若干政策措施的意见》	国务院
2015 年 8 月	《关于对通过互联网开展股权融资活动的机构进行专项检查的通知》	证监会
2015 年 9 月	《关于加快构建大众创业万众创新支撑平台的指导意见》	国务院
2016 年 7 月	《私募投资基金募集行为管理办法》	中国证券投资基金业协会
2016 年 10 月	《股权众筹风险专项整治工作实施方案》	证监会等十五部委
2017 年 9 月	《关于防范代币发行融资风险的公告》	证监会等六部委
2018 年 8 月	《关于防范以“虚拟货币”“区块链”名义进行非法集资的风险提示》	证监会等五部委
2018 年 12 月	《互联网金融　信息披露　互联网非公开股权融资》（T/NIFA 6—2018）	中国互联网金融协会

注：以上监管法规与政策全文可参阅微信公众号“金苑金融科技”。

参考文献

[1] 谢平，邹传伟．互联网金融模式研究［J］．金融研究，2012（12）．

[2] 周雷，秦菲，杨帆．股权众筹融资与大学生创业的契合性研究——基于21家江苏省创业企业和301位投资者的调查［J］．金融理论探索．2018（1）．

[3] 郭召良．P2P网贷平台合规运营实操手册［M］．北京：北京时代华文书局，2016.

[4] 孟飞．金融排斥及其治理路径［J］．上海经济研究，2011（6）．

[5] 零壹研究院．中国P2P借贷服务行业白皮书（2015）［M］．北京：东方出版社，2015.

[6] 维克托·迈尔-舍恩伯格、肯尼思·库克耶．大数据时代：生活、工作与思维的大变革［M］．盛杨燕，周涛，译．杭州：浙江人民出版社，2013.

[7] 谢平，邹传伟，刘海二．互联网金融手册［M］．北京：中国人民大学出版社，2014.

[8] 李博，董亮．互联网金融的模式与发展［J］．中国金融，2013（10）．

[9] 郭勤贵．股权众筹：创业融资模式颠覆与重构［M］．北京：机械工业出版社，2015.

[10] 邱勋．“互联网信托”P2B网络借贷模式探析［J］．新金融，2014（3）．

[11] 邱勋，陈月波．股权众筹：融资模式、价值与风险监管［J］．新金融，2014（9）．

[12] 京东东家官方网站：http：//dj. jd. com.

[13] 天使汇官方网站：http：//angelcrunch. com/start.

[14] 蚂蚁达客官方网站：http：//www. antsdaq. com.

[15] 平安众+官方网站：http：//www. zhong. com/.

[16] 李利威．一本书看透股权架构［M］．北京：机械工业出版社，2019.

[17] 邱勋，周雷．基于杭州网贷的P2P网络借贷大雷潮的原因、特征及地方监管优化研究［J］．齐齐哈尔大学学报（哲学社会科学版），2019（11）．

[18] 唐伟，车红．种下股权的苹果树［M］．北京：机械工业出版社，2018.

［19］中国互联网金融协会．中国互联网金融年报 2019［M］．北京：中国金融出版社，2019.

［20］中国互联网金融协会．中国互联网金融年报 2018［M］．北京：中国金融出版社，2018.

［21］中国互联网金融协会．中国互联网金融年报 2017［M］．北京：中国金融出版社，2017.

［22］中国互联网金融协会．中国互联网金融年报 2016［M］．北京：中国金融出版社，2016.